"一带一路"倡议下中国城市重塑研究系列丛书

"一带一路"倡议下中国城市重塑研究
——天津篇

Study on China's Urban Remodeling under the Belt and Road Initiative-Tianjin

中国城市经济学会大城市委员会
天津市城市科学研究会　组织编写

主编：王建廷
副主编：王明浩　王振坡

中国建筑工业出版社

图书在版编目（CIP）数据

"一带一路"倡议下中国城市重塑研究. 天津篇 / 王建廷主编. —北京：中国建筑工业出版社，2020.7
（"一带一路"倡议下中国城市重塑研究系列丛书）
ISBN 978-7-112-25192-6

Ⅰ.①一… Ⅱ.①王… Ⅲ.①城市建设-研究-天津 Ⅳ.①F299.21

中国版本图书馆CIP数据核字（2020）第089948号

本书共分9章，分别是："一带一路"倡议下中国城市重塑的理论基础、"一带一路"倡议与天津重塑的内在联系、天津市产业结构优化与创新大环境营造、天津市空间结构的演化与重塑、天津市交通一体化建设与互联互通、天津市生态体系建设与绿色发展、天津市城市符号的演变与重塑、天津市城市网络体系与合作机制建构、"一带一路"倡议下天津城市发展新动力与新路径。

本书可供从事"一带一路"研究的人员使用。也可供城市设计、管理者以及大专院校师生使用。

责任编辑：胡明安
责任校对：王 烨

"一带一路"倡议下中国城市重塑研究系列丛书
"一带一路"倡议下中国城市重塑研究——天津篇
主编：王建廷
副主编：王明浩 王振坡

*

中国建筑工业出版社出版、发行（北京海淀三里河路9号）
各地新华书店、建筑书店经销
北京建筑工业印刷厂制版
北京中科印刷有限公司印刷

*

开本：787×1092毫米 1/16 印张：14$\frac{1}{4}$ 字数：329千字
2020年9月第一版 2020年9月第一次印刷
定价：**60.00**元
ISBN 978-7-112-25192-6
（35956）

版权所有 翻印必究
如有印装质量问题，可寄本社退换
（邮政编码 100037）

本书编委会

主　　编：王建廷

副 主 编：王明浩　王振坡

参编人员：王丽艳　范晓莉

　　　　　王　磊　王世通

引 论

2013年9月，习近平总书记在访问中亚四国期间首次提出了共同建设"新丝绸之路经济带"倡议，"新丝绸之路经济带"东牵亚太经济圈，西系发达的欧洲经济圈，是"世界上最长、最具有发展潜力的经济大走廊"。2013年10月，习近平总书记在访问东盟期间又提出了建设"21世纪海上丝绸之路"合作构想，"21世纪海上丝绸之路"通过海上互联互通、港口城市合作机制以及海洋经济合作，将中国和东南亚等国家临海港口城市串联了起来。"丝绸之路经济带"和"21世纪海上丝绸之路"（简称"一带一路"）高举和平发展的旗帜，倡导"和平合作、开放包容、互学互鉴、互利共赢"的丝路精神，积极发展与沿线国家的经济合作伙伴关系，打造政治互信、经济融合、文化包容的利益共同体、命运共同体和责任共同体，是顺应经济全球化潮流的最广泛国际合作平台，是最具时代共鸣的中国方案、最为光彩夺目的中国华章，开辟了我国参与和引领全球开放合作的新境界。这一美好愿景，向世界展示了中国的诚意和努力，获得各方认同。

"一带一路"国际合作倡议自2013年提出以来，逐渐从理念转化为行动，从愿景转变为现实，建设成果丰硕。各省市陆续出台"一带一路"专项政策，国务院、国家发展改革委等13个部门、商务部、香港特区政府均已设立"一带一路"专门机构，同时，牵头建立亚洲基础设施投资银行（亚投行）和丝路基金等金融性机构，加快同周边国家和区域基础设施互联互通建设，形成全方位开放新格局。此外，党的十九大将推进"一带一路"建设写入党章，是对这一伟大倡议地位的郑重宣示，是对全方位、多领域、深层次建设"一带一路"的庄严承诺，充分彰显了中国共产党和中国人民坚定推进"一带一路"建设的信心和决心，必将为构建人类命运共同体、助推文明融通注入强大的正能量。纵览世界，共建"一带一路"不仅是经济合作，而且是完善全球发展模式和全球治理、推进经济全球化健康发展的重要途径，标注文明融通的时代高度。作为全球化问题的中国方案，共建"一带一路"倡议及其核心理念已被纳入联合国、二十国集团、亚太经合组织、上合组织等重要国际机制成果文件，持续凝聚国际合作共识，成为全球治理变革的重要准则，在国际社会形成了共建"一带一路"的良好氛围，为中国走向世界开辟了广阔空间，也为世界走向中国创造了更多机遇。截至2018年，已有100余个国家和国际组织同中国签署了近120份共建"一带一路"合作协议。

共建"一带一路"倡议源于中国，机会和成果属于世界。"一带一路"不仅是友好和平之路，更是合作发展之路，涵盖内容广泛，从历史和现实两个视野，创新了世界经济增长模式和全球治理思想，在全球化发生重大变化的关键时刻，提供了新的全球公共产品，为解决经济复苏乏力、投资贸易低迷等全球化发展难题提出了新思路、新理念、新方案，其意义十分重大：

第一，"一带一路"为全球经济增添新动能，推动世界经济可持续发展。当今世界正在发生深刻而复杂的变化，世界多极化、经济全球化深入发展，各国间相互依存程度不断加深，但局部动荡频繁发生，各类全球性问题更加突出，影响人类社会存续发展，尤其是在2008年国际金融危机影响尚未结束，世界经济增长不稳定不确定因素增多，全球贸易、投资格局和资金流向酝酿深刻变化，亚欧各国处于经济转型升级关键阶段，经济发展面临不同程度的困难和挑战。"一带一路"是横跨中西、连接欧亚的经济纽带，能够有效促进各国基础设施建设和互联互通，推动国际产能和装备制造合作，加强经济政策协调和发展战略对接，实现各国以经济合作为重要内容繁荣区域大合作，以点带面，从线到片，使区域内各经济要素有序自由流动和优化配置，带动沿线国家经济转型和发展，实现全球经济的再平衡。

第二，"一带一路"有利于推动全球化和全球治理向更加公正、公平、普惠的方向发展。在全球化面临贫富差距拉大等众多挑战、全球治理出现"无序"和"碎片化"的情况下，"一带一路"倡议在政治、经济、文化等诸方面的国际合作中，提倡"普惠、包容、合作、共享"的新理念，是应对"逆全球化"、克服全球化缺陷的中国思想和中国方案。众多发展中国家和新兴经济体是全球化的受益者，这些国家政治经济实力上升，引发世界格局出现大变化，但是在全球治理中，发展中国家的话语权和决策权却严重不足，这是全球治理体系未来改革的重点。中国对全球化发展的新思路和新方案，通过金砖国家、G20、上海合作组织、"一带一路"倡议等，推动了全球治理从"西方治理"向"东西方共同治理"转变，其体现开放、包容、合作、普惠、共赢精神的新国际合作模式，有利于推动世界经济实现包容、联动式发展，促进南南合作和南北对话，以实现更加公平、包容、普惠的全球化和全球治理。

第三，"一带一路"为中国对内对外开放拓展新空间。改革开放四十多年来，对外开放始终是中国经济持续快速增长的主要动力。当前，中国经济与世界经济已深度融合，要保持中国经济持续健康发展，必须坚持对外开放的基本国策，更加自觉地树立全球视野，更加积极地统筹国内国际两个大局，全面谋划全方位对外开放战略。"一带一路"倡议的实施，要求我国在继续做好原有开放工作的同时，更要关注向西、向印度洋方向的开放，这无疑为中国的开放拓展了新的空间，为中国企业施展才干提供了更宽广的舞台。随着支撑传统增长方式的国内外条件和环境的深刻变化，我国经济发展进入新常态，"人口红利"消退、资本劳动比上升、企业赢利空间收窄、各类风险累积，要求我国必须重塑国际竞争新优势，更加积极主动地在全球范围内配置资源。"一带一路"的推进为我国企业拓宽海外布局，在全球范围内争取资源、整合产业链以及引领技术等方面提供了新天地。

天津作为国际港口城市，在"一带一路"的建设中有着特殊的地理位置和优势，如港口优势、产业优势、开放优势、教育资源优势等，不仅是"21世纪海上丝绸之路"的15个重点港口城市之一，还是中蒙俄经济走廊的东部起点以及"一带一路"海上合作支点。其中，作为我国最早开通国际海铁联运大通道的天津港，地处京津城市群和环渤海经济圈的交汇点上，是唯一一个拥有二连浩特、阿拉山口（霍尔果斯）和满洲里三条大陆桥过境通道的港口，拥有到内陆腹地的30余条海铁联运通道，是连通海上和陆上两个"丝绸之路"的重要节点，并成为天津市最重要的优势。同时，滨海新区作为中国经济的第三增长极，区位优势明显，发展潜力巨大，被称为天津发展战略的龙头和引擎。天津滨海新区积极发挥自身区位、政策、产业等优势，搭建"一带一路"快速通道，努力打造"一带一路"的新支点，在辽阔的"丝路"上充分挖掘发展新潜力。

在"一带一路"倡议、京津冀协同发展、自贸区建设、雄安新区规划建设等重大发展战略多重叠加背景下，以及现阶段天津市经济发展面临提质增效、转型升级的压力下，天津市应如何抓住机遇，迎接挑战，根据自身发展状况与特征，在经济、社会、文化、生态等多方面，把脉城市新方位、发掘城市新动力、重塑城市新形象，成为推进新时代天津市高质量发展的重要课题。

本书试图构建"一带一路"倡议下中国城市重塑的理论框架，分析"一带一路"倡议下中国城市重塑的内在机理，探究"一带一路"倡议与天津重塑的内在联系，进而从产业结构优化与创新大环境营造、空间结构的演化与重塑、交通一体化建设与互联互通、生态体系建设与绿色发展、城市符号的演变与重塑、城市网络体系与合作机制建构六个模块对天津市重塑进行系统研究，最后从城市发展的新动力、新格局、新路径三个方面，明确"一带一路"倡议下天津市重塑的新方位与新取向，具体内容如下：

1. "一带一路"倡议下中国城市重塑的理论基础

本章在回顾"一带一路"倡议的历史渊源基础上，从经济、安全、文化、三个层面系统总结了"一带一路"倡议的时代内涵，并概括出包容性、开放性、普惠性、均衡性的时代特征。城市能否顺利实现产业升级必然是"一带一路"倡议下城市重塑的关键，因此，在全球化4.0、区域协调化4.0和新型城镇化2.0的时代背景下，分析了基于创新驱动视角下产业升级的城市重塑动力机制，进一步强调了创新发展对"一带一路"产业升级的重要性和必要性；在上述分析的基础上，从四大支柱、系统工程、核心区域三个方面阐释了城市重塑的内在机理，并深入剖析了产业升级、社会转型、环境保护、制度创新作为城市重塑四大支柱的作用，为后续研究奠定了坚实的理论基础。

2. "一带一路"倡议与天津重塑的内在联系

本章首先从天津卫设立、洋务运动和近代工业发源地、北方的金融中心、建设天津港、引滦入津、滨海新区的设立、京津冀协同发展七个阶段，系统回顾了天津市发展历程与地域结构；其次，明晰了"一带一路"倡议下天津市的功能定位（全国先进制造研发基地、北方国际航运核心区、金融创新运营示范区、改革开放先行区）和战略支点定位（亚欧大陆桥东部起点、中蒙俄经济走廊主要节点和海上合作战略支点），并对其内涵、机制、功能、作用及意义进行详细阐述；最后，在天津市作为京津冀地区及环渤海地区的重要节点城市的背景下，总结了一带一路倡议下天津重塑的三个重点领域，即交通、生态、产业，为京津冀协同发展注入天津力量，为"一带一路"倡议有效实施提供保障和支持。

3. 天津市产业结构优化与创新大环境营造

本章首先对天津市产业发展现状展开了详细描述，并基于配第—克拉克定理、库兹涅茨定理和霍夫曼定理三大经典定理探讨了天津市产业结构优化升级的动力机制；其次，从创新驱动视角出发，从基础环境、科技创新、产业结构、效益状况四个方面对产业升级能力的影响因素进行归类分析，同时，构建评价指标体系，运用因子分析对天津市创新大环境的经济绩效、环境绩效、社会绩效进行综合评价；最后，梳理天津市创新驱动产业结构优化升级的作用机理及耦合过程，基于2008~2014年京津冀面板数据，运用方向性环境距离函数模型、GML指数模型、空间收敛性分析和核密度估计等研究方法，对京津冀高技术产业环境技术效率评价及分布数据进行研究，并提出天津市创新环境与产业结构升级耦合协调发展的对策建议。

4. 天津市空间结构的演化与重塑

本章首先在阐述增长极、"中心—外围""点轴—网络"及区域经济梯度转移等城市空间形态演化理论及空间结构特征理论的基础上，梳理了天津市经济空间形态演化进程的五个基本阶段；其次，从区位优势、经济结构及变动、人口结构及变动、经济环境等4个角度构建指标体系，采用因子分析和聚类分析的方法对天津市城市空间结构进行实证分析；最后，在京津冀协同背景下，构建引力模型，实证分析天津市空间结构联系，为天津市未来的城市经济空间建设提供理论依据。

5. 天津市交通一体化建设与互联互通

本章首先从天津市市域交通体系发展、京津冀交通一体化下天津交通体系发展、"一带一路"倡议下天津交通发展三个方面，分析了天津市交通体系建设现状；其次综合考虑"互联网＋"、高铁等新兴因素和区域政策、城市空间布局等传统因素对交通一体化的影响，深入剖析了天津城市交通与京津冀区域交通衔接的制约因素；再次分析天津港建设发展与"一带一路"倡议的关系，构建"一带一路"倡议下天津港建设发展的SWOT矩阵；最后，点明天津市交通一体化建设中建设北方国际航运中心的发展定位，从增强国际航运资源配置能力、提升区域经济发展水平、实现功能转型升级等方面提出天津市交通一体化建设与互联互通的具体路径。

6. 天津市生态体系建设与绿色发展

本章首先深入探讨了绿色发展与"一带一路"倡议的内在联系，厘清了两者间的逻辑关系，并结合"一带一路"倡议下天津市绿色发展的关键问题，系统剖析了天津市绿色发展的现状基础和面临的现实挑战。其次，重点研究了天津市生态基础设施互联互通优化，通过天津市绿色基础设施应用情况的深入分析，给出了天津市生态基础设施建设互联互通优化路径。最后，结合天津市当前重点要解决的问题，主动融入京津冀协同发展，提出绿色发展驱动模式，并总结出以绿色发展为理念、以天津市优势产业为抓手、以产城融合发展战略为契机，促进绿色发展示范区建设的实现路径。

7. 天津市城市符号的演变与重塑

本章首先依托城市文化资本论、集聚经济理论、消费集聚理论以及场景理论，考察国外城市符号的形成与演变，从多维视角界定城市符号形成与发展框架。其次，基于历史演进视角，从视觉、行为、观念三方面梳理天津市城市符号载体，并运用百度指数可视化表达其演变特征，进而从内生、外源两方面阐释天津市城市符号的演变动因。最后，探索天津市城市符号产业、品牌、精神三种培育模式，从实现城市文化资本化运作、推动地方品质场景化营造、塑造城市符号引领性发展三方面提出天津市城市符号重塑路径。

8. 天津市城市网络体系与合作机制建构

本章首先探讨了天津自贸区试验建设与"一带一路"倡议的内在联系，介绍了天津自贸区与"一带一路"的价值与挑战，然后基于系统动力学原理对自贸动力系统区进行详细的理论分析，并利用宏观数据根据指标体系 DSR（Driving Force-State-Response）关系模型构建门槛模型进行实证分析，并基于创新城市建设视角提出天津市自贸区优化发展建议。其次，在阐述京津冀协同发展和"一带一路"倡议之间战略联系的基础上，进一步分析天津与"一带一路"的对接条件，即区位联系、政策优势、产业支撑等。最后，结合天津市当前的独特优势与薄弱环节，提出"一带一路"倡议下城市间合作机制的构建思路。

9. "一带一路"倡议下天津城市发展新动力与新路径

本章首先对新时代城市发展的动力因素进行探究，分析新时代城市发展的逻辑转变与根本动力，其次明晰了新时代天津市城市发展的新动力，即改革驱动、品质驱动、创新驱动、人才驱动。同时从宏观、微观两方面指出我国城市发展的首要任务是解决城市活力与社会秩序的张力问题，确立共建共治共享的城市发展理念。最后针对天津市提出以产业、交通、生态、文化、人才五者协调发展为支撑，培育城际战略产业链、建设国际交通枢纽、推进区域资源共享、加强文化传播交流、实施人才引进战略的城市发展新路径，为城市高质量发展指明方向。

本书各章的撰写分工：引论由王振坡撰写；第一章由王丽艳撰写；第二章由范晓莉撰写；第三章由范晓莉撰写；第四章由王世通撰写；第五章由王振坡、王世通撰写；第六章由王磊撰写；第七章由王振坡撰写；第八章由王磊撰写；第九章由王丽艳撰写；全书由王建廷、王振坡负责统稿。本书在编写过程中，得到了诸多专家学者的指导和帮助，在此对各位老师付出的辛勤劳动表示最真挚的感谢！

本书编写作过程中，参考了诸多专家学者的论著或科研成果，书中对引用部分均一一做了注明，仍恐有遗漏之误，诚请多加包涵。由于能力有限，时间仓促，书中难免有错误和疏漏之处，竭诚希望阅读本书的广大同仁批评指正，提出宝贵意见，以便日后不断完善，笔者将万分感激！

编著者

目 录

第一章 "一带一路"倡议下中国城市重塑的理论基础 ……1

第一节 "一带一路"倡议的历史渊源与时代内涵 ……1
- 一、"一带一路"倡议的历史渊源 ……1
- 二、"一带一路"倡议的时代内涵 ……4
- 三、"一带一路"倡议的时代特征 ……8

第二节 "一带一路"倡议下城市重塑的时代背景与动力机制 ……9
- 一、"一带一路"倡议下城市重塑的时代背景 ……9
- 二、"一带一路"倡议下城市重塑的内在动力 ……12
- 三、"一带一路"倡议下城市重塑的外部支撑 ……13

第三节 "一带一路"倡议下中国城市重塑的内在机理 ……14
- 一、城市重塑的四大支柱 ……14
- 二、城市重塑的系统工程 ……16
- 三、城市重塑的核心区域 ……18

第二章 "一带一路"倡议与天津重塑的内在联系 ……21

第一节 天津市发展历程与地域结构 ……21

第二节 "一带一路"倡议下天津市发展定位 ……28
- 一、功能定位 ……28
- 二、战略定位 ……38

第三节 "一带一路"倡议下天津重塑的重点领域 ……46
- 一、"一带一路"倡议下天津重塑的区域合作方向 ……46
- 二、"一带一路"倡议下天津重塑的重点领域 ……47

第三章 天津市产业结构优化与创新大环境营造 ……51

第一节 天津市产业发展现状与优化升级动力探讨 ……51
- 一、天津市产业发展现状 ……51
- 二、天津市产业优化升级动力探讨 ……59

第二节 天津市创新大环境综合评价及运作机制研究 ……65
- 一、创新对产业结构优化升级的作用机制 ……65

二、天津市创新环境的现状分析·····69
　　三、天津市创新大环境综合评价·····71
　第三节　天津市创新环境与产业结构优化升级耦合作用研究·····79
　　一、天津市创新驱动产业结构优化升级的作用机理·····79
　　二、创新环境与产业升级耦合过程分析·····84
　　三、天津市创新驱动产业升级发展的作用效果分析·····85
　　四、天津市创新环境与产业结构升级耦合协调发展的对策建议·····94

第四章　天津市空间结构的演化与重塑·····97

　第一节　天津市空间形态的演化·····97
　　一、相关理论基础·····97
　　二、城市空间结构特征·····99
　　三、天津市经济空间形态演化·····100
　第二节　天津市城市空间结构的实证分析·····104
　　一、指标体系构建·····104
　　二、实证分析·····105
　第三节　京津冀协同视角下天津市空间结构联系·····110
　　一、引力模型提出·····110
　　二、引力模型之城市质量指标体系构建·····111
　　三、引力模型之经济距离指标体系构建·····116
　　四、京津冀协同视角下天津市空间结构联系·····118

第五章　天津市交通一体化建设与互联互通·····119

　第一节　天津市交通体系建设现状·····119
　　一、天津市交通体系发展状况·····119
　　二、天津市交通一体化建设的制约因素·····122
　　三、天津市交通一体化建设的基本思路·····124
　第二节　京津冀协同背景下天津市交通衔接匹配研究·····125
　　一、天津市与京津冀区域交通衔接匹配的影响因素分析·····125
　　二、天津城市交通与京津冀区域交通衔接的制约因素·····127
　第三节　"一带一路"倡议下天津市交通体系发展研究·····129
　　一、天津市交通体系在"一带一路"倡议中的作用·····129
　　二、天津港建设发展与"一带一路"倡议关系·····131
　第四节　"一带一路"倡议下天津市交通一体化建设与互联互通的实现路径·····140
　　一、天津市交通一体化建设发展与互联互通的定位分析·····140
　　二、天津市交通一体化建设与互联互通的具体路径·····142

第六章　天津市生态体系建设与绿色发展 ... 147

第一节　"一带一路"倡议下天津市绿色发展的内在逻辑 ... 147
一、绿色发展与"一带一路"倡议的关系 ... 147
二、"一带一路"倡议下城市绿色发展的关键问题 ... 149

第二节　天津市生态基础设施互联互通优化研究 ... 150
一、生态基础设施的内涵界定 ... 150
二、天津市生态基础设施建设现状 ... 151
三、天津市生态基础设施建设互联互通优化路径 ... 153

第三节　天津市绿色发展驱动模式及实现路径研究 ... 154
一、天津市绿色发展的驱动模式 ... 154
二、天津市绿色发展的实现路径 ... 156

第七章　天津市城市符号的演变与重塑 ... 158

第一节　城市符号的理论基础与发展框架 ... 158
一、城市符号的相关理论 ... 158
二、不同视域下的城市符号发展形态 ... 159
三、国外城市符号的形成与演变 ... 160
四、城市符号的形成与发展框架 ... 162

第二节　天津市城市符号演变的特征与动因 ... 164
一、天津市城市符号的历史考察 ... 164
二、天津市城市符号演变特征的实证分析 ... 167
三、天津市城市符号的演变动因 ... 173

第三节　天津市城市符号的重塑路径 ... 176
一、天津市城市符号的模式选择 ... 177
二、天津市城市符号的路径探析 ... 178

第八章　天津市城市网络体系与合作机制建构 ... 180

第一节　自贸试验区建设与"一带一路"倡议的内在联系 ... 180
一、天津自贸试验区与"一带一路"的战略价值 ... 180
二、天津自贸试验区与"一带一路"的战略挑战 ... 181

第二节　基于创新城市建设视角的自贸试验区优化发展 ... 182
一、自贸试验区动力系统的原理 ... 182
二、构建指标体系 ... 183
三、实证分析 ... 184

第三节　京津冀协同发展和"一带一路"倡议的必然联系 ... 188
一、京津冀协同发展与"一带一路"的战略联系 ... 188

二、天津与"一带一路"的对接条件 188
　第四节　"一带一路"倡议下城市间合作机制构建 189

第九章　"一带一路"倡议下天津城市发展新动力与新路径 191
　第一节　"一带一路"倡议激发城市发展新动力 191
　　一、新时代城市发展的动力因素探析 191
　　二、新时代天津城市发展新动力 194
　第二节　"共商、共建、共享"的城市发展新格局 197
　　一、宏观层面：秉持"三共"全球治理观，推动形成开放新格局 198
　　二、微观层面：打造"三共"治理新格局，谋划城市发展大方向 201
　第三节　产业、交通、生态、文化、人才协调的城市发展新路径 203
　　一、培育城际战略产业链，搭建产业区域合作平台 203
　　二、建设国际交通枢纽，构建陆海空综合交通体系 204
　　三、推进资源区域共享，探索城市绿色生态新模式 205
　　四、加强文化传播交流，促进城市文化繁荣发展 206
　　五、实施人才引进战略，加快创新驱动发展 207

主要参考文献 209
后记 216

第一章

"一带一路"倡议下中国城市重塑的理论基础

第一节 "一带一路"倡议的历史渊源与时代内涵

一、"一带一路"倡议的历史渊源

"一带一路"倡议是古代陆海丝绸之路上驼铃声和号角声的有力回响,它基本承袭了古代丝绸之路的地理范围,深化传承了古代丝绸之路的历史任务和精神内涵,具有深刻的历史渊源和深远的现实意义。

(一)丝绸之路三大路线

在奥斯曼帝国垄断东西方贸易、西方被迫开辟海上新航线之前,丝绸之路一直都是东西方沟通交流的重要通道。现学术界较为公认的丝绸之路有三大路线:沙漠绿洲丝绸之路、海上丝绸之路和草原丝绸之路(图1-1-1)。

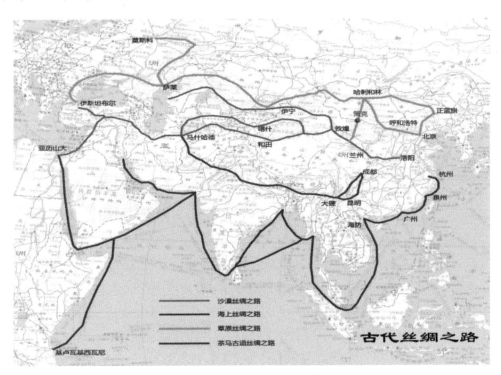

图1-1-1 "丝绸之路"路线图
资料来源:网络下载。

沙漠绿洲丝绸之路,即传统意义上的丝绸之路,起自中国古代都城长安、洛阳,经中亚国家、阿富汗、伊朗、伊拉克、叙利亚等地,至地中海,以罗马为终点,全长6440km,

在我国境内长约4000km，已愈总里程的一半。这条路被认为是连接亚欧大陆古代东西方文明的交汇之路，而丝绸则是沿路最具代表性的货物。

海上丝绸之路，即连接古代中国与世界其他地区的海上通道，同陆上丝绸之路一样，早在秦汉时期便呈现雏形，它由"东海航线"和"南海航线"两大干线组成。东海航线从中国通向朝鲜半岛及日本半岛，南海航线从中国通向东南亚及印度洋地区。海上丝绸之路形成于秦汉时期，发展于三国、隋朝时期，繁荣于唐宋时期，没落于明清时期，是已知的最为古老的海上航线。海上丝绸之路的主港历代有所变迁，但只有泉州是被联合国教科文组织所承认的海上丝绸之路的起点。

草原丝绸之路，即由中原地区向北，越长城至塞外，穿越蒙古高原、南俄草原通向欧洲的陆路主干线。中国古代北方少数民族向西亚、欧洲贩运丝绸也多走此路。由于其路段多在北方高寒地区，来往运输的货物除丝绸外，皮毛占大宗，故也称"皮毛之路"。

此外，中国古代还有一条重要的西南丝绸之路，形成于汉代，从洛阳出发，经陕西、四川、云南，前往缅甸、印度，是一条深藏于高山密林之间的贸易文化通衢，它是中印两个文明古国最早的联系纽带，加强了陆上丝绸之路与海上丝绸之路的联系，在汉唐时发挥着重要作用。

（二）丝绸之路历史沿革

丝绸之路的发展历史悠久，伴随着古代中国的历朝历代，虽然发展历程复杂艰难，每个朝代都有不同的情况与困境，但总体的发展趋势是不断是开拓和进步的，深刻认识历史发展中的丝绸之路，回顾古代丝绸之路的历程，可为我们研究和探讨丝绸之路在当代的意义及价值提供重要的理论依据，为研究新时期的"一带一路"倡议意义和价值提供了参考，同时也能对饱含中国特色发展方式的"一带一路"倡议产生更深刻的理解。

形成起步期。丝绸之路开辟于秦朝，正式形成于两汉时期（公元前2世纪~公元1世纪）。最初的丝绸之路是张骞于西汉出使亚洲中、西部地区开辟的以长安为起点，连接亚欧非的古代陆上商业贸易路线的总称。汉武帝以后，国内社会安定，经济繁荣，采取积极对外政策，并与西域地区建立联系，至西汉末年，由于西域诸国与当朝政权断绝关系，丝绸之路的贸易活动也被迫中断。直到东汉时期，班超随大将军窦固抗击匈奴，西域诸国归附中央政府，中断58年的丝绸之路重新开通。汉亡之后，中国的北方大部处于长期的割据战争之中，国家分裂，社会动荡，丝绸之路虽受到一定阻隔，但并未中断，仍然在对外贸易中发挥着重要作用，加强了各朝代与西域各国的联系，大大促进了东西方文化交流，扩大了古代中国在世界上的影响。魏晋南北朝时期，丝绸之路也有一定程度的发展，虽然受制于朝代的更迭与战火的影响，大规模的官方商队不再常见，但是民间自发的贸易活动更加频繁，为受战争波及的人们带来了更多的希望与生机，也使得丝绸之路在人们心目中的地位更加深刻。

繁荣发展期。隋唐时期，中国结束了长期的分裂割据的状态，社会环境稳定，加强与西域的联系、保障丝绸之路畅通成为这一时期的重要任务。唐初以后的两百年，是丝绸之路通畅，贸易发展，经济交往频繁的全盛时期。自贞观以来，唐朝与西方的大使、印度等建立了密切的经济文化联系。随着高僧玄奘西行印度取经求法等活动，陆上丝绸之路在唐初进入黄金时期，而到了唐朝中期，随着航海技术的日益发达，以及安史之乱的爆发，路上的丝绸之路出现了衰落的趋势。由于宋朝国家政权极为薄弱，与西域的联系受到阻碍，陆上丝绸之路几乎废弃。但元朝统一中国后，社会环境安定，经济发展，丝绸之路继续发展，海上丝绸之路更是繁荣昌盛，形成以广州港、泉州港、宁波港为起点，向西延伸到地中海沿岸的路线。与海上丝绸之路的日益繁盛相对，陆上丝绸之路日益黯淡无光，依然趋于萧条，丝绸之路的交流中心完全由路上转移至海上。

萧条衰落期。明清时期，丝绸之路趋于萧条，几近停滞。特别是15世纪以后，由于清朝不断实行包括"海禁"在内的"闭关锁国"政策，陆上和海上丝绸之路都几近停止，丝绸之路不再作为东西方交流的要道，而是作为记录中外交往历史遗迹的标志而存在，虽然开设"十三行"，但是与西方的联系大为减少。这段时期是西方国家大肆扩张的时代，海上的新航路被不断开辟，虽然丝绸仍然是中国对外贸易的主要输出对象，但是海上贸易往来成为了历史的主角，贸易的主导权也让位于西方国家，"一带"的地位和重要性彻底让位于"一路"。随着中国在西方列强的不断侵略下逐渐没落，丝绸之路也退出了世界贸易的主要舞台。

（三）丝绸之路与"一带一路"的关系

2013年9月～10月，习近平总书记访问哈萨克斯坦和东盟国家期间首次提出共同建设"丝绸之路经济带"和"21世纪海上丝绸之路"的构想，简称"一带一路"。它不是一个实体和机制，而是合作发展的理念和倡议，旨在借助古代"丝路"历史符号，主动发展与沿线国家的经济合作伙伴关系，共同打造政治互信、经济融合、文化包容的利益共同体、命运共同体和责任共同体。

考察"一带一路"的历史转换，对今天的中国有重要的启示意义。丝绸之路的兴起，是当时交易成本最小化的选择，尽管商旅在陆路上面临众多艰险，有来自自然的风暴，对抗强盗的掠夺、忍受沿途国家的盘剥，但是路上丝绸之路之所以能延续千年，根本原因在于没有一种效率更高、代价更小的交易方式出现。此外，历史上丝绸之路的成功和繁荣也与当时中国政府的强盛和共同发展思想密不可分。正如习近平总书记就建设丝绸之路经济带所说的"两千多年的交往历史证明，只要坚持团结互信，平等互利，包容互鉴，合作共赢。不同种族，不同信仰，不同背景的国家完全可以共享和平，共同发展"。可见，"一带一路"经济带的建设，在顺应时代要求的同时，也是对古丝路的传承与延续，两者之间有联系也有差异。

古代"丝绸之路"指的是中国中原王朝与周边其他国家（主要是陆上西域、欧洲）之间的政治、经济、文化往来，而现在的"丝绸之路"则指的是新世纪中国与西亚、欧洲国家之间的合作，两者间还是存在较大的差异。例如，就国际政治而言，古代中国是在朝贡体制下与海外诸国发生联系的，中国被认为世界闻名的中心，海外国家则被认为是"蛮夷"，应该向中国纳贡称臣。而现在中国与其他国家的关系，是建立在和平共处五项原则的基础上,中国与合作国之间是平等互助的关系;就合作领域而言,古代的合作主要是以官方外交、商品贸易、文化交流的方式进行,少有民间(即非政府组织)之间的合作和往来。其中,规模最大也是闻名于世的官方行为是永乐年间的郑和七下西洋。而今天中国与亚洲国家的交流的合作领域在扩大,除了以上提到的这些基础之上,还有共同打击国际犯罪,共同维护互联网络安全,共同防范金融风险等领域的合作与交流。

然而,从另外一个方面来说,两者之间有着紧密的联系。例如它们在地理范围上是高度重合的,无论是海上丝绸之路还是陆地丝绸之路。另外,21世纪的今天虽然有发达的航空运输,但是海上航线依然是中国与其他国家交流的主要渠道,同时两者在精神层面上也是高度重合的,在古代,中国与海外国家的交往大多数是以和平的方式进行的,而今天中国政府所提出的海上丝绸之路也是以和平、友谊、合作为基础的。

二、"一带一路"倡议的时代内涵

历史上,"一带一路"的盛衰折射出中国发展的起起伏伏。形式上,"一带一路"倡议承接了一些历史元素,似乎是丝绸之路的2.0版本,然而同历史上的丝绸之路与海上丝绸之路相比,已经有了质的变化:今天的"一带一路"不只是单纯的陆上与海上国际交往通道,而是一个借助历史符号构筑起的全球联系网络;也不单纯是中国与其他国家贸易产品之间的来往通道,而是一个以互联互通为基础的融合经济、文化、技术、资本等方面的全方位交往平台。"一带一路"倡议将东亚、东南亚、南亚、中亚、欧洲南部、非洲东部的广大地区联系在一起,该区域覆盖40多个国家,总人口超过40亿人,经济总量超过20万亿美元,在继承"丝绸之路"精神的基础上,也赋予了古老丝绸之路崭新的时代内涵。

(一)"一带一路"倡议的经济内涵

"一带一路"覆盖区域是全球最主要的能源和战略资源供应基地,沿途国家多为处于不同发展阶段、具有不同禀赋优势的发展中国家,在农业、纺织、化工、能源、交通、通信、金融、科技等诸多领域进行经济技术合作的前景广阔(图1-1-2、图1-1-3)。

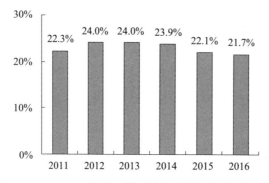

图1-1-2 2011~2016年"一带一路"沿线国家占全球贸易份额
资料来源:《"一带一路"贸易合作大数据报告(2017)》。

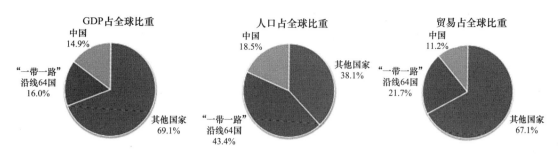

图 1-1-3　2016 年"一带一路"沿线国家和中国的 GDP、人口、贸易占全球比重
资料来源：《"一带一路"贸易合作大数据报告（2017）》。

从对外开放角度看，"一带一路"倡议进一步扩大、巩固了我国与中亚、东南亚以及更广大发展中国家和地区的互利合作，有利于形成全方位对外开放格局。受地理区位条件制约，东部沿海地区开放水平明显较高，沿边地区特别是西部沿边地区在全国进出口总贸易额中的比重依然较小，形成全方位开放格局的重点和难点在中西部。"一带一路"国内段覆盖了我国中西部的大部分地区，使广大中西部地区由原先的"内陆腹地"变成现在的"开放前沿"，为中西部地区进一步提高对外开放水平、促进经济平稳健康发展提供了契机。在众多发展中国家经济发展速度加快、市场需求不断扩大的背景下，我国开展对外贸易不能只依靠欧美发达国家，"一带一路"倡议将我国巨大的产品制造能力与沿途发展中国家的巨大市场需求联系起来，扩大贸易往来、深化经济合作前景广阔。

从经济转型升级角度看，"一带一路"倡议为我国东部地区产业转移和过剩产能化解提供了广阔的战略迂回空间。在污染治理、土地价格、劳动力成本等多重因素的影响下，东部地区出口导向型经济发展模式难以为继，低端制造业向我国中西部地区以及东南亚等劳动力成本优势明显的地区逐步转移已是大势所趋。通过"海上丝绸之路"将部分已不具有比较优势的产业从我国东部地区转移过去，可以为我国的经济转型升级留出必要的发展空间，但产能"过剩"并不意味着产能"落后"，我国现阶段相对过剩的钢铁、水泥等产业正是中亚、东南亚、南亚、非洲等发展中地区进行基础设施建设的短板所在（图1-1-4），因此通过"一带一路"倡议将我国的部分过剩产能转移到这些国家，既可以推动我国经济转型升级，也为"一带一路"沿线国家发展提供了难得机遇。

从区域经济发展角度看，"一带一路"倡议将中西部地区作为政策重心，有利于增强其发展动力与吸引力，促进区域经济协调发展。自改革开放以来，国家虽然通过西部大开发、中部崛起战略等政策扶持中西部地区的经济发展，但由于基础设施配套不完备、人才吸引力较差、交通物流成本高等原因，东西部区域经济差距始终未得到改善。目前"一带一路"规划中所涉及的 18 个省区市中有 10 个位于中西部，国家从基础设施、财政扶持、人才就业培养、对外开放等多方面予以更多扶持，有利于增强这些中西部省区市的发展潜力；同时这些省区市由"内陆"变"前沿"，通过承接东部产业转移、加强交通物流通达能力、设立内陆港和海关特殊监管区等多种措施可将经济潜力进一步转化为经济发展成果，完成新型城镇化三个"一亿人"奋斗目标，实现东中西部协调发展。

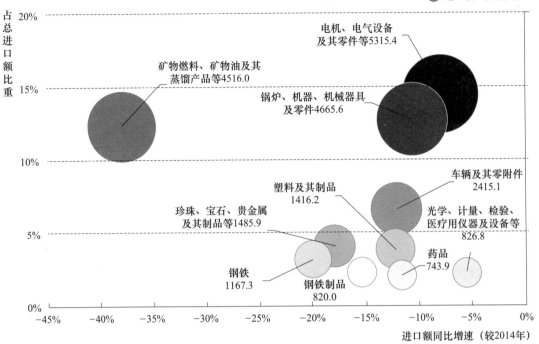

图1-1-4　2015年"一带一路"沿线国家自全球进口额前10位产品
资料来源：《"一带一路"贸易合作大数据报告（2017）》。

（二）"一带一路"倡议的安全内涵

虽然"一带一路"倡议主要立足于经济合作和人文交流，并不涉及政治、安全等敏感领域，但从客观效果上看，"一带一路"对于保障国家经济安全、打击三股势力、营造和平相处的国际环境方面具有重要意义。

从保障国家经济安全角度看，"一带一路"有利于实现我国资源、能源进口渠道的多元化，同时也为保障海上资源能源运输线的安全奠定了坚实基础。粮食安全是最根本的民生，但粮食全部自给既无必要也无可能，中亚地区地广人稀，农业发展条件非常优越，农产品特别是畜牧业产品比较优势明显，而东南亚地区是世界重要的水稻、热带水果出口地，"一带一路"为亚洲周边地区优质农产品进入我国创造了条件，有利于满足我国日益增长的多样化食品需求；目前我国石油对外依存度超过60%，天然气对外依存度超过30%，能源安全业已成为国家经济安全最核心的部分。中亚、西亚地区是全球石油、天然气最富集地区，"海上丝绸之路"与我国目前的海上石油运输线在很大程度上重叠在一起，保持与沿途国家良好的经贸合作关系对于保障我国海上能源运输线的安全意义重大。

从维护社会稳定的角度看，"一带一路"建设为预防三股势力、打击标本兼治，维护社会安定、民族团结奠定了坚实基础。边疆等少数民族聚集地区经济相对落后、就业岗位较少，特别是一些青壮年劳动力长期处于贫困失业状态，易使恐怖主义、分裂主义和极端主义三股势力乘虚而入。"一带一路"可带动边疆地区经济发展和产业振兴，从而为当地居民创造更多就业机会、提高居民收入水平,从根本上消除三股势力成长的社会土壤;"一带一路"建设在加强各国经济联系的同时,也将带动各民族、宗教间的沟通交流,从而增强彼此之间的理解、包容、融合,消除各民族、宗教间的各种隔阂和误解,从而消除三股势力产生的思想根源。此外,"一带一路"建设可促使沿途各国对恐怖主义等形成联合打压之势,共同维护地区安全稳定与经济繁荣。

从促进世界和平与发展看,"一带一路"倡议在恪守和平共处五项原则基础上注重平等协作、合作发展,为我国的和平发展营造了良好的国际环境。我国明确表示,在"一带一路"建设过程中,不干涉他国内政事务、不谋求经济带发展主导权,更不经营自己的势力范围、结盟对抗其他国家或国际组织;在地域和国别方面坚持开放原则,凡属于古代陆上、海上丝绸之路范围的国家均可参与,另外一些不属此列的友好邻国,只要有合作意向亦可参与进来;在合作机制上,我国不建立任何新的双多边机制,倡导充分依托上海合作组织、中国-东盟(10+1)峰会、欧亚经济联盟等既有的合作平台。通过"一带一路"的典型示范作用,我们可以向全世界表明,中国自古至今都是世界和平的坚定维护者,发展壮大后的中国依然是维持国际和平、推动世界进步的中流砥柱。

(三)"一带一路"倡议的文化内涵

古代陆上、海上丝绸之路为当时不同种族、不同民族、不同国家之间的经济互通、人文交流创造了条件,新时代我国的"一带一路"倡议也将延续"丝绸之路"带动经济、文化、商贸友好交流的传统,并赋予其新的时代含义,为各国人文交流提供广阔的舞台。

"一带一路"倡议通过扩大各国科技合作、密切人员往来,为中国及沿途国家的经济发展提供了有力的技术和智力支持。如中亚地区拥有苏联时期航空航天、精密机械等方面丰富的科技文化遗产,但由于自身工业结构、市场需求等因素而未得到发展,"一带一路"将东亚至欧洲的广大地区联系起来后,巨大的市场空间和技术合作潜力必将使这些科技遗产重新焕发活力;欧洲各国在城镇化建设、生态技术、精密制造等方面的丰富经验对我国经济建设有巨大的推动作用,但目前欧洲先进技术、优秀人才进入中国还存在不少障碍,"一带一路"为中欧技术交流合作提供了广阔的中间过渡地带;中东国家的节水农业、印度的信息产业等技术优势也比较明显,合作交流的潜力巨大。此外,随着"一带一路"经贸往来的频繁,各类高校、研究机构、企业间的学术交往、人才交流、技术合作等也将日益加强。

"一带一路"倡议为加强不同国家、民族、宗教间的人文交流和相互理解、消除彼此的隔阂与误解、增强尊重互信、共创人类文明繁荣局面创造了有利条件。任何民族、宗教要想保持旺盛的生命力,就要在保护、传承好自身独特文化的同时,积极吸取其他民族、宗教文化中的合理部分和优秀成果,"一带一路"沿途是世界上典型的多国家、多民族、多宗教聚集区域,古代"四大文明古国"诞生于此,佛教、基督教、伊斯兰教、犹太教等也发源于此并流传至世界各个角落,"一带一路"通过经贸合作带动人文交流,必将在各民族、宗教文化相互碰撞、融合中扮演非常重要的角色。"一带一路"的构建必将使以"己所不欲勿施于人"为代表的中国优秀传统文化更大范围地走向世界，使之与"和平共处五项原则"一样，成为增强各国尊重互信、维护世界持久和平的重要原则标准。

三、"一带一路"倡议的时代特征

新世纪，由中国提出两个经济发展的大倡议：丝绸之路经济带倡议和21世纪海上丝绸之路经济带倡议，自提出起，就充分表达了中国愿与沿线各国和地区应坚持平等协商、互利共赢、和平发展的理念，以及搁置争议、共同繁荣的发展愿望。这也是富有中国特色的大国崛起方式，在当今快速发展的世界经济背景中，"一带一路"的发展战也具有新的时代特征。

（一）包容性

"一带一路"地跨欧亚非三个大陆，其涉及的国家和地区的数量相当庞大，这就突出了沿线及周边国家在意识形态、地理环境、文化传统、价值观念、经济发展水平及潜力、期望价值和迫切要求等方面的差异，而"一带一路"具有巨大的包容性，它一贯秉持习近平主席提出的"亲、诚、惠、容"的外交理念和我国"睦邻、安邻、富邻"的外交政策，倡导以宽阔的胸怀和极大的包容来热情容纳广大国家和地区的亲情加入，不论经济发展水平高低、国际地位悬殊的大小，一律以平等的交往态度进行经济、文化、贸易等方面的交流与沟通，同时在密切交往中更加突出强调相互尊重政治制度、人文传统等方面的差异，各国相互理解、相互尊重，搁置争议、求同存异，在顺应时代大潮流下致力于各国经济、文化、贸易等的发展与合作，实现在平等合作基础上在经济、文化、外交等方面的共赢，共同打造利益共同体、命运共同体。

（二）开放性

"一带一路"沿线国家及地区的经济、文化发展水平不尽相同，各国有各国发展的特殊性要求，发展利益更是参差不齐，这些国家和地区大部分是发展中国家，有着强烈的经济发展愿望，并且急于通过经济的发展提高综合国力，增强国际影响力，提高国际地位以及国际话语权。从这方面讲，"一带一路"着重从经济、文化、科技、人文等方面加强各国的经济、文化、贸易、人文等交流与合作。它不但积极促进沿线国家和地区的交流合作，同时也积极促进和鼓励、支持、引导世界上其他国家的积极参与，致力于搭建一个和谐、稳定、发展、和平的国际环境，为各国的发展提供相对稳定的国际大环境，更好地促进世界各国的国际地位，增强各国在国际社会上的积极作用，为世界和平发展贡献力量。

（三）普惠性

所谓"普惠"就是"普遍惠及"的意思。"一带一路"的普惠性特点是以经济发展为主轴，辐射文化、科技、信息、人文等方面，借助丝绸之路新发展，以顺应当今社会发展大趋势为要求，实现的各国共同发展进步的具体表现。具体而言，普惠，就是以发展经济为主要导线，同时带动各国在文化交流、科技进步、人文发展、贸易来往等方面实现的共同发展。"一带一路"一直倡导共赢的理念，迎合大多数国家的发展要求和愿景，着力打造利益共同体，相互尊重，使各项政策普惠众多沿线国家，实现各国经济的新发展，以经济发展带动各国文化等方面的交流和合作，实现各国经济的大发展、文化的大发展及科技等方面的发展繁荣。

（四）均衡性

"一带一路"倡议具有很大的发展空间，对世界各国的发展与共同进步产生的积极作用是巨大的，其均衡性笼统来说主要有整体和个体发展的均衡性等两个方面的内容。整体的均衡，一言以蔽之："一带一路"沿线及周边国家在这个大战略下把握机遇，审时度势，在相互尊重各国利益基础上，相互学习，共同进步，相互交流各国的成功经验，并根据各国实际情况的不同及时采取相应的发展策略，实现共同的发展繁荣，实现经济文化的共赢。个体发展的均衡性主要是各国在"一带一路"大环境下，根据自身发展的特殊需要，实施正确的符合各国国情的策略，在各国共同发展的同时实现自身经济、文化的发展与进步，实现本国发展各个方面的相对均衡，使本国的发展跟上时代发展的步伐，在世界激烈发展的形势下完成自身的飞跃。从总体来看，这两方面的均衡实质就是在各国的经济文化各方面发展的同时，本着和平、合作、平等的理念，实现"一带一路"沿线国家和地区的均衡性发展，从而促进世界经济的繁荣及各国的共同进步。

第二节 "一带一路"倡议下城市重塑的时代背景与动力机制

一、"一带一路"倡议下城市重塑的时代背景

（一）全球化 4.0

从以往全球化的历程来看，由于第三次全球化浪潮所形成的全球治理结构存在先天缺陷，绝大部分国家都期望一个具有平等互惠基础的全球经济发展体系的出现。因此，正是基于中国目前的经济规模和发展需要，以及全球化推动下世界经济合作与分工程度的不断深化和广泛需求，中国在内外部环境日趋成熟的条件下，高瞻远瞩地提出"一带一路"倡议是符合历史契机的。

16 世纪至今，世界总体经历了三次全球化浪潮（表 1-2-1）。尽管前三次全球化浪潮的方式有所不同，但都存在一个共同点即不平等，这种不平等体现在参与国的地位、发展和利益皆不平等：一是参与者在制定全球经济、贸易等规则时的权力地位不平等；二是在双边的往来过程中，后发国家往往受制于西方制定的运行规则，在经济、贸易和金融交往中，必须满足西方炮制的诸如政治、环境、人权等要求，发展受到严重制约；三是参与者所获利益明显不对等、差距巨大。因此，在这种格局下，绝大部分国家迫切需要一个具有平等和共赢性质的新型全球化治理体系。相对美国经济状况的下滑与中国对全球经济增长的贡献，促使包括中国在内的众多国家呼唤一个全新的全球治理体系。

全球化 1.0～3.0 的概况及特征　　　　　表 1-2-1

全球化浪潮	革命性技术	代表国家	特　征
全球化 1.0	航海技术	葡萄牙等	军事掠夺
全球化 2.0	蒸汽机技术	英国等	军事殖民
全球化 3.0	电力信息技术	美国等	西方主导世界经济及贸易规则

资料来源：作者整理。

由于全球化 3.0 体系的痼疾，包括金砖国家在内的众多后发国家的利益诉求长期被压抑，全球经济体系并不和谐，全球经济复苏缓慢。目前中国已成为第二大经济体，2013 年外汇储备接近 4 万亿美元，约占世界外汇储备的 1/3。基于以上背景，"一带一路"倡议提出的根本目的在于通过构建一种平等、互惠互利的区域合作发展模式，来推动崭新的全球化进程，希望在促使世界经济复兴的同时也能有效化解一国内部发展的不均衡，这种思路不仅能满足诸多后发国家对于平等利益的诉求，对部分发达国家同样也具有吸引力。因此，"一带一路"倡议实际是全球化 4.0 进程的先导。但对中国而言，想要在全球化 4.0 进程中取得先机，必须通过战略的稳步实施来创建合作、平等、共赢的新型国际关系和公平、自由、务实的新型世界组织，并在适当时机推进人民币国际化进程。首先，创建以合作、平等、共赢为核心的新型国际关系是"一带一路"倡议的出发点。其次，创建公平、自由、务实的新型世界级经济、贸易和金融组织是"一带一路"倡议的重要保障，同时能够为全球化 4.0 的到来奠定基本的运行准则。最后，人民币国际化是"一带一路"倡议的重要目标，也是中国参与全球化 4.0 竞争、获得主导权的根本保障。

（二）区域协调发展 4.0

"一带一路"倡议的本质是中国区域协调发展战略的 4.0 版本，但是其作用区域的空间尺度已经囊括国家和跨国区域，它所代表的不再是一个局部的联系通道，而是已经超越历史上的丝绸之路与海上丝绸之路的范围构建起的将中国与世界融为一体的伟大战略。

中国地域辽阔，不同的区域不仅在自然资源、地理环境、文化习俗方面存在较大差距，在经济发展方面同样存在巨大差距。实现区域的协调发展是中国政府长期坚持的区域发展战略目标。中国领导人早在 20 世纪 50 年代就提出要处理好沿海地区与内陆地区的发展关系。20 世纪中叶以来，中国的区域发展战略随着发展形势的变化不断调整，在不同经济发展时期，区域战略重点有所不同。从区域发展背景角度分析，迄今为止中国的区域战略变化明显分为 6 个阶段：内地建设战略阶段（1949～1964 年）、三线建设战略阶段（1965～1972 年）、战略调整阶段（1973～1978 年）、沿海发展战略阶段（1979～1991 年）、区域经济协调发展战略阶段（1992～2006 年）与生态文明的区域经济协调发展战略阶段（2007 年至今）。明确提出区域协调发展战略目标，始于 20 世纪 90 年代初期。可以按照区域协调发展思路实施对象的不同，将中国区域协调发展战略分为四个阶段，其中区域协调发展 1.0～3.0 见表 1-2-2。

区域协调发展 1.0～3.0 的阶段及概况　　　　　表 1-2-2

区域协调发展阶段	时　　间	概　　况
区域协调发展 1.0	20世纪90年代初区域协调发展的提出至2004年提出区域总体发展战略	分别针对突出的区域问题提出了单个解决方案，并没有提出一揽子解决办法
区域协调发展 2.0	2004～2007年提出生态文明战略	第一次将全国不同地区纳入了均衡发展的战略框架之中，即"西部开发、东北振兴、中部崛起、东部率先"
区域协调发展 3.0	2007～2013年区域协调发展总体战略与主体功能区战略的融合期	主体功能区规划由概念阶段转为操作阶段，强调人与自然和谐发展

区域协调发展4.0始于2013年提出的以"一带一路"为战略支点的全方位开放的区域经济协调发展战略：以前的区域协调发展战略着眼于国内的协调，"一带一路"倡议提出之后，区域协调发展战略具有了国际视野。2008全球金融危机以来，一方面世界经济、政治格局发生剧烈变化，中国周边区域尤其是东南沿海地区不确定性因素增多；另一方面国内经济、产业和社会发展结构型矛盾凸显，各种复杂性因素对经济发展产生巨大的下行压力。在这种局面下，以习近平为核心的党中央领导人提出"一带一路"倡议，将区域协调发展战略的作用对象层次提升至包括欧亚大陆多个国家在内的区域，极大地拓展了中国经济活动的空间布局范围，拓宽了中国经济活动的回旋余地，为中国经济持续增长找到了新的引擎。

（三）新型城镇化 2.0

随着我国城镇化速度从高速转向中高速增长，城市发展转向规模扩张和质量并重的新阶段。2014年3月，中共中央、国务院发布了《国家新型城镇化规划（2014～2020年）》，明确了期间的城镇化发展路径、主要目标和战略任务，统筹相关领域制度和政策创新，成为现阶段指导全国城镇化健康发展的宏观性、战略性、基础性规划。

《国家新型城镇化规划（2014～2020年）》可被看作是"新型城镇化1.0"，即以民生、可持续发展和质量为内涵，以追求平等、幸福、转型、绿色、健康和集约为核心目标，以实现区域统筹与协调一体、产业升级与低碳转型、生态文明和集约高效、制度改革和体制创新为重点内容的崭新的城镇化过程。中国的传统城镇化以服务于经济增长为核心，"新型城镇化1.0"则强调以人为本，与传统城镇化相比，无疑是巨大进步，但关于生态基础设施的建设仍重视不够。人们普遍认为，城市化进程中的挑战在于城市基础设施建设以及城市的监管与治理：包括交通系统、住房、自来水、卫生设施、贫民区改造等城市的硬件设施（即城市病）。但很少有人意识到，城市的软件结构才是城市的创造力，居民生活方式、文化以及为城市提供人才资源的教育中心等软件的凝聚力才能不断地推动城市的发展与繁荣，尤其是城市的生态基础设施。

党的十九大召开后，中国特色社会主义进入新时代，社会主要矛盾已经转化为人民日益增长的美好生活需要和不平衡不充分的发展之间的矛盾，说明人民需要已从物质文化领域向物质文明、政治文明、精神文明、社会文明、生态文明全面拓展。同时，十九大报告在生态文明建设上要求"提供更多优质生态产品以满足人民日益增长的优美生态环境需要"、"建立健全绿色低碳循环发展的经济体系",未来我国经济发展将是"生态优先、绿色发展"新模式。中国特色社会主义事业总布局从"四位一体"到"五位一体",在五大发展理念指导下,我国城镇化2.0的新着力点在于:建设现代化经济体系,把发展经济的着力点放在实体经济上;加快建设制造强国,在中高端消费、创新引领、绿色低碳、共享经济等领域培育新增长点;加快发展现代服务业,支持传统产业优化升级(表1-2-3)。

我国城镇化阶段及内涵演进　　　　　　　　　　　　表1-2-3

城镇化阶段	内　　涵
传统城镇化	偏重数量增加,经济发展、城市发展,忽略内涵提升、社会文化、城乡统筹
新型城镇化1.0	以人为本、四化同步、优化布局、生态文明、文化传承
新型城镇化2.0	融合、集约、智能、绿色、低碳

资料来源:作者整理。

二、"一带一路"倡议下城市重塑的内在动力

"一带一路"倡议下城市重塑需要包括政府支持、合作机制、交通设施等在内的多方配合,长期来看,城市能否顺利实现产业升级必然是"一带一路"倡议下城市重塑的关键。

(一)政策动力:开放体制机制与国家战略布局

国家层面上的开放战略布局是对战略性政策资源的统筹规划。完善的外贸管理体制机制能不断协调地区间外贸政策的不统一、管理职能交叉及互相推诿的问题,最大限度上减少政府对市场的不良干预,促进政府各项服务功能更加完善,提高贸易与投资便利化水平,增强开放经济抵御外部经济冲击的免疫力,通过优化投资合作和信用管理体系,提高通关效率和监督管理水平,减少对外贸易转型升级的制度障碍。国家对开放经济的整体战略布局,明确了地区在整体经济发展中的战略地位和作用,使国家和地区形成发展合力,成为推动对外贸易转型升级的基础政策动力。例如国家"一带一路"倡议,顶层设计明确了河南省郑州市的综合交通枢纽、关键节点和国家级中心城市的战略地位,通过动用国家力量以及适当的政策倾斜,极大地提高了当地开放经济的发展水平,加快了地区对外贸易转型升级的进程。

(二)基础动力:要素禀赋与比较优势

要素禀赋的历史性变化和不断的技术创新是国家和地区贸易发展的基础动力。一国或一个地区的要素禀赋在特定的历史时刻是固定的,但是随时间推移是可以改变的,它决定了一国或一个地区的初始的比较优势,也决定了地区的最优产业结构。在开放经济条件下,比较优势和资源禀赋是决定一个国家或地区的出口商品结构和贸易方向的关键条件。要素禀赋和相对比较优势理论认为,由于各国或地区的要素资源禀赋即一个国家拥有的生产要素资源相对是不同的,不同产品在生产过程中投入的要素数量也不同,每个国家或地区分工生产要素较充裕的产品便具有比较优势,通过贸易各地区都可以获得比较利益。例

如，作为中国中部大省河南的省会，郑州拥有丰富的劳动力资源、相对低廉的要素价格、显著的交通和区位优势以及近年来密集落地的众多国家战略规划和战略平台，在劳动与资源密集型产品或环节的生产以及航空、铁路和公路物流产业发展上具有比较优势，极大地促进了对外贸易便利化，这些都构成了推动郑州城市重塑的基础动力。

（三）核心动力：创新与产业结构转型升级

产业结构转型升级是对城市重塑的前提和产业基础，创新是促进产业转型升级的关键动力，而一国或地区的比较优势决定贸易结构及方式。随着创新能力的增强，创新型生产要素的积累，比较优势随之发生变化，引起贸易方式、贸易规模和贸易流向发生相应的变化，进而拉动产业结构升级。产业升级包括产业间升级和产业内升级。产业间升级是产业结构不断从低级形态向高级形态转变的过程，即第一产业占优势比重逐级向第二、三产业占优势比重演进；产业内升级是指产业内部生产要素的重新分配，通过加工技术集约化实现产业的纵深化发展。以创新驱动推进"一带一路"产业升级的机理在于：一方面，在产业转移的过程中实现传统产业的生产要素重新分配，即打破传统生产要素对产业结构的黏性效应和低端锁定及其由此产生的长期路径依赖，促使传统优势产业从低水平、粗放型向高水平、集约型的转变，实现传统产业的升级换代；另一方面，通过产业转移实现国内产业"腾笼换鸟"式的再升级，促使新兴产业或优势产业的发展。

三、"一带一路"倡议下城市重塑的外部支撑

（一）制度保障：制度体系建设与创新

制度本身不是投入要素，而是通过制度创新对生产要素产生作用促进生产活动，从而促进产业的升级发展。其作用机制在于通过促进技术进步、降低交易成本、提供激励机制、解决外部性内部化等基本功能，有效提高生产要素的配置效率，提高产品净收益，从而激励创新活动的开展。"一带一路"沿线涉及众多国家，某些地区存在局势动荡不安、民族宗教矛盾突出的状况，可能会波及国内政治因素和安全因素，为产业升级带来了前所未有的风险和不确定性。因此，不同于以往，在制度设计上需要大力创新，从而为创新驱动提供稳定、持续和高效的激励机制。一是通过制度安排降低不确定性，推动技术进步；二是解决外部性问题，完善创新激励机制；三是为产业发展提供宏观引导，优化双边创新环境。

（二）合作平台：互联互通与贸易中介

亚欧大陆腹地是西方主导全球化的边缘地带，是世界经济发展的低洼地带，对基础设施的需求缺口很大，但长期以来域外投资及域内国家间投资对此兴趣不大，近年来亚洲各国、亚欧之间的经济依赖程度深与基础设施联通程度差形成了强烈反差。"一带一路"的首要举措是通过联通基础设施，整合区域乃至全球经济资源，促进资金、技术、物流、人文等诸要素加速自由流动，从而大大提升资源配置效率，形成更加高效的全球产业链、价值链和供应链。一般意义上的贸易中介具有商品转买或转卖，以及实现买卖双方信息匹配两大功能。新型贸易中介突破了原有的功能局限，实现了资源的进一步整合，服务形式和

具备的功能更加全面。通过持续完善各种服务主体功能，不断集成买卖信息，搜集、处理和评估分散的信息，加快提供基础设施、提供信用保证、促进买卖交流的能力，进而大大简化了对外贸易企业的交易程序，降低了交易成本，企业运行效率极大提高，实现企业进出口贸易业务快速发展。

第三节 "一带一路"倡议下中国城市重塑的内在机理

一、城市重塑的四大支柱

"一带一路"倡议下中国城市重塑的矛盾主要体现在4个方面。其一，"一带一路"机遇下产业升级及经济结构转型问题；其二，产业结构升级过程中引发的就业、保障体系建设等社会问题；其三，高质量发展要求下生态环境、城市综合环境的改造问题；其四，体制机制创新与保障问题。因此，"一带一路"倡议下中国城市重塑最终要依靠产业升级、社会转型、环境保护、制度创新这四大因素进行推动，将其并称为城市重塑四大支柱（图1-3-1）。

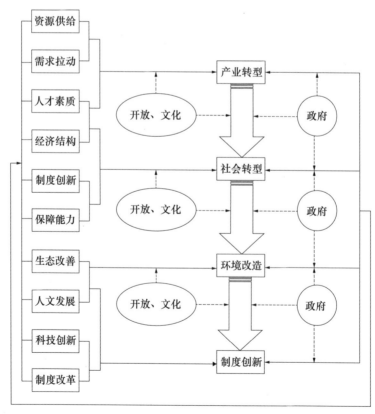

图1-3-1　城市重塑四大支柱
资料来源：作者自绘。

（一）产业升级

产业升级是"一带一路"倡议下城市重塑的第一要务。如图1-3-1所示，资源供给、需求拉动、人才素质和经济结构是城市经济发展、产业替换的重要推动因素，同时这四个要素又构成了目前经济发展的制约环境。因此，经济的发展既要推动这四大要素的转换，又必须以目前这四大要素的状况为客观基础。

根据《愿景与行动》的总体规划，近期建设目标是促使企业投资行为的转变，产业结构的升级，加快要素驱动发展战略向创新驱动发展战略转变，使得中国从全球产业链中低端向中高端迈进，从"中国制造"向"中国创造"转变，比较优势从劳动-资源密集型逐渐转变为技术-资本密集型。长期根本目标是在全球产业链、价值链中构造新型雁阵模式，逐步形成以中国为雁首，中亚、西亚为雁身，南亚、东盟为南翼，东亚、独联体为北翼，中东欧为雁尾的新型雁行模式，打造覆盖广、多元化的现代世界产业体系和全球分工体系，实现亚洲乃至全球经济链的整体提升（图1-3-2）。

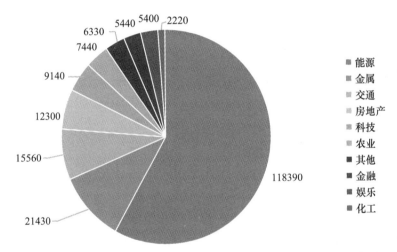

图1-3-2　2005～2016年间对"一带一路"沿线国家直接投资总额行业分布（百万美元）
资料来源：AEI，作者整理。

统筹"两个兼顾"，是实现产业结构升级的关键。第一要注重"转移"与"升级"兼顾。应统筹规划，合理布局，转移过剩产能产业及优势产业，延长产业的寿命周期；同时兼顾国内产业的转型和升级，可以利用技术外溢效应向发达国家学习先进技术和管理方式。第二要注重"中低端"与"高端"兼顾。产业升级不只是产业结构的高级化，还有低附加值产业的优化。丝路沿线大多数国家的产业对自然资源依赖性较强，基础设施发展不甚完善，在短时间内难以摆脱原有产业模式来发展高技术产业和战略新兴产业。因此，应利用产业技术创新和企业自主创新的支持政策，强化节能减排机制，大力发展生态农业、现代畜牧业，促进低附加值、劳动密集型产业的纵深化和集约化发展。

（二）社会转型

如图1-3-1所示，人才素质、经济结构、制度创新和保障能力是"一带一路"倡议下中国城市重塑的四项重要影响因素，各城市在这四项影响因素上的现状在一定程度上制约了其社会发展。当前,"一带一路"沿线城市社会经济结构中还存在许多突出矛盾和深层次问题,例如产业结构不合理、地区发展不协调、城镇化水平低、工农业生产技术水平落后、服务业设施和手段落后、国民经济整体素质不高、精神文明和政治文明的程度还有待提高;经济结构中生产结构与资源结构的矛盾、生产结构与消费结构的矛盾、技术结构滞后与外部竞争加剧的矛盾、第三产业发展的战略性缺陷等均会随着自然资源的枯竭日趋明显尖锐。这些经济结构问题直接影响到社会的稳定和协调发展,影响到城市重塑的成功与否。只有对这种不合理的经济结构进行战略性调整,才能解决城市中社会经济的突出矛盾和深层次问题,才能真正实现竞争力重塑与提升的发展目标。

（三）环境保护

现阶段,人口、资源和环境问题已经成为经济社会能否持续发展的三大问题,环境问题也是成为"一带一路"倡议下城市重塑过程中亟待破解的重要难题。在充分认识城市生态系统性质的前提下,不仅需要加强城市自身建设,还要将城市放入整个自然生态系统中进行考虑。"一带一路"倡议下城市重塑重点为在集中与分散双向运动的动态平衡中使三种空间-经济空间、社会空间、生态空间有机结合。此外,城市环境问题还体现在软环境方面,包括管理水平（管理水平是指城市的治理结构,领导的决策风格等政策性因素）、创新能力（创新能力显著地推动城市的增长、提高和扩张,是城市竞争力的决定性推动力）、城市的开放程度（越是竞争力强的城市,市场开放程度越高,政府管制程度越低）、城市文化和城市的历史文化沉淀与积累（城市文化的发达,市民文化素质的提高,最终将转化为巨大的创新能力,转化为物质形态的竞争力）等。相对于城市的硬环境（资源禀赋、区位、基础设施等）而言,软环境是城市竞争力重塑与提升的更重要的条件。

（四）制度创新

"一带一路"倡议下城市重塑与转型需要社会保障体系的支撑,但如果城市产业架构较不合理、发展能级较低,易造成社会保障体系不健全,致使社会保障的制度性断裂、转制中的断裂和实施中的断裂,这将直接影响重塑的顺利进行。特别是随着重塑的深入,这个矛盾会越来越突出。因此,"一带一路"沿线城市要从整合的角度建立包含社会保障制度、社会福利政策与社会服务或社会工作系统的完整的社会福利体系,要在改革现存制度和创建新制度的基础上实现二者的对接和整合。进一步完善社会保障体系,健全企业和个人缴费制度和增长机制,实行一体化管理模式,实现规范化服务,突破行业区域的界限实现社会统筹,同时还要完善养老保险金制度。

二、城市重塑的系统工程

"一带一路"倡议下城市重塑的四大支柱不会自发开始,也不会单独开始,必须在一定的外部因素的促使下协调的运转。因此,对于"一带一路"沿线城市而言,在处理四大支柱的内部关系时应该以产业升级为动力,以社会转型为保障,以环境保护为基础,以制度创新为依托,同时充分利用有形的手（政府）和无形的力（开放与文化）,构成城市重塑的系统工程。

（一）四大支柱的内部关系

四大支柱是"一带一路"倡议下城市重塑的系统工程的三驾马车，在该系统中发挥着不同的功能，产生不同的作用。具体来说，产业升级是系统工程的原始动力，社会转型是系统工程顺利实施的保障，环境改造则是系统工程的持续力量，而制度创新则是其平稳转型的依托。

"以产业升级为动力"表明产业结构调整与升级是城市重塑的关键。经济基础决定上层建筑，只有城市的产业转型了，整个区域才能重新充满活力，城市才有能力谋求全面的发展，才能切实实施社会转型和环境改造。否则，社会转型和环境改造也得不到经济支持，只会成为空中楼阁。因此，从这个意义上来看，产业转型是四驾马车中的主动力。

"以社会转型为保障"说明仅有产业转型还是不够的，城市的重塑与提升不仅仅是经济一个方面。社会转型作为经济发展的上层建筑，它为经济提供一个良好的发展空间，它在经济发展遭遇某些困境时能够巧妙的化解困境，促进经济更优质、更健康、更快、更稳的发展。离开社会转型，城市的经济发展有可能步入极端。所以，社会转型为产业转型保驾护航。

"以环境改造为持续"突显城市重塑与提升中的可持续发展观。城市或区域的发展不是一朝一夕的事情，改革不仅要考虑目前和将来较短时间的情况，更要作长远计划，真正实现代间公平和代际公平。城市只有不断地进行环境改造，不断适应新形势的要求，才能力保竞争中的有利局面。

（二）无形之手：开放与文化

在经济开放的大格局下，地方保护主义将会逐步消除、封闭的市场格局将被打破，各种资源的流动和配置将趋于合理化，为"一带一路"沿线城市按照市场化规则加速城市发展提供了宝贵机遇。城市的商品、信息集散地功能以及交通、经济中介、科教等方面的作用将在市场化、国际化的背景下得到进一步的完善和加强，城市功能将进一步完善和加强。当然，主导产业、政府管理与服务水平的竞争，基础设施及生态环境的竞争也将使现代城市面临新的挑战。因此，在"一带一路"背景下研究的重塑与提升，既有助于正确认识和评价城市的现状和潜力，制定恰当的城市长期竞争与合作战略，形成合理的区域经济格局，实现城市间的优势互补和良性竞争，又有助于各城市参与国际竞争与国际分工。

（三）有形之手：政府

政府在城市重塑与提升中的职能，包括在产业转型、社会转型和环境改造等各方面的管理和服务职能等多个方面。政府管理与服务的好坏，直接制约经济和社会发展的速度和质量，直接关系人民群众的生产生活，直接展示城市市容、市貌和形象，直接反映出市民的精神面貌，直接影响城市的对外开放和投资环境，对城市重塑的成败具有十分重大的决定性意义。我国经济发展总体上仍呈现为政府管制型，在城市重塑与提升的系统工程中，这一传统的管理方式将越来越受到挑战。因此，政府必须改变自己的职能，尽快地适应新型的管理和服务要求。

三、城市重塑的核心区域

"一带一路"倡议将重塑区域竞争、产业分工、对外贸易、能源发展格局，为我国沿海城市经济发展带来新的机遇和挑战。未来不同类型沿海城市亟须重新定位，天津、上海、深圳等中心城市应加快国际化步伐，发挥龙头作用，打造"一带一路"的动力源；青岛、宁波、厦门等枢纽城市应加强资源吸聚能力，强化中转枢纽和产业引领功能，建设"一带一路"的关键节点；烟台、台州、泉州等特色城市应加大双向投资和贸易合作，推动制造业升级发展，发挥"一带一路"的经济支撑单元作用。

（一）"一带一路"重塑区域竞争格局

21世纪海上丝绸之路建设将掀起对经济中心等功能的新一轮争夺，更加直接、跨洲际的区域竞争格局将形成。21世纪海上丝绸之路建设将惠及沿线国家和地区，港口进一步完善，航线更加密集，拉近国家间市场的距离，竞争格局将呈现新态势。借助海上通道，我国沿海城市与日本、新加坡、印度、欧盟等的城市竞争将更加直接，对经济中心、金融中心、创新中心、先进制造业基地的争夺将十分激烈。同时，随着东南亚、南亚、西亚等地区国家的基础设施不断完善，发展开放型经济的条件愈发成熟，更多的开放型城市将参与到出口贸易基地的争夺中。在新格局下，沿海城市将直接面对全球范围竞争，并将直接关系到未来数十年城市的兴与衰。多领域互联互通为次区域一体化发展奠定基础，更大范围、跨国界的区域竞争格局将形成。"一带一路"倡议下，我国与丝绸之路经济带沿线国家关系将实现跨越式发展，在铁路、公路、航空、电信、电网和能源管道6大领域将逐步实现互联互通，形成向西开放的新前沿。其中，在中亚、澜沧江-湄公河等次区域的经济合作将更加紧密，一体化进程将逐步加快。未来，东亚、中亚、南亚、东南亚将构成一个更庞大的"经济版图"，将对沿海城市产生一定影响。由于区域竞争将不再局限于我国的4大区域板块之间，更多的次区域参与到该"版图"内的竞争之中，区域竞争格局将突破国土疆域的界限。我国沿海城市将与"新版图"中的西部沿海城市竞争，如巴基斯坦的瓜尔达市、印度孟买等。

（二）沿海中心城市：未来动力源

全力打造"一带一路"的动力源。在"一带一路"倡议下，中国将加深与沿线国家的经济、贸易合作，资源、要素将加快在中心城市集散。尽管服务业国际化水平、自主创新环境与能力面临诸多挑战，但是，沿海中心城市的国际化程度国内领先，优质要素资源集聚，综合性竞争力突出，是战略推进不可或缺的动力源泉。只有沿海中心城市发挥更大的辐射、带动、引领作用，成为"雁阵"的头部，才能为中小城市注入源源不断的发展动力。因此，瞄准新定位，打造"一带一路"动力源是未来一段时期沿海中心城市的重要任务。

融入"一带一路"，亟须加快国际化步伐，发挥龙头作用。一是加快嵌入全球金融体系，加强与新加坡、印度、欧盟的合作，建设服务于"一带一路"经济发展和贸易的金融市场和金融机构，提升资本动力。二是汇聚高素质人力资源和科研教育资源，围绕人工智能、生物科技等前沿领域，建设一批全球性的大型研发中心，破除科研创新的制度壁垒，整合国内拥有的知识产权成果，提升创新动力。三是抢占全球产业革命的技术高地，充分运用互联网、物联网、云计算等新一代信息技术改造制造业体系，加快制造业与服务业融合，发展研发、设计等前段领域和品牌管理、物流配送、售后服务等后端领域，提升制造业动力。四是促进商贸流通领域的国际化，加强市场体系建设，保证贸易环境、载体、主体的建设能够适应电子商务、新型业态、传统大宗商品的贸易需求，提升商贸动力。

（三）沿海枢纽城市：建设关键节点

积极建设"一带一路"的关键节点。在"一带一路"倡议下，中国与沿线国家贸易往来与合作将迈上新台阶，新时期海上丝绸之路的运输货物量将持续增长；技术、人才、文化交流日益频繁，技术转移与联合研究、产品合作开发等机遇不断，海洋产业、高端装备制造、新材料等新兴产业也将集中在沿海制造业较发达城市集聚。尽管，国际经济风险的能力有待提高，海洋经济发展仍不成熟，但是，沿海枢纽城市的交通网络发达，港口规模较大，高技术产业、服务业具备良好基础，在"一带一路"中将扮演重要的关键节点角色，成为重要的商贸物流枢纽与高技术产业制造基地。

融入"一带一路"，亟须加强资源吸聚能力，强化中转枢纽和产业引领功能。一是扩大港口腹地范围，建设海陆连接枢纽。加强港口信息化、智能化管理，健全与临港产业、腹地产业相关联的供应链与需求链网络；加快向内陆腹地延伸，建设内陆河港、无水港等口岸。二是争取国内外支持，建设海洋产业基地。积极争取中央政府以及沿线国家的支持，依托良好的产业和科研基础，吸引国内外企业、人才资源，在船舶制造、海洋生物物质提取、海底油矿开采、海洋运输、海洋旅游等领域挖掘新的经济增长点。三是加快技术引进和再创新，建设先进制造业基地。加强制度设计，鼓励中外技术合作和技术转让，加快引进吸收技术；同时利用金融、财税等手段为企业技术再创新创造良好环境，加快建设先进制造的技术产业化平台，鼓励企业打造优势产品，形成品牌效应。四是优化发展环境，建设现代服务业体系。进一步改善企业、人才发展所需的制度环境和现代服务业，将城市管理与城市在"一带一路"中的地位相衔接，提升金融、贸易、物流等生产性服务业，改善文化、娱乐、餐饮等生活性服务业水平，吸引企业投资和人才流入。

（四）沿海特色城市：经济支撑单元

重点发挥"一带一路"的经济支撑单元作用。在"一带一路"战略下，我国沿海地区迎来稳定和扩大贸易、工业提质增效的良机，同时，东部沿海城市仍是新加坡等东南亚国家和欧洲国家重点投资对象，中亚、南亚、西亚、北非等国也将为沿海企业投资打开大门。沿海特色城市由于资源禀赋、发展水平差异较大，在"一带一路"倡议中的定位也存在差异。但共同之处是，沿海特色城市依托较好的开放环境和制造业基础，可以发展为双向贸易、投资基地，成为"一带一路"上重要的经济支撑单元。

融入"一带一路"，亟须加大双向投资和贸易合作，推动制造业升级发展。一是积极寻求高端项目合作，借助国家、省级平台，积极接洽海内外大企业大项目，推动高技术产业项目落地，助推产业转型升级。二是大力开拓海外工程项目，采取以下游带动上游的策略，针对水利、电力、高速铁路、道路等基础设施项目工程研发、改进产品，推动优势产品走出去。三是积极争取丝路基金、金砖国家开发银行等的资金支持，优先将资金投入港口、产业发展载体等的建设上，进而带动社会资本投入到城市其他领域建设。

第二章

"一带一路"倡议与天津重塑的内在联系

第一节 天津市发展历程与地域结构

天津位于华北平原海河五大支流汇流处，东临渤海，北靠燕山，西靠首都北京，是海河五大支流的汇合处和入海口，是中国四大直辖市之一，也是中国北方最大的沿海开放城市和经济中心，具有雄厚的工业基础、良好的城市基础设施和丰富的自然资源，其紧邻首都北京的独特位置令天津迅速成长为一座国际化大都市。天津市土地总面积达11966.5km^2，天津现有16个市辖区，分别为：和平区、河东区、河西区、河北区、红桥区、南开区、滨海新区、东丽区、西青区、津南区、武清区、北辰区、宝坻区、宁河区、静海区和蓟州区（图2-1-1）。截至2018年年末，全市户籍人口1081.63万人，全市常住人口1559.60万人，比上年末增加2.73万人。其中，外来人口499.01万人，占全市常住人口的32.0%。常住人口中，城镇人口1296.81万人，城镇化率为83.15%。历史的发展影响着城市区域部分的同时还造就了天津独特的文化。近年来天津发展势头迅猛，城市功能地位和综合实力明显增强。当前天津正处经济转型、动力转换、结构优化、中高速增长的特殊时期，面临着京津冀协同发展、自贸试验区建设、国家自主创新示范区建设、滨海新区开发开放和"一带一路"倡议等难得机遇，为城市发展创造了有利条件。天津市的发展历程大体可分为以下6个阶段。

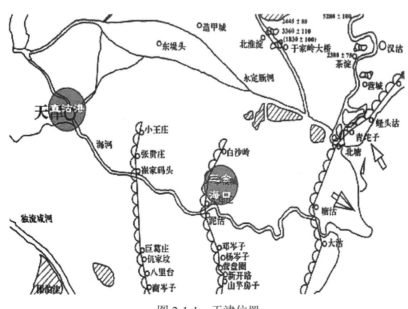

图 2-1-1 天津位置
数据来源：网络下载。

第一阶段：建卫筑城——天津城市起源。天津有600多年的悠久历史，造就了天津中西合璧、古今兼容的独特城市风貌。战国时期，已有先民在此定居。天津于明朝永乐二年（1404年）正式设卫，称"天津卫"，并于永乐三年（1405年）筑卫城，由此揭开了天津城市发展的序幕。清代，天津改卫为州，又升为府，是中国古代唯一有确切建城时间记录的城市。公元608年，隋炀帝为东征高丽，命令开凿永济渠，"自洛口开渠，达于涿州郡，以通漕运"实现了南北大运河的贯通，天津作为大运河的北端，河海交汇之地，水路转运功能得到提升，就此成了重要的水路咽喉，天津在隋朝政治、经济中发挥着重要作用。海河水系各大河流汇集天津入海的基本格局得以巩固，也奠定了古代天津港口兴起和发展的基础，由此形成的南北运河交汇点"三岔河口"是天津的发源地（图2-1-2）。公元1153年，海陵王迁都燕京，为了加强漕运管理，朝廷在三岔口直沽骑河设立直沽寨，直沽港经黄河、淮水可通江南，经海河到军粮城与海路相连，连接了金朝的广大地区，逐步发展成为供应燕京物资最核心的转运港口和军事交通要地。由此，港口重心也实现了从三会海口至直沽港的第一次迁移。元末明初，直沽地区主要负责海运，而上游的河西务地区负责河运，并且还有仓储区和陆路交通直通大都，从而形成了双中心港口的空间布局（图2-1-3）。1528年，明政府正式罢海运而改里河运。运军的出现，使得港口开始兼有商业贸易的功能，直沽港由此成了北方重要港口和商品集散地，商业中心地位不断提升。原河西务地区不断衰落，但港口空间依然呈现双港布局。清朝时期随着"海禁"的开放，航运业大力发展，海运开始逐步取代河运，直沽港地区形成了以港口为中心的商业区，联系南北交通的贸易枢纽，北方著名的内河港城镇。随着仓廒范围的扩大，港口空间得以进一步扩展，相关的港口管理机构也纷纷迁至天津，北门外南运河岸成为直沽港核心码头。天津港口的管理职能和转运职能合一，港口呈现单中心布局结构。

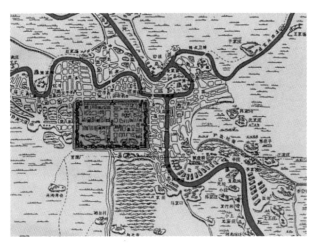

图2-1-2 三岔河口
数据来源：网络下载。

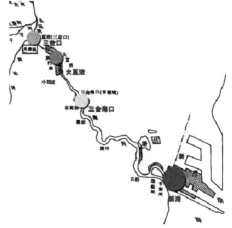

图2-1-3 双中心港口的空间布局
数据来源：网络下载。

第二阶段：天津开埠——天津城市近代化。第二次鸦片战争爆发后（1860年），天津被迫开埠，开辟了与华北各省商品交流的新局面。开埠后紫竹林凭借区位优势、资源优势，逐渐发展起了紫竹林码头，天津港的航运中心开始东移至紫竹林港区，从而实现了天津港口重心的第二次迁移（图 2-1-4）。1901 年，清廷下令停止漕运，以接卸漕船的直沽港区失去了主要的业务，兴盛了 700 多年的漕运枢纽彻底退出了航运的历史。至 1930 年代，紫竹林码头岸线的加长，奠定了近代天津港区的基本轮廓。各国列强占据天津港口及其海关将近 80 多年，使得天津港跃居中国第二大商港，成为北方重要的内河贸易港口和近代北方经济中心。

图 2-1-4　紫竹林港与直沽港区位
数据来源：网络下载。

开埠后，天津城域空间结构也发生了相应的变化，呈现出开放性的空间形态，一是建成区面积迅速扩大；二是城市空间结构由东西向延伸转为沿海河呈西北-东南走向；三是形成了新、旧双中心的商业结构，政治中心与商业中心在空间上分离；四是形成了新、旧城区以大经路、东马路为中心和租界区以海河为中轴的网状城区街道格局，海河东西两岸由 6 座铁桥连接，使整个城市成为一个整体（图 2-1-5）。第一次世界大战爆发以后，天津城市建成区面积进入第二次显著扩展时期，在扩张方向上，除北部外，东、西、南三方向均向外部扩充，尤以南部最为突出，反映出顺海河向下游发展的自然趋势，城市西北-东南线性形态也更为明显。这一时期的天津，社会环境相对安定，机械化交通工具，大型仓库、专业货栈等辅助性设施齐全，商品流通渠道畅通，是北方最大的信息中心和交易市场，吸引着中外、南北各路商人的汇集，已成为近代华北的经济中心。19 世纪末，大沽口驳运成了天津港驳运的主体和核心。1900 年八国联军占领天津后，在塘沽地区共建有泊位 56 个，天津港口空间形成了紫竹林港和塘沽码头区的双中心布局结构，但港口重心依然在紫竹林港区。1937 年，日本侵华大肆掠夺华北资源，在海河口北岸距离岸线 5 公里的海面处建设码头、开挖航道，修建塘沽新港，但因忙于内战，经济贫困，塘沽新港基本停滞，终究成了千疮百孔、不能通航的死港。

此外，在交通方面，随着京津间的京杭大运河水运逐渐为京山线的铁路运输和京津大道的公路运输所取代，20 世纪初，随着商人和商业资本纷纷迁往租界，老城区逐渐失去了商业中心的地位。老城以北开发建设的"河北新区"打破了传统城市模式，效仿租界，一条中央大道与数条道路交叉构成道路网。新区南端建铁桥跨海河与老城区相通，中部建公园，北端建火车站等。自此，天津市区又向旧城东北方向大幅度延伸。在文化方面，被迫开埠也是展示资本主义近代文明的窗口，在客观上促进了天津近代文明的发展。教育与报刊在西方思想的影响下，快速开展起来，外国冒险家、商人和侨民不仅大量兴建欧陆风格的建筑，形成"万国建筑博览会"的盛况，还带来了异域的民俗，修建了大量建筑，如现在的意式风情街、五大道等（图2-1-6）。天津衣食住行、游艺娱乐等体现出西俗的影响，从某种程度上看，欧美风俗已经构成了天津民俗文化体系中的一个组成部分。

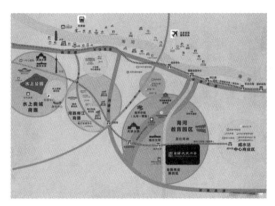

图 2-1-5 海河为中轴的网状城区街道格局
数据来源：网络下载。

图 2-1-6 开埠后意式风情街
数据来源：网络下载。

第三阶段：建设恢复天津港——社会主义建设新时期。1949年中华人民共和国成立，天津被设为中央直辖市，进入社会主义建设新时期。1952年天津新港正式开港，先后进行了三次建港工程，扩建了码头泊位、库场，完善了其他配套设施，港口的功能不断提升。随着海河的缺水断航，天津港的主体由内河转向了新港地区，紫竹林港区日渐衰落。天津港从历史上的河港时代逐步向海港时代迈进，港口重心完全移到了下游的塘沽新港地区，实现了港口重心的第三次迁移（图2-1-7）。中华人民共和国成立初，天津经济濒临崩溃、社会发展停滞，因此，中央政府十分重视天津的经济建设，并将天津港的建设工作放到了首位。在党中央和天津人民的共同努力下，经过3年恢复性建设，于1952年10月17日重新开港通航，天津港由此得到迅速发展，加大了航线开辟力度，与此同时，市内港区逐步废置，港、城完全在空间上分离。塘沽新港因此得到了发展，其先后进行了两期修复与扩建吞吐量迅速增加，随之塘沽港口工业快速发展起来，以塘沽为核心的滨海地区形成了以塘沽城区为核心的一心三点式空间格局。由于港口的恢复与发展，天津成了当时北方最大的港口。在这一时期，天津城市空间范围也由此发生了变化，由城域拓展至市域，形成在中心城区周围环以近郊卫星城的城市空间布局模式。此外，在交通方面，进入20世纪90年代，随着海河开发、城际交通等项目的启动，城市空间形态开始向沿轴线发展的合理转变，并逐步形成"一带两核——以海河、京津方向为主轴线、中心城区和塘沽城区为主副核心的带状走廊型"的轴线发展形态（图2-1-8）。城市外围空间沿轴线带状发展，有利于改善城市交通环境，缓解城市基础设施的压力，促进人与自然的融合。

图 2-1-7　塘沽新港地区
数据来源：网络下载。

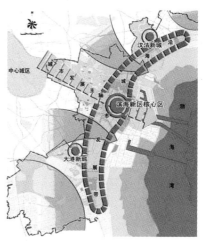

图 2-1-8　塘沽新港地区
数据来源：网络下载。

第四阶段：引滦入津——天津的生命风景线。改革开放后，天津经济迅速发展，由于经济迅速发展、人口数量剧增、用水需求急剧加大等原因，供应城市的水量大幅度减少，导致城市供水严重不足，工业生产面临停产，居民用水更是艰难。为此，1981年8月，党中央、国务院决定兴建引滦入津工程，至1983年9月11日，滦河水被引入天津。引滦入津工程的竣工，解决了天津居民用水问题，加速了工业发展，改善了天津的投资环境，为天津的发展和人民生活的改善提供了重要的物质基础。20世纪80年代后，塘沽新港的进一步发展，吸引了城市工业的逐步东移，滨海地区形成的港口优势，促进了新的城市生长极核—滨海新区的发展。在塘沽新港的不断牵引下，天津经济技术开发区、天津港保税区、海河下游港口配套工业区、东疆港保税区等功能区逐步形成，带动了城市空间发展的重点向滨海地区快速转移；港口的演变发展给天津的空间结构提供了有机扩展的空间发展可能，逐步由单核心扩张，向中心城区和滨海地区"双中心、多组团"的结构发展，"一条扁担挑两头"的独特格局基本形成。同时由于滨海新区等区域港口优势、政策优势等天津得到了全方位的发展。天津率先率先建立了"三环十四射"的环状加放射形道路网，并在20世纪80年代，形成了以中心市区为主，包括周围城镇的中心城市群；以塘沽为主，包括滨海城镇的滨海城市群；以蓟县县城和宝坻县城为主的蓟宝城市。在20世纪90年代，逐步形成了"一带两核——以海河、京津方向为主轴线、中心城区和塘沽城区为主副核心的带状走廊型"的轴线发展形态（图2-1-9）。

第五阶段：滨海新区的设立——国家综合改革创新区。1978年改革开放以后，天津作为沿海港口城市的优势不断增强，对外交流日益广泛，各项事业蓬勃发展，人民生活水平不断提高。天津经济和城市建设飞速发展，城市地位显著提升。在京津冀宏观层面上，天津港作为地区枢纽港，是京津冀的经济核心区，其港口机制带动了大滨海地区的发展，成了京津冀产业一体化发展和国家沿海开发战略的重要力量；在区域空间结构方面，在港口资源优势带动下形成的集聚扩散机制下,滨海新区和中心城区之间区域出现了诸如开发区西区、空港物流园区、海河下游现代冶金产业区等新兴的工业新区或城镇组团,形成串珠状的港口产业发展带。滨海新区作为天津城市空间结构发展核心区的地位进一步提升,港口的扩散外溢作用不断向双城间地区影响,以及滨海通道间的临港空间转移,形成了相关的产业城镇发展走廊;港口功能的升级和空间的扩展使得天津空间结构发展有了双中心、甚至多中心发展的空间选择。

图 2-1-9 天津带状走廊型轴线发展形态
数据来源:网络下载。

在1986年版的《天津市城市总体规划方案(1986~2000年)》,对天津的整体格局和港城互动模式提出了明确的定位,提出"两极一轴"的空间结构。与此同时,市区原有工业战略性东移,并强化港口工业经济发展和转运职能。滨海地区由于临近港口,资源丰富而被加大开发,1994年,滨海新区开始兴建。1996年版的城市规划对港城互动布局模式进一步强化,强调更为完善的城市群立体交通网络,将京津唐高速公路作为发展轴线之一,同时为缓解中心城区"一极"的城市压力,提倡多个组团共同发展的格局。而对于滨海地区的职能定位处于生产核心区阶段,城市空间格局处于"一港一城"模式。进入21世纪,天津的港城互动不断扩容提质。2006年3月的"两会"上,天津滨海新区的开发开放正式纳入国家总体发展战略,极大地改变了天津城市规划建设的格局。同年7月,《天津市城市总体规划(2005~2020年)》强化了发展滨海新区和打造国际化港口城市的战略要点,提出天津"双城双港、相向拓展、一轴两带、南北生态"的规划理念。将滨海新区的地位由卫星城上升为城市副中心,并将海河、京津唐公路和快速路作为主轴,发展中心城市;推动城镇化格局由极核点状向中轴带状发展。此外,在交通方面,天津城区与滨海新区之间交通方便,两地之间有高速公路和铁路相连通,中心核已有离心倾向,形成了一定范围的通勤区域,可认为已经进入走廊发展的第二阶段。今后,随着两地间分工与协作的加强,相互间的联系将更趋紧密,线形走廊地区将得到更快发展。在文化方面,天津市加大文化设施建设,相继建成了天津广播电视塔、平津战役纪念馆、天津科技馆、天津广播电视新闻中心、天津出版大楼、天津日报大厦、天津图书大厦、周邓纪念馆、今晚报大厦、天妃宫遗址博物馆等一大批标志性文化设施（图 2-1-10、图 2-1-11）。

图 2-1-10　天津日报大厦
资料来源：网络下载。

图 2-1-11　周邓纪念馆
资料来源：网络下载。

第六阶段：京津冀协同—实现天津高质量发展。21 世纪，习近平总书记立足现实，开创性地提出了京津冀协同发展战略思想，明确京津冀的功能定位，空间布局，指出争取在 2030 年实现京津冀区域一体化格局和首都功能核心化。天津具有港口贸易、先进制造、科技成果转化等方面的优势，作为中国超大城市之一和京津冀地区的重要门户城市，需积极承接非首都功能疏解，着力建设"一基地三区"；利用区位优势和产业优势，加强与京津冀其他地区的联系，特别是强化与毗邻的河北唐山、沧州、保定等城市的产业分工，促进河北其他城市的发展；城市内部以"双核"（指中心城区和滨海新区）为基础，提升环城四区的发展水平，贯通京滨综合发展轴，实现天津全域空间结构优化。《天津市城市总体规（2017～2035 年）》编制工作方案中指出，要强化战略研究；助推产业转型，实现经济高质量发展；加强海空两港转型升级等。

此外，在交通方面，近期天津市区与滨海新区的通勤地带也将沿交通通道线形发展，目前杨村、宜兴埠、军粮城、塘沽四座城镇呈等距离（20～25km）间隔分布在高速公路南侧，呈现带状城市群分布格局，而沿线开发区、保税区、高新技术产业园区的建设更将对线性城市化地带的形成起促进作用。在文化方面，泰达会展中心、天津华夏未来少儿艺术中心、中华剧院、小白楼音乐厅、非物质文化遗产馆、艺术职业学院、数字电视大厦一期、电影艺术中心等逐步建成并投入使用，平津战役纪念馆提升改造、文庙博物馆落架整修等项目顺利完成，杨柳青木版年画馆竣工，津湾广场、海河意式风情区、小白楼欧式风情街、天津音乐街等一批文化旅游聚集区相继建成开业，天津市文化中心的博物馆、图书馆、大剧院、美术馆已投入使用，这些都极大地提高了城市文化品位，改善了城市形象，丰富了广大人民群众的文化娱乐生活（图 2-1-12）。

图 2-1-12 津湾广场
资料来源：网络下载。

第二节 "一带一路"倡议下天津市发展定位

随着"一带一路"倡议的提出，天津应审时度势，把握发展机遇，以京津冀协同发展战略为契机，主动承担国家赋予天津的重要历史使命；围绕"一基地三区"的功能定位，有效发挥其"一带一路"重要节点城市的作用，全面提升服务协作水平，实现产业转型升级。

一、功能定位

2015 年，《京津冀协同发展规划纲要》的出台标志着国家对京津冀的功能定位进行了重构，天津的"去中心化"与北京的"去功能化"特征凸显。天津的定位由之前的"北方经济中心、国际港口城市和生态城市"转变为"一基地三区"，即全国先进制造研发基地、北方国际航运核心区、金融创新运营示范区、改革开放先行区。其蕴含的核心思想是创新，即以技术创新（全国先进制造研发基地）为核心和基础，以服务创新（北方国际航运核心区与金融创新运营示范区）为支撑条件，以制度创新（改革开放先行区）为先导因素，通过技术、服务和制度三大创新的统一，实现创新驱动发展战略。

（一）全力打造全国先进制造研发基地

1. 全国先进制造研发基地的内涵

全国先进制造研发基地是新功能定位的核心，也是其他三个功能的立足点。全国先进制造研发基地是指以促进制造业创新驱动发展为主题，以加快新一代信息技术与制造业深度融合为主线，以推进智能制造和突破关键核心技术为主攻方向，坚持高端引领、创新驱动、智能转型、融合发展、质效为先、人才为本，打造研发制造能力强大、产业链占据高端、辐射带动作用显著的先进制造研发基地。

先进制造业是目前全球各主要发达国家重点发展和支持的产业，是制造业中创新最活跃、成果最丰富的领域，也是价值链上高利润、高附加值的领域。先进制造业的发展决定着一个国家能否占据产业的制高点，最大限度吸收、集聚和优化资源配置，有利于提高先

进制造技术创新能力,在国际上赢得技术话语权。把握先进制造业的内涵可从"先进"和"制造业"两大方面分析:

(1)"制造业"是指为了满足消费者日常的生活需求和工业生产的需要对设备、资源、原材料等进行制造加工的行业。制造业是国民经济的物质基础和产业主体,是经济增长的发动机和国家安全的重要保障。当前,新一轮科技和产业革命正在重构全球先进制造业竞争格局。随着美国发布实施先进制造业战略计划,德国提出"工业4.0"战略,我国的制造业在经历30年快速增长后,面临着发达国家"高端回流"和发展中国家"中端分流"的双重挤压。2015年,国务院发布并实施以两化深度融合为主线、以智能制造为主攻方向的"中国制造2025"规划,逐步实现我国制造业由要素驱动向创新驱动转变,由低成本竞争优势向质量效益竞争优势转变,由资源消耗大、污染排放多的粗放制造向绿色制造转变,由生产型制造向服务型制造转变,推动我国由制造大国向制造强国转变。

(2)"先进"是一种相对的先进,主要包括:一是产业的先进性,即具有高技术含量和市场竞争力的产业,例如高新技术产业、战略性新兴产业等。二是技术的先进性,即积极研发采用新技术、利用新设备,生产新产品的程度。三是管理的先进性,包括完善公司制度、创新内部治理方式、激励员工工作效率等。

先进制造业是应用新材料、现代信息技术、智能化生产手段,实现优质、高效、低耗、清洁、灵活的生产,获得高附加值的制造业的总称。而先进制造业基地一般是指在全国甚至全球范围内具有极大影响力和竞争力且占有较大市场份额和存在世界级品牌的制造业基地,呈现出集聚性、绿色化、智能化、创新性及国际性五大特点(表2-2-1)。

先进制造业及其基地的特点　　　　　　　　　　　表2-2-1

集聚性	制造业基地需拥有巨大的生产规模,是由同种产业的众多制造业企业聚集在一起形成的,拥有较强的综合实力和竞争优势。另外,先进制造业基地除了需要高水平的基础设施外,还需要一批高素质的人才队伍
绿色化	先进制造业的绿色化是整个产业链各个环节的绿色发展,实现产业与自然、与社会各相关群体的良性互动,在获得短期利益的同时更要注重长期发展,确保经济体系的可持续发展
智能化	随着互联网的普及和现代信息技术的不断发展,世界先进制造业呈现全面推进智能化信息化的趋势。信息化与工业化深度融合,使得产品设计、制造和管理水平得到全方位提升,切实满足客户所有需求
创新性	先进制造业基地应拥有良好的发展环境和条件,集聚较多高层次的研发机构和从事科研开发的高端人才,致力于攻破核心技术,并有能力实现向产业的转化
国际性	先进制造业基地的建设要以拥有较强的竞争力和国际影响力为根本宗旨,这就需采用国际前沿的技术和设备工艺,产生符合世界市场需求的产品。基地的各种资金、技术、人才、产品在国内及国际上频繁快速地流动,来引导国际先进制造生产的大潮流

资料来源:参考已有文献整理获得。

在"一带一路"倡议下,天津市的发展定位首先是全力打造全国先进制造研发基地,以制造业转型升级为平台推动新型工业化的建设。天津先进制造业具有良好的发展基础,其应充分发挥"领头羊"作用,广泛吸纳优势资源,加快区域科技创新资源的交互流动,推动先进制造业技术创新实力的全面提升。党的十九大报告中，习近平总书记提出"加快建设制造强国，加快发展先进制造业，推动互联网、大数据、人工智能和实体经济深度融合"的要求。智能制造是我国实现由制造大国向制造强国转变的重要战略，是天津制造业转型升级的主攻方向，是推进供给侧结构性改革、加快建设全国先进制造研发基地的重要举措。

因此，天津市的发展一方面应顺应"互联网＋产业"发展趋势，依托原有雄厚的产业规模，以先进制造为支撑，以科技创新为动力，以研发转化为先导，建设研发制造能力强大、占据产业链高端、辐射带动作用显著的全国先进制造研发基地，进一步发挥强大的创新能力，打造先进制造业产业集群，优化的产业结构。另一方面是加大投入搭建先进制造业创新平台，推进智能制造试点示范，保证天津先进制造业具有持续的发展潜力和良好的质量效益。

2. 先进制造研发基地的建设

先进制造研发基地建设中心是科技成果转化和产业化，动力机制是自主创新、技术转移和政策安排。先进制造研发基地建设目标是培育形成先进制造业，进一步形成高技术产业。现代化、科技化、高端化产业的培育、形成和发展是先进制造研发基地建设的目标。因此，提高科研成果转化能力、创造技术产业化是先进制造研发基地建设的必要环节，而科技人才引进和培养、科技金融支持、科技政策调整则是先进制造研发基地建设的必要手段。

"一带一路"倡议下，天津市作为全国先进制造研发基地，一方面加强自主创新，吸纳国际科技成果、国家科技成果、京冀科技成果来津转移转化，提升科技成果转移转化的辐射带动能力，强化基于自我造血循环发展的商业模式创新，形成细分领域明确、区域竞争合作、上下衔接发展的建设格局；另一方面，加强对先进制造业研发基地建设领域总体布局，明确共性技术研发定位，抓好以企业为主体、产学研深度融合的技术创新机制建设（图2-2-1）。具体来说：

（1）创新是先进制造业的主引擎，也是实现天津市制造业高质量发展的关键。自主研发创新的动力来自于创新文化和创新收益。其中，创新的社会文化、组织文化和个体文化形成的创新价值观产生内驱力，驱动科技人才创新创业，而创新收益则是科技创新的拉力。应积极推进企业的自主创新，完善科技成果市场机制、收益分配与政策激励机制。

（2）先进制造研发基地建设需要发展配套性产业，形成先进制造产业集群和产业链。以先进技术的产业化应用为导向，将自主创新成果和技术转移成果进行转化和产业化，推动产业链、创新链、资金链、政策链相互支撑，形成高效立体的制造业创新体系。

（3）科技研发和成果转化需要检测服务、中介服务、评估服务等科技服务业的支撑。科技创新、科技成果转化和产业化离不开科技服务业，研发服务（如检测检验服务等）、科技中介服务、科技人才服务、科技金融服务等既是创造产值的产业，也是为科技创新活动提供全方位支持的产业。先进制造研发基地建设要求科技服务业与先进制造业、高技术产业协同发展，因此需要建立透明公正的市场准入制度，完善行业标准体系，促进市场主体平等竞争、优胜劣汰。

（4）强化科技人才、科技金融和科技政策等科技资源要素的支持。创新投融资机制，增强金融服务实体经济的能力，拓宽先进制造业融资渠道。健全多层次人才培养体系，集聚技术技能人才、企业家、海内外制造业人才及领军人才。积极推进产业政策与其他政策的协调配合，从而促进先进制造业的发展。

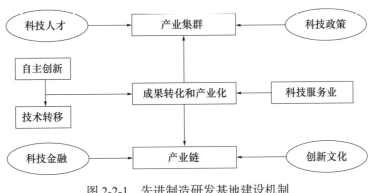

图 2-2-1　先进制造研发基地建设机制
资料来源：作者自绘。

（二）强化北方国际航运核心区功能

1. 北方国际航运核心区的内涵

国际航运核心区是指集一流的港口硬件设施、完备的物流体系、便捷的交通网络和良好的腹地延伸等硬实力和先进的航运服务、发达的航运金融、创新的航运信息技术等软实力于一体的有国际影响力和一定市场占有率的海港城市。世界主要国际航运核心区有鹿特丹、上海、新加坡、安特卫普、伦敦、纽约、香港等城市。根据地理位置、交通网络和临港产业等因素，国际航运核心区分为以下4种不同类型：

（1）腹地型港口城市。港口腹地与港口间存在着相互依存、相互作用的关系。一般来说，腹地经济越发达，对外经济联系越频繁，对港口的运输需求也越大，由此推动港口规模扩大和结构演进。如，鹿特丹港拥有广袤的腹地，覆盖欧洲半数国家，是整个欧洲与世界各港联系的枢纽及货物集散中心，有"欧洲门户"之称。其中，进入欧洲的34%日本货物、43%美国货物需经鹿特丹港中转。此外，鹿特丹还是全球最大的有色金属储运中心和国际贸易中心，这也为鹿特丹港的腹地经济发展创造条件，可促使其腹地范围的进一步扩展。

（2）中转型港口城市。新加坡港位于印度洋与太平洋间的航运要道，战略位置突出，航线发达，拥有天然的深水航道，利于发展国际转口贸易。除了海运，新加坡还在空运、炼油、船舶修造等方面具备产业优势，同时又是重要的国际金融和贸易中心。利用这些优势条件，围绕集装箱国际中转，衍生出了许多附加功能和业务，丰富和提高了其综合服务功能。新加坡港80%的集装箱吞吐量属于中转货物，集装箱转运附加业务和功能众多，由此形成集装箱管理和租赁中心。

（3）服务型港口城市。伦敦是英国的首都，是政治、经济、文化、交通的中心，又是英国最大的海港。伦敦拥有良好的人文历史条件，悠久的贸易和航海的传统和文化、众多优秀的海事人才等基础条件，伦敦还主要凭借保险、航运信息、海事监管、租赁服务等功能保持国际航运中心地位，有世界上最大的保险组织——劳合社。世界上在伦敦设置办事处的航运事务机构达1750多家，常驻伦敦的船级管理机构占20%，仅航运服务业每年就创造20亿英镑的价值。

（4）工业型港口城市。安特卫普港的港区工业高度集中，是欧洲最大的化学工业群所在地，巴斯夫、拜耳、日本可乐丽等公司在此设立主要工厂。安特卫普位于西欧工业中心，港口腹地广阔，除比利时全境外，还包括法国北部、法国亚尔萨斯地区、法国洛林地区、卢森堡、德国萨尔州、莱茵-美因河流域、鲁尔河流域以及荷兰的林堡等大工业区。因此，安特卫普港是比利时最大的海港，承担比利时70%的海上贸易货物运输，也是欧洲重要的枢纽港之一，有300多条定期航线可抵达800多个目的地，能够为客户提供快速、可靠的集疏运服务。因而，这些稳定而快速增长的货源以及集疏运服务是吸引国际航运公司集聚于此的重要原因。

天津北方国际航运核心区地处环渤海经济带和京津冀城市群的交汇处，是亚欧大陆桥最近的东部起点，是京津冀城市群的海上门户。2016年6月，天津市颁布了《天津市建设北方国际航运核心区实施方案》，提出了创新、协调、绿色、开放、共享发展理念，通过高端引领、区域联动、生态环保、面向全球、港城和谐的原则来建设核心区。作为我国唯一一个同时连通三座亚欧大陆桥的港口，天津港应贯彻新发展理念，主动融入"一带一路"建设，对标"交通先行、世界领先、智慧港口、绿色港口"，加快建设世界一流智慧绿色枢纽港口，着力打造具有国际竞争力的港口运营集团，呈现出港城互动、区域协同、功能集成及产业完备四大特点（表2-2-2）。

北方国际航运核心区的特点 表2-2-2

港城互动	港口是北方国际航运核心区发展的基础，港口与城市之间应结为"港为城用、城以港兴"的关系
区域协同	北方国际航运核心区不是单一的港口或机场，而将有机集成京津冀及环渤海区域的港航资源，以形成服务于世界级城市群的港航服务能力
功能集成	货物、资金、信息的集散是北方国际航运核心区发挥作用的基础条件，北方国际航运核心区必然集物流、贸易、金融、信息处理等功能于一身，因而北方国际航运核心区也将是区域性的贸易中心、金融中心和信息中心
产业完备	北方国际航运核心区具有为世界级城市群服务的产业发展能力，覆盖全部港航产业链条，既包括航运融资、海事仲裁等上游产业，船机租赁、邮轮经济等中游产业，也涉及运输、仓储、装卸搬运等下游产业

资料来源：参考已有文献整理获得。

2. 北方国际航运核心区的建设

天津港位于京津冀城市群和环渤海经济圈交汇点上，是京津冀协同发展和北方国际航运核心区建设的重要载体，是"一带一路"重要战略支点。依托港口、保税区、开发区的紧凑布局和联动发展，天津创造了"港区联动"的成功典范，极大地推动了港口吞吐量快速增长以及衍生功能在滨海新区的集聚，并沿京津塘高速公路形成了"京-廊-津"高新技术产业发展带，充分发挥了天津港对京津冀区域外向型经济发展的引领作用。

近些年来，政策扶持力度不断加大，滨海新区早在2006年就确立"北方国际航运中心"的功能定位；东疆保税港区于2008年获批成立，此后，航运服务业加快发展；2011年，国务院批示《天津北方国际航运中心核心区建设方案》，提出计划用5～10年时间，把东疆保税港区建设成为北方国际航运中心和国际物流中心核心功能区、国际航运融资中心；依托有利的地理位置、广阔的腹地经济，天津港初步构建了较为完善的航运服务体系，货物吞吐量逐年攀升，对内辐射能力不断增强。目前，天津港辐射服务范围达14个地区，包括京津冀及中西部，国内经济腹地占到全国的52%。近年来天津港货物吞吐量稳步上升，2016年货物吞吐量全国排名第四，2017年由于受到禁运汽运煤的影响，天津港排名有所下降。目前，天津港正从以物流中心、增值服务为特征的第三代港口向以信息化、网络化为特征的第四代港口转型。面对激烈的东北亚港口竞争，天津港更需要整合津冀沿海港口资源，以完善的港航服务、物流集成服务，引领和支撑津冀沿海产业和城镇化建设；进一步发挥天津港口的战略资源和竞争优势，高质量建设北方国际航运核心区，推进天津融入"一带一路"倡议，提升天津市综合竞争力和国际影响力。

在"一带一路"倡议下，天津北方国际航运核心区的建设，应以"资源配置为主的区域性服务型国际航运中心"的发展定位为基础，推进服务京津冀城市群、辐射东北亚经济区域和带动天津经济社会发展三大功能的有效发挥（表2-2-3）。具体实现措施包括：一方面，强化和提升海空两港枢纽功能，构建立体化的交通网络，建设现代化和国际化的集疏运体系和航运服务体系，打造设施完善、功能优良、效率优化、全球资源配置能力突出的国际航运核心区。重点优化海铁联运体系，加强港区铁路专线建设，提升海铁换装中心功能，提升国际班列运行效益。不断改造传统服务模式，积极利用"互联网+"，创新服务模式，降低服务成本，提质增效，形成新业态和新形态；另一方面，大力发展保税中转集拼业务，促进航运融资、航运保险等高端航运要素聚集。重点推进绿色港口建设，搭建环境管控数字化平台，持续提升环保应急处置能力。积极推进深化与主要国家或地区的业务合作，加快推动重点海外合作项目。

北方国际航运核心区的功能　　　　　　　　　　　　表 2-2-3

服务京津冀城市群	国际航运中心是世界级城市群参与和影响全球经济的枢纽，北方国际航运核心区将通过货邮、资金、信息、人才等服务沟通京津冀城市群与世界的联系，提升京津冀城市群的国际竞争力
辐射东北亚经济区域	在"一带一路"倡议下，天津具有对东北亚的突出地缘优势，这要求北方国际航运核心区要发挥对东北亚区域航运要素的组织、协调与控制功能，从而提升中国经济对东北亚区域的影响力
带动天津经济社会发展	北方国际航运核心区的建设将全面提升天津的产业发展水平和服务能力，从而带动"十三五"时期天津的产业结构升级和经济社会的全面发展

资料来源：参考已有文献整理获得。

（三）推进金融创新运营示范区建设

1. 金融创新运营示范区的内涵

按照《京津冀协同发展规划纲要》的精神，天津确立了金融创新运营示范区建设的路径和目标，就是借助北京的优质金融资源，依托自贸试验区金融创新实践，集聚金融机构，创新传统金融，大力发展新型金融，做大做强要素市场和运营平台，集成全球先进金融产品、工具和服务模式先行先试，服务京津冀实体经济发展，并助推国家"一带一路"建设，成为创新活跃、运营高效、环境优越的金融创新运营示范区。

近年来，天津市全面贯彻落实纲要，以现代金融理念推进对金融开放创新进行大格局、大布局的重构，大力推进京津冀协同发展和中国（天津）自由贸易试验区框架下的金融开放创新，正加快形成可复制、可推广的金融创新成果。推进金融创新运营示范区建设，天津拥有金融先行先试的历史积淀之优势。历史上天津是中国北方的金融中心，改革开放后天津滨海新区金融改革先行先试取得了一些创新成果之积淀，如天津滨海西区的融资租赁业占到全国四分之一的市场份额。从最近几年的政策来看，2015年11月，天津市实施《金融改革创新三年行动计划》，全面启动金融创新运营示范区建设。2016年9月，出台《天津市金融业发展"十三五"规划》，提出到"十三五"末基本建成金融创新运营示范区。2017年2月又出台了《关于进一步加快建设金融创新运营示范区的实施意见》，作为长期指导天津金融创新运营示范区建设的纲领性文件《关于进一步加快建设金融创新运营示范区的实施意见》与《京津冀协同发展规划纲要》紧密衔接，按照到2017年底形成初步框架、2020年底基本建成、2030年底示范引领作用更加突出的总体安排，明确了九大方面的30余项重点任务，全面布局金融创新运营示范区建设。

此外，天津还拥有广阔的经济腹地以及先行先试的高度开放的重要载体——天津自由贸易试验区。天津市抢抓自贸试验区建设重大机遇，以金融制度创新为重点，并结合自身在港口经济、航运中心、融资租赁等方面优势与特色，加快推进《关于金融支持中国（天津）自由贸易试验区建设的指导意见》（"金改30条"）等金融支持政策落地实施。目前，"金改30条"政策超70%已落地，23项创新举措成效显著。其中，直接投资外汇登记下放银行办理、有离岸业务资质的银行总行授权天津自贸试验区分行开展离岸业务等十几项金融创新政策已落地，中新生态城跨境人民币创新业务试点政策扩展到天津全市范围。截至2017年5月，天津自贸试验区已累计发布四批38个创新案例，形成了自贸试验区金融创新天津经验。区内累计设立持牌金融机构132家，其中法人金融机构16家。自挂牌至2016年年底，区内主体累计开立本外币账户3.1万个，办理跨境收支799亿美元；结售汇314亿美元；跨境人民币结算1885亿元。

综上所述，依据在京津冀区域协同发展中的优势和分工，天津市全面贯彻落实纲要，着力推进金融创新运营示范区的建设，以便更好地发挥其金融功能，从而推动京津冀地区的整体发展，助力"一带一路"建设。在规划实践中，金融创新运营示范区的基本内涵、基本思路和重点任务也逐步明确（表2-2-4）。

金融创新运营示范区的基本内涵、思路及任务　　　　　　　表 2-2-4

基本内涵	借助北京优质金融资源，依托自贸试验区金融创新实践，集聚金融机构，创新传统金融，大力发展新型金融，做大做强要素市场和运营平台，集成全球先进金融产品、工具和服务模式先行先试，服务京津冀实体经济发展，打造创新活跃、运营高效、环境优越的金融创新运营示范区
基本思路	以全面提升金融创新运营能力、增强服务辐射功能、发挥引领示范作用为目标，推动金融机构、金融市场、金融工具及金融业务持续创新，促进各类金融要素集聚运营，进而形成对实体经济的强大支撑
重点任务	积极创新传统金融、大力发展新型金融、规范发展要素市场、加快发展直接融资、完善金融业发展环境

资料来源：参考已有文献整理获得。

2. 金融创新运营示范区的建设

建设金融创新运营示范区是国家对天津新的城市定位。创新是导向和动力，运营是发展模式，示范是外溢功能。推进金融创新运营示范区建设，关键要处理好创新、运营、示范三个核心要素的逻辑关系。结合天津经济基础、产业背景和发展要求，可采取以"运营"为体，"创新"和"示范"为两翼的"一体两翼"金融业态建设战略，推进天津金融创新运营示范区建设，形成有效的推动力和体制改革经验外溢出口。具体而言：

一是逐步完善天津金融机构的运营环境和流程，破除行政管理、资源配置、功能布局等方面的制约，提升运营能力和效率，构建金融支持实体经济的良好生态体系。推动产业投资基金与"一带一路"建设的产业经济发展有机结合起来，加快组建新的与"一带一路"建设相适应的产业投资基金。要积极争取促使国家丝路基金在天津自贸试验区设立运营机构，在滨海新区为核心的天津产业投资基金业已有发展的基础上，积极争取促使国家丝路基金在天津自贸试验区设立运营机构，从而使天津滨海新区成为国家丝路基金的重要运营中心。提升天津金融机构和金融市场的实力与集群化程度，构建具有鲜明特色的金融运营体系，进一步扩大金融创新运营示范区的影响力和作用发挥。

二是以创新为动力推动天津的金融发展，逐步推进金融产业创新。金融产业创新是企业群体的创新集成，衍生于大规模和网络化的产业基础。基于大型工业产业基础雄厚的现实，以特色业务规模化、集群化和国际化为突破口，大力促进产融结合，使金融能够为京津冀乃至全国相关实体产业提供融资、治理、信息咨询支持和综合服务，搭建新型金融业态密集、大型金融机构聚集和业态丰富的新型金融发展高地，构建对京津冀乃至"一带一路"建设都有影响的国际化的融资租赁资产交易市场。

三是突出示范效应，打造规范的金融发展模式，实现利益外溢。借助政策优势，做大做强天津金融体系，打造有明显特色的核心竞争力和金融产业集群，创造"天津经验"、"天津模式"。与北京协同创新，从区域协调和区域金融开放视角做出示范，借助京津两地市场一体化，引进北京金融机构，夯实金融产业集群的基础。借助天津自贸试验区跨境投融资便利化和资本账户开放试点政策，把天津打造成为京津冀区域金融离岸中心。

综上所述，天津市在落实《京津冀协同发展规划纲要》的过程中，应积极推动金融创新运营示范区功能定位的建设与落实，深度融入"一带一路"建设，更好地借助北京的优质金融资源，依托自贸试验区金融创新实践，集聚金融机构，以便促进天津在金融创新运营示范区的建设中取得最大化的成果。

（四）深化发展改革开放先行区

1. 改革开放先行区的内涵

改革开放先行区就是大力建设天津自贸试验区，全面推进滨海新区开发开放，深度融入"一带一路"建设，以开放促改革、促发展、促转型，着力构建开放型经济新体制，增创对外开放新优势，打造营商环境与国际接轨、投资贸易高度便利、示范引领作用强劲的高度开放的区域。2015年4月，中国（天津）自由贸易试验区挂牌运营，成为我国北方第一个自由贸易试验区。天津自贸试验区作为我国北方唯一的自贸试验区，承载着为国家试制度、为地方谋发展的重任，同时围绕建设京津冀协同发展高水平对外开放平台的定位，正在进行着大幅度的改革。其总体目标将自由试验区建设成为贸易自由、投资便利、高端产业集聚、金融服务完善、法制环境规范、监管高效便捷、辐射带动效应明显的国际一流自由贸易园区，在京津冀协同发展和我国经济转型中发挥示范引领作用。截至2017年，天津自贸试验区90项改革任务完成81项，175项制度创新中169项落地实施，10项创新经验在全国复制推广。2017年，自贸试验区新设外商投资企业442家，实际直接利用外资28.03亿美元，比上年增长12.1%。融资租赁保持全国领先地位，飞机、国际航运船舶和海工平台租赁业务均占全国的80%以上。

天津自贸试验区承载着多个国家战略叠加，如京津冀协同发展、服务"一带一路"建设，同时依托滨海新区开发开放和综合配套改革试验区。同时，天津自贸试验区的三个片区已形成了航运、贸易、物流、先进制造业和金融创新为主的现代服务业，形成一个良性协同发展的产业格局。此外，天津自贸试验区开放形态最为完整，区内有保税港区、保税区、综合保税区、保税物流园区等各种形态，其能够充分地进行贸易投资便利化和自由化以及金融的创新试验。

因此，天津作为中国最重要的口岸城市之一，凭借它广阔的腹地，能够最大限度地发挥辐射作用，对产业升级转型起到引领和带动作用。应充分发挥天津自贸试验区的优势地位，改革开放先行区的指导思想、建设目标、基本思路及任务，着力打造具有较强示范效应的改革开放先行区，助力"一带一路"建设（表2-2-5）。

改革开放先行区的指导思想、建设目标、基本思路及任务　　　　表2-2-5

指导思想	高举中国特色社会主义伟大旗帜，统筹推进"五位一体"总体布局和协调推进"四个全面"战略布局，坚持稳中求进工作总基调，坚定践行新发展理念，坚持以供给侧结构性改革为主线，以制度创新为核心，以风险防控为底线，继续解放思想、先行先试，对标国际先进规则，赋予自贸试验区更大改革自主权，以开放促改革、促发展、促创新，推动形成全面开放新格局
建设目标	到2020年，率先建立同国际投资和贸易通行规则相衔接的制度体系，形成法治化、国际化、便利化营商环境，努力构筑开放型经济新体制，增创国际竞争新优势，建设京津冀协同发展示范区。强化自贸试验区改革与天津市改革的联动，具备条件的各项改革试点任务在滨海新区范围内全面实施，或在天津市推广试验

续表

基本思路	大力推进滨海新区综合配套改革，高标准建设自贸试验区，加快形成与国际通行做法接轨的制度框架，深度融入"一带一路"倡议，在更大范围、更广领域、更高层次上参与全球竞争合作
重点任务	高水平建设自贸试验区、深度融入"一带一路"建设、大力开展试点示范、创新协同发展体制机制

资料来源：参考已有文献整理获得。

2. 改革开放先行区的建设

建设改革开放先行区的基本思路是：大力推进滨海新区综合配套改革，高标准建设自贸试验区，加快形成与国际规则接轨的制度框架，深度融入"一带一路"倡议，在更大范围、更广领域、更高层次上参与全球竞争合作，为全面深化改革扩大开放探索新路径，积累新经验，为国家试制度，为地方谋发展。

改革开放先行区的建设，需要从以下重点领域深度融入"一带一路"建设：

（1）推动基础设施互联互通。"一带一路"建设以基础设施建设带动经济发展的实践，基础设施对经济社会发展具有基础性、先导性、全局性作用。从发展经济的角度看，交通基础设施的完善能帮助当地把各种产品输送到世界各地市场去，促进当地经济发展。因此，在"一带一路"倡议下，天津应积极推动基础设施互联互通，扩大通往二连浩特、满洲里、阿拉山口等口岸的海铁联运通道，完善与沿线国家和地区的海空航线网络，建设"信息丝绸之路"。

（2）推进产业与技术国际合作。世界经济加速向以网络信息产业为重要内容的经济活动转变，天津要把握契机，加强信息基础设施建设，深化技术融合创新，推动互联网大数据、人工智能与实体经济的深度融合，加快传统产业数字化、网络化、智能化转型，为"一带一路"建设提供支持。同时，推动轨道交通、汽车制造、工程机械等装备制造业走出去、技术标准带出去；积极承接沿线国家产业和技术转移，建设一批国际创新合作平台；加强油气、煤炭、铁矿等资源能源联合勘探开发，推进境外能源综合保障基地建设。因此，在"一带一路"倡议下，天津应继续深化国际交流合作，推进产业融合发展，使智能科技和产品更好地服务经济社会发展。

（3）推进海上全面合作。加强与沿线国家在海上油气开发利用、海洋装备、海水淡化、海洋生物医药、海洋信息服务等合作，积极参与海外重要商港、渔港建设。以新能源、可再生能源、海上生物制药等为重点，合作建设一批海洋经济示范区、海洋科技合作园、境外经贸合作区和海洋人才培训基地。因此，在"一带一路"倡议下，天津市应充分发挥海上合作战略支点的优势，通过扩大开放推动深化改革，以推进海上合作带动蓝色经济升级，全面融入"一带一路"倡议，构建"一带一路"综合枢纽建设新格局。

（4）密切人文交流合作和扩大教育、文化、卫生、体育、旅游等领域的国际交流合作。建设"一带一路"，必须在沿线国家民众中形成一个相互欣赏、相互理解、相互尊重的人文格局。因此，在"一带一路"倡议下，天津市应加强在顶层设计、机制建设、统筹协调等方面的工作；扩大对外合作，不断加大政府间交往力度，拓展民间交流宽度，完善友城交流网络；发挥海外华人社团作用，增强相互理解和认同，不断提升夏季达沃斯论坛、津洽会、国际矿业大会、中国旅游产业博览会等大型会议论坛国际影响力，加快形成全方位、多层次、广覆盖的对外人文交流格局。

（5）加强与国际知名智库的交流合作，建设国际性智库聚集地。强化互联网和大数据思维，围绕国家的重点导向，围绕京津冀协同发展、自由贸易试验区建设、滨海新区开发开放、国家自主创新示范区建设、"一带一路"建设等五大机遇叠加的天津经济社会发展态势，积极思考谋划，瞄准战略，找准定位，加快天津市和京津冀新型高端智库建设，深度参与"一带一路"建设合作交流。同时，建立动态、高端、具有集成效应的各类顶层人才库，加大对优秀智库人才的培养和支持力度。

综上所述，天津市应大力推进自贸试验区制度创新，努力打造制度创新新高地、转型升级新引擎、开放经济新动力、区域协同新平台、"一带一路"新支点。深入开展优化投资服务和营商环境活动，率先建成服务型政府。推动建立全国性融资租赁资产平台，建设国家租赁创新示范区，增强金融服务实体经济的能力。深化滨海新区开发开放，深化自由贸易试验区制度创新，促进企业投资贸易便利化和全要素高效能服务，打造区域高水平对外开放大平台。

二、战略定位

随着天津港融入"一带一路"和自贸试验区的开发建设，其在区域经济发展中的辐射作用将越来越显现，国家"一带一路"倡议布局，赋予天津三个重要战略定位，一是亚欧大陆桥东部起点，二是中蒙俄经济走廊的主要节点，三是海上合作战略支点；将"一带一路"倡议、京津冀协同发展战略和天津自贸试验区战略整合起来，更好地发挥"一带一路"桥头堡作用。积极融入"一带一路"建设，不仅为天津市经济发展带来重大发展机遇，而且有利于天津市充分发挥海空两港核心资源和辐射三北的战略区位优势，促进区域协同发展，实现城市定位。

（一）亚欧大陆桥

1. 亚欧大陆桥概述

亚欧大陆桥是新丝绸之路经济带的基础，新丝绸之路经济带是亚欧大陆桥的升级版。新丝绸之路经济带建设首先要解决亚欧大陆之间的互联互通问题，因此亚欧大陆桥建设是新丝绸之路经济带建设的基础和关键组成部分。亚欧大陆桥国际大通道的完善和畅通将有助于相关国家后续经贸、人文、安全等方面的合作与交流。反过来，新丝绸之路经济带建设也将进一步促进亚欧大陆桥的发展。亚欧大陆桥的三条线路（图2-2-2）。

第一条是从俄罗斯东部沿海的符拉迪沃斯托克（海参崴）为起点，横穿西伯利亚大铁路通向莫斯科，然后通向欧洲各国，最后到达欧洲门户——荷兰鹿特丹港，全长约13000km，贯通亚洲北部，整个大陆桥共经过中国、俄罗斯、哈萨克斯坦、白俄罗斯、波兰、德国、荷兰7个国家，人称"第一亚欧大陆桥"，已经建成并运行。

图 2-2-2　亚欧大陆桥线路图
资料来源：网络下载。

第二条是从中国东部沿海的连云港为起点，沿着陇海铁路、兰新铁路一直到新疆的阿拉山口，然后接入哈萨克斯坦铁路，再经俄罗斯、白俄罗斯、波兰、德国最后到达欧洲门户——荷兰鹿特丹港，全长约 10800km，人称"第二亚欧大陆桥"，已经建成并运行，且于 1992 年 12 月 1 日正式开通运营。

第三条是从中国南部沿海的深圳港为起点，沿途由昆明经缅甸、孟加拉国、印度、巴基斯坦、伊朗，从土耳其进入欧洲，最终抵达荷兰鹿特丹港，横贯亚欧 20 多个国家，全长约 15000km，比经东南沿海通过马六甲海峡进入印度洋行程要短 3000km 左右，人称"第三亚欧大陆桥"，目前还在构想中。

在"一带一路"规划中，第二亚欧大陆桥占据着重要地位，由于该条所经路线很大一部分是经原"丝绸之路"，所以人们又称作现代"丝绸之路""新亚欧大陆桥"，是目前亚欧大陆东西最为便捷的通道。与西伯利亚大陆桥相比，新亚欧大陆桥减少 3000km 形成，费用节约 20%，时间减少一半。从阿拉山口出国境后，出国境后可经 3 条线路抵达荷兰的鹿特丹港，辐射众多周边国家，有着巨大的影响力。新亚欧大陆桥具有明显的线路优势（表 2-2-6）。

新亚欧大陆桥的优势　　表 2-2-6

优　　势	原　　因
地理位置和气候条件优越	整个陆桥避开了高寒地区，港口无封冻期，自然条件好，吞吐能力大，可以常年作业
运输距离短	新亚欧大陆桥比西伯利亚大陆桥缩短陆上运距 2000～2500km，到中亚、西亚各国，优势更为突出。一般情况下，陆桥运输比海上运输运费省 20%～25%，而时间缩短一个月左右
辐射面广	新亚欧大陆桥辐射亚欧大陆 30 多个国家和地区。点多面广，有足够多的合作点，有足够强的商贸线，有足够大的资源面
对亚太地区吸引力大	除我国（大陆）外，日本、韩国、东南亚各国、一些大洋洲国家和我国的台湾、港澳地区，均可利用此线开展集装箱运输。如果从 20 世纪 50 年代初期由日本经美洲大陆向欧洲运输集装箱算起，大陆桥问世已近半个世纪
潜力巨大	由于现代科学技术的迅速发展，包括火车、轮船等在内的交通工具的现代化、高速化、特别是时速超过 500km 的磁悬浮列车的试运营成功，对以铁路运输为主的大陆桥运输，必将产生不可估量的推动作用。还有集装箱运输的迅速普及，既为大陆桥运输提供了稳定的箱源，促进着大陆运输发展，又展示了大陆桥运输的巨大潜力

资料来源：参考已有文献整理获得。

中欧班列是"一带一路"建设的重要成果，是中国对外开放和"一带一路"沿线国家经贸往来的运输骨干。中欧班列是由中国铁路总公司组织，按照固定车次、线路、班期和全程运行时刻开行，运行于中国与欧洲以及"一带一路"沿线国家间的集装箱铁路国际联运班列，是深化我国与沿线国家经贸合作的重要载体和推进"一带一路"建设的重要抓手。目前，依托西伯利亚大陆桥和新亚欧大陆桥，已初步形成东、中、西3条中欧班列运输通道（表2-2-7）。

中欧班列运输通道　　　　　　　　　　　　　　　表2-2-7

地区	主　要　路　径
东部	东部通道由内蒙古满洲里（黑龙江绥芬河）口岸出境，接入俄罗斯西伯利亚铁路，通达欧洲各国。主要面向东北、华东、华中等地区客户，经京沪、哈大等铁路干线运输
中部	中部通道由内蒙古二连浩特口岸出境，途经蒙古国与俄罗斯西伯利亚铁路相连，通达欧洲各国，主要面向华北、华中、华南等地区客户，经京广、集二等铁路干线运输
西部	一是由新疆阿拉山口（霍尔果斯）口岸出境，经哈萨克斯坦与俄罗斯西伯利亚铁路相连，途经白俄罗斯、波兰、德国等通达欧洲各国； 二是由阿拉山口（霍尔果斯）口岸出境，经哈萨克斯坦、土库曼斯坦、伊朗、土耳其等国通达欧洲各国，或经哈萨克斯坦跨里海，进入阿塞拜疆、格鲁吉亚、保加利亚等国通达欧洲各国； 三是由吐尔尕特（伊尔克什坦）口岸出境，与规划中的中吉乌铁路连接，经吉尔吉斯斯坦、乌兹别克斯坦、土库曼斯坦、伊朗、土耳其等国通达欧洲各国。西通道主要面向西北、西南、华中、华南等地区，经陇海、兰新等铁路干线运输

资料来源：参考已有文献整理获得。

目前中欧班列共有"渝新欧"（重庆至德国杜伊斯堡）、"蓉欧"（成都至波兰罗兹）、"郑新欧"（郑州至德国汉堡）、"汉新欧"（武汉至捷克梅林克帕尔杜比采）、"苏满欧"（苏州至波兰华沙）、"义新欧"（义乌至西班牙马德里）、"长安号"（西安至荷兰阿姆斯特丹）、"湘欧快线"（长沙至德国汉堡）、"厦门班列"（厦门至俄罗斯莫斯科）、"淄博号冷藏班列"（淄博至哈萨克斯坦阿拉木图）等主要线路。中欧班列通道不仅连通中国和欧洲及沿线国家，也连通东亚（日韩）、东南亚（新马泰越）及其他地区；不仅是铁路通道，也是航空、水运等多式联运走廊。

中欧班列具有安全快捷、绿色环保、受自然环境影响小等综合优势，已成为国际物流中陆路运输的骨干方式，为服务中国对外经贸发展，贯通中欧陆路贸易通道，实现中欧间的道路联通、物流畅通，推进国家"一带一路"建设提供了运力保障。

2. 天津的优势

目前，天津拥有三条过境班列：天津新港-阿拉山口班列、天津新港-满洲里-莫斯科班列、天津新港-二连浩特班列。天津港及其铁路过境班列的"海铁联运"，就是一条以天津港为桥头堡、以后方过境班列的铁路通道为依托，通往亚欧大陆腹地的国际运输通道，堪称一条以货物快运助推经贸交流的"大动脉"。"两桥、三口"是支撑天津市这条"大动脉"的总体框架。"两桥"：一座是由天津港出发向北经二连浩特和满洲里口岸出境进入蒙古国、俄罗斯，与西伯利亚大陆桥连通至欧洲；另一座是由天津港出发，向西经阿拉山口出境，通过北、中、南三条路径通往欧洲。"三口"即为大陆桥上的满洲里、二连浩特、阿拉山口三个过境口岸。

作为新亚欧大陆桥最短的东端起点，天津港的区位优势、港口规模、智慧港口、枢纽港口、绿色港口等条件，都使其有条件成为我国沿海港口中新亚欧大陆桥头堡最具竞争力的港口之一，具体分为以下5点。

（1）区位优势特点明显。天津处于京津冀城市群和环渤海经济圈的交汇点。天津港作为天津的核心战略资源，是国家丝绸之路经济带和海上丝绸之路的重要桥头堡，具备"一带一路"综合枢纽和重要节点的基本条件。天津机场作为北方国际航空物流中心和大型门户枢纽机场，与港口联动互补，在发展中远程国际航线，推进与欧洲、东盟等国家航空交流与合作方面具有巨大的潜力。

（2）港口规模较大。天津港现有陆域面积47km^2，主航道水深已达21m，可满足30万t级原油船舶和国际上最先进的集装箱船进出港，是中国大陆最早开展国际集装箱运输业务的港口。天津港是综合性港口，水陆域面积广阔，岸线资源丰富，港口功能齐全。拥有集装箱、矿石、煤炭、焦炭、原油及制品、钢材、大型设备、滚装汽车、液化天然气、散粮、国际邮轮等各类泊位总数176个，其中万吨级以上泊位122个。同时天津港也是我国最大的焦炭出口港，第二大铁矿石进口港，世界第四、中国北方第一大港。

（3）"智慧港口"建设。"智慧港口"是当前各大港口信息化建设的主要方向，天津港以基础设施智慧化为基础，以"港航数据融合化"为核心，以"运营管理智能化、贸易物流便利化、创新共享生态化"为方向，即一个基础、一个核心、三个智慧方向，围绕《天津港"智慧港口"建设三年行动计划》（2017～2019年），规划了5类29个重点项目，全方位打造特色"智慧港口"，加强现代信息技术与港口各领域发展深度融合，促进港口与供应链上下游互联互通，提升港口信息服务与协同创新能力，2019年，天津港将在全场智能调度、设备远程操控以及无人电动集卡、口岸实时数字验放等方面，加大研发力度，打造自动智能、成果智享、生态智联、数据智慧的京津冀港口物流供应链服务平台，构建形成开放共享、合作共赢、创新创业、活力迸发的北方国际航运物流贸易生态圈。

（4）枢纽港口功能的强化。近年来，天津港充分发挥国际集装箱枢纽港作用。开通了天津至秦皇岛、京唐、曹妃甸、黄骅等港口的多条定期环渤海内支线，共计投入运营船舶13条，每月航班达到90余艘次。2018年完成集装箱吞吐量突破100万标准箱，来自河北地区货源约占环渤海吞吐量90%以上，基本形成了以天津港为中心，以河北港口为两翼，功能互补、畅通高效的海上集装箱支线运输网络。天津港在京冀地区积极布局建设无水港，与北京铁路局合作建设运营了京津冀地区最大的铁路集装箱中心站，基本形成京冀地区"2＋8"的无水港网络布局，打造了京津冀绿色物流模式，有效促进了京津冀物流资源向港口集聚和优化配置。2018年，京津冀地区无水港操作量完成27.8万标准箱，同比增长9.6%，为服务首都经济圈发展发挥了重要作用。强化天津港综合性枢纽港和集装箱干线港功能，完善资源共享、港口共建机制，全方位推进津冀港口群转型升级、协调发展。

（5）积极推进绿色港口建设。天津港坚持绿色发展，着力提升绿色规划，主动顺应智慧交通发展趋势，对接"天津智港"建设，加强现代信息技术与港口各领域发展深度融合，为有效防控船舶大气污染，天津港集团公司严格落实《中华人民共和国大气污染防治法》、《交通运输部关于印发船舶与港口污染防治专项行动实施方案（2015～2020年）的通知》以及天津市、滨海新区对港口的各项要求，以互联网信息平台为载体，创新"互联网＋安全监管"模式，在新建码头项目中对船舶岸基供电系统进行统筹规划、设计和建设，并在此基础上，大力推广清洁能源，持续推进港作机械清洁化改造，强化污染防治，推进港产城协调融合发展，以互联网信息平台为载体，创新"互联网＋安全监管"模式，打造港口安全动态监控平台，着力打造绿色智慧港口，加快建设成为安全高效、环境友好、生产清洁、低碳集约、生态和谐的绿色先行港、生态示范港。

（二）中蒙俄经济走廊

1. 中蒙俄经济走廊概述

中蒙俄经济走廊是指东北通道和华北通道。东北通道是将大连、沈阳、长春、哈尔滨的货物经满洲里进入俄罗斯，利用西伯利亚大铁路进入欧洲。华北通道是将京津冀城市群的货物通过二连浩特经蒙古的乌兰巴托、苏赫巴托尔，在俄罗斯的乌兰乌德与西伯利亚大铁路交会，然后进入欧洲。两条通道形成一个新的开发开放经济带，统称为中蒙俄经济走廊，具体线路（图2-2-3）。

图2-2-3 中蒙俄经济走廊线路

资料来源：网络下载。

中蒙俄大陆桥运输通道于1989年8月开通，主要以天津港口为主。1991年3月，天津港开通第一个过境运输专列成功到达乌兰巴托。以天津港为代表的中蒙亚欧大陆桥运输从1989年开始至今已运行30年，累计运量已突破200万标箱。2012年，天津到二连浩特口岸过境运输发运104322TEU，2015年中蒙二连浩特口岸过境38000TEU，2016年通过二连浩特口岸过境运输完成36000TEU。

中蒙俄经济走廊是"一带一路"规划的六大通道之一，"中蒙俄经济走廊"建设就是要充分发挥黑龙江省与俄罗斯远东、东西伯利亚地区毗邻的地缘优势和联结俄罗斯西伯利亚大铁路的通道优势，着力完善我国对俄铁路通道和区域铁路网，加强中国与俄远东地区陆海联运合作。中蒙俄经济走廊以发展带状经济为目标，以铁路为轴，助推经济走廊建设。它的建设方式、目标及开发重点（表2-2-8）。

中蒙俄经济走廊建设方式、目标及开发重点　　　　　表2-2-8

建设方式	通过中蒙俄三国项目合作的有效实施，积极创建和利用国际区域经济合作平台；提升产品竞争力，增加三国间的贸易量，发展基础设施等领域的合作，加快过境运输便利化；发挥三国的经济潜力和优势，促进共同繁荣，建设和拓展互利共赢的经济发展空间，提升三国在国际市场上的共同竞争力，实现经济走廊内生产要素的优化组合，创造区域经济合作发展的有利条件，进而推动中蒙俄经济走廊建设，促进地区经济一体化形成
建设目标	构建以平等合作、互利共赢为原则，以七大领域合作为基础，以三国战略对接为途径的中蒙俄经济走廊
开发重点	重点建设经贸领域、交通基础设施领域、海关、口岸、检验检疫监管领域、产能与投资领域、人文交流领域、生态环保领域和边境地区合作；重点推动以对俄合作为重点，沿线国家和地区共同参与的战略对接，经贸合作、要素重组和人文交流

资料来源：参考已有文献整理获得。

2. 天津的优势

相比中国其他城市，天津市在推进"中蒙俄经济走廊"中具有独特优势，主要有以下两点：

（1）长期的友好关系基础。

天津作为蒙古国最大的出海口岸，多年来与蒙古国的合作不断加强。早在1992年，天津市就与蒙古国的首都乌兰巴托市结成友好城市；2002年天津开通了直达边境口岸二连浩特的集装箱班列；2017年5月，中蒙签署政府间备忘录，成立中蒙人文交流共同委员会，旨在通过该机制统筹协调两国人文领域交流合作，夯实双方友好社会基础，推动中蒙全面战略伙伴关系向前发展；2017年12月成立蒙古国天津商会，商会的成立旨在"一带一路"背景下促进中蒙多元化领域合作，充分发挥商会作用，使之成为两国企业之间的桥梁和人文交流平台，促进中蒙两国工商企业界合作，为天津企业走出去提供服务平台；2018年，中蒙人文交流合作取得丰硕成果。双方人员往来保持增长势头，连续两年突破200万大关，助力中蒙友好、互利、共赢，充分发挥中蒙两国经济互补性，整合两国资源、推动贸易发展、促进文化交流和金融结合。

（2）"中蒙俄经济走廊"的桥头堡——天津港。

目前，天津和蒙古国的交往还主要体现在交通运输业。每年都有大批的工程机械、汽车用品从天津港上岸运往蒙古国。同样，蒙古国出产的矿产资源，也通过天津港运输到世界各地。天津港目前是蒙古国唯一的出海口，是中蒙俄国际经济合作走廊的重要起点，海铁联运为中蒙商品互通搭建了快速通道。随着中蒙俄经济走廊建设的逐步推进，天津港位于其中的"桥头堡"作用愈发凸显。据统计蒙古国海运货物大部分都经过天津港转运，使得运输时间大大缩短，时间成本和运输费用也大幅减少。随着蒙古国进出口货物量呈现上升趋势，其对天津港的依赖程度越发明显。同时，天津港在蒙古国与俄罗斯、中国与俄罗斯、俄罗斯与其他国家之间的贸易运输方面也发挥着重要作用。作为丝绸之路经济带的重要出海口和桥头堡,天津港积极依托拥有二连浩特和满洲里通往俄罗斯两条过境通道优势,构建了"津蒙俄"运输网络、开通了"中蒙俄"国际运输通道,开行了天津至和俄罗斯莫斯科的铁路班列,成为我国北方对俄贸易的重要口岸。

(三)海上合作战略支点

1. 三大港口群概述

按照"一带一路"愿景规划,天津、厦门、上海等16个港口城市被定义为"一带一路"海上战略支点,这将为港口城市迎来前所未有的重大机遇。我们将上述16个海上战略支点分为环渤海、长三角、珠三角三大港口群。

从三大港口群划分看,环渤海港口群的投资热情最高,其后依次是珠三角港口群和长三角港口群(图2-2-4)。在"一带一路"激活港口经济背景下,环渤海港口群因后发优势较强、经济效益较低而地方投资积极性较高,未来改善空间或将最大。

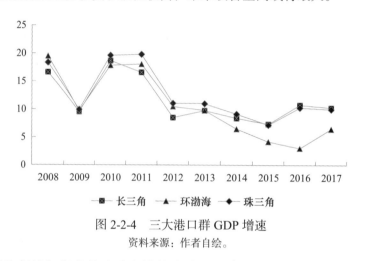

图 2-2-4 三大港口群 GDP 增速

资料来源:作者自绘。

"一带一路"倡议初期的战略重点就是基础设施建设,沿港口的转型升级也逐渐提上重要日程。我国沿海的港口作为海上丝绸之路的关键战略支点,既是内陆广大经济腹地的输出窗口,也是海外商品进入中国的重要门户,其发展前景广阔,一带一路各个港口现状(表2-2-9)。

"一带一路"各港口群现状   表 2-2-9

港口群	定 位	港口	目 前 对 接	计 划 对 接
环渤海湾港口群	中蒙俄经济走廊与新亚欧大陆桥经济带交叉,助力京津冀一体化战略	天津港	形成"两桥""三口"总体框架,发展海铁联运	进一步加快过境班列运输、打造海铁联运核心枢纽
		青岛港	海铁联运	新增东南亚航线"高丽阿丽德拉"码头、与沿线15个港口实现互联互通
		大连港	与哈尔滨铁路局签署共推铁水联运协议	辽宁欲打造辽满欧、辽蒙欧、北极东北航道3条运输通道

续表

港口群	定位	港口	目前对接	计划对接
环渤海湾港口群	中蒙俄经济走廊与新亚欧大陆桥经济带交叉，助力京津冀一体化战略	烟台港	通过蓝烟胶济线形成海铁联运	日韩至欧洲新亚欧大陆桥
		日照港	瓦日重载铁路开辟了进山海物流大通道	山东被确定为"一带一路"海上战略支点，日照港将积极对接
长江三角洲港口群	新亚欧大陆桥经济带直接出海口，长江经济带	上海港	海铁联运	与沿线40多个港口形成对话合作机制
		宁波-舟山港	"千里拆赣线，万里甬新欧"两条海铁联运线路	打造"港口经济圈"，"网上丝绸之路"实验区
		连云港	连云港与吉尔吉斯斯坦、立陶宛、巴西淡水河谷签合作协议	全方位对接，打造陆海双向开放格局

资料来源：参考已有文献整理获得。

环渤海湾港口群是以大连、天津、青岛为核心、烟台为辅的"三大一小"港口群。环渤海港口群不仅受益于"一带一路"中蒙俄经济走廊、新亚欧大陆桥经济带交叉影响，其内陆经济腹地正在推进的京津冀协同发展战略、天津自贸试验区、中韩自贸区、山东半岛蓝色经济区的建设都将给予港口经济发展更大的动力。

长江三角洲港口群已经形成围绕建设以上海为中心、江苏浙江为两翼的国际航运中心的格局，囊括了上海、连云、宁波和舟山等重要港口。长三角港口群地处长江经济带龙头城市，与"一带一路"新亚欧大陆桥经济带对接，是贯穿海上和内陆运输的核心地带。

珠江三角洲港口群以福建、广东、广西和海南为主体，是拥有港口个数最多的港口群，包括了泉州、厦门、福州、广州、汕头、深圳、湛江和海口。该港口群对接"一带一路"中国中南半岛经济走廊，与珠江三角洲经济区、北部湾经济圈、海西自贸区和福建自贸区的建设密切相关。

2. 天津的优势

各个港口群功能定位不同，辐射区域存在显著差异，单个港口应在各自港口群中找准自己的比较优势，才能在一带一路推进的过程中脱颖而出，天津港的比较优势主要有以下5点。

（1）经贸发展势头强劲。天津具有良好的经贸发展基础，2014年GDP增幅位于全国前列，全年外贸进出口总额为1339.12亿美元，与多个亚欧国家和地区建立了商贸往来，对欧盟、美国、日本等出口总量的增长较快，在哈萨克斯坦投资建设了经济开发区，与中亚地区建立了良好的商贸合作关系。

（2）运距拥有相对优势。自1989年开展港口陆桥运输和2002年开通过境集装箱"五定班列"以来，已有天津港至阿拉山口、二连浩特、满洲里三个内陆口岸的班列，分别通往哈萨克斯坦、蒙古、俄罗斯，运距分别为3786km、865km、1957km。在国内主要沿海港口中，除大连港离满洲里口岸略近一点以外，天津港至阿拉山口、霍尔果斯、二连浩特三个口岸的运距全部为最短（天津港与连云港大陆桥相比，至阿拉山口线路缩短 361km 运输里程，至霍尔果斯线路缩短 291km 运输里程，预计节省铁路运费近 1000 元 / 箱）。

（3）航线航班布局便捷。天津港已与 180 多个国家和地区的 500 多个港口建立了贸易往来，集装箱班轮航线达 119 条，每月航班 500 余班。同时也是承接日韩货物通往中亚、欧洲的陆路运距的最短起点港口，开通了韩国航线 15 条，每月航班 60 余班，挂靠釜山、仁川、平泽、蔚山等港口；开通了日本航线 13 条，每月航班 50 余班，挂靠东京、横滨、名古屋、神户、大阪等港口，是天津承揽日韩货物的有力支撑，是京津冀参与"一带一路"和过境班列运输的重要保障。

（4）海空联动前景广阔。天津市正在加快推进海空联运建设，充分发挥航空快速响应和海运规模优势及其组合效应，两港已于 2015 年 2 月 6 日签署了战略合作协议，加快推动跨境电子商务、保税商品直销、海空联运旅游产品等新型合作项目，打造电子商务和快递物流产业高地，将成为深度参与"一带一路"交通经济的巨大引擎。

（5）多重战略机遇叠加。京津冀协同发展、建设自由贸易试验区、加快滨海新区开发开放、建设自主创新示范区、"一带一路"等叠加机遇，有利于天津市培育新的经济增长点，抢占创新制高点，放大桥头堡的功能优势，促进金融、航运、物流等功能聚集，建设东连亚太经济圈、西接欧洲大市场的合作平台，"一带一路"综合枢纽和重要节点的功能将会得到更大的发挥。

第三节 "一带一路"倡议下天津重塑的重点领域

一、"一带一路"倡议下天津重塑的区域合作方向

近年来，天津市积极推进交通、生态、产业三个重点领域率先突破，为京津冀协同发展注入天津力量，将天津建设成为技术先进、制造业发达、服务水平一流、综合竞争力强、对外开放度高、创业环境优越的我国北方经济中心；适应全球一体化发展趋势、对外联系便捷、信息网络高效、辐射能力强的国际港口城市；资源利用高效、安全体系完善、生态环境良好的宜居城市。天津市作为京津冀地区以及环渤海经济区的重要节点城市，在港口资源、科研与教育、现代服务业、信息资源等诸多方面具有突出的区位优势。天津市应充分利用京津冀协同发展战略和"一带一路"倡议的叠加效应，加快构建全方位的对外开放新机制，在基础设施互联互通、生态环境联防联治、产业发展协同协作、市场要素对接对流、社会保障共建共享等方面开展区域间合作，更大地发挥重要节点城市功能并融入"一带一路"倡议发展之中。

加快环渤海地区合作发展，是推进"一带一路"倡议和京津冀协同发展战略以及区域总体发展的重要举措。环渤海地区应围绕"一带一路"倡议，一方面，环渤海地区应开

展全方位合作，有效发挥区域比较优势，加强与"一带一路"沿线国家在基础设施、能源、产业等领域的交流合作；另一方面，在"一带一路"倡议下，统筹环渤海地区教育资源，加强区域内高校合作，整合高校师资力量及教学资源，积极探索多类型大学合作和多学科融合，构建跨专业、跨学校、跨区域的人才教育平台，积极为"一带一路"建设参与人员提供相应的知识培训，培育精通中外文化的满足不同区域、不同领域、不同行业需求的国际化人才，为实现"一带一路"倡议提供人才支撑。因此，天津市作为环渤海地区的重要节点城市，应主动深度融入环渤海地区合作发展，创新合作发展机制，依托京津冀协同发展战略以及天津自贸试验区、自创区的政策优势，加强与沿线国家在港口服务、金融支持、能源互通、产业协作、人才培养等领域的互利合作，全方位提升对外开放水平，为"一带一路"倡议有效实施提供保障和支持。

二、"一带一路"倡议下天津重塑的重点领域

（一）打造节点城市特色产业集群

发挥天津自创区优势，构筑环渤海区域创新合作发展平台，打造节点城市特色产业集群，深化与"一带一路"沿线国家的高端产业和高新技术等方面的合作与协同创新。依托天津自创区的政策优势，构筑环渤海地区先进制造研发基地和产业合作发展平台，提升新型工业化与信息化深度融合和智能制造发展水平。在已有的天津市级国际科技合作基地和国家级国际合作基地的基础上，着力构建环渤海区域科技合作基地，吸引聚集国际高端创新要素落户环渤海地区主要节点城市，打造具有地方特色的产业集群。

天津应结合自贸试验区和自创区两大优势政策，重点建设临港高端制造产业基地，并出台配套的产业扶持政策，深度融合环渤海区域合作发展战略，利用环渤海地区的先进技术及配套产业，建设以海工装备、智能装备、轨道交通、节能环保和航天技术装备为主的高端装备基地，形成高端装备全产业链。以新能源和新能源汽车、新一代信息技术"两大"产业和文化创意、大健康"两特"产业为重点，引进具有世界一流水平的科技大项目，聚集大量创新型企业，实现与"一带一路"沿线国家的高端产业和高新技术等方面的合作与协同创新。

天津市制造企业应加强对核心技术的研发投入，创建自己的核心技术团队，掌握整个产业价值链中的核心环节，提高产业的竞争力。技术创新是企业发展生存的根本保证，在追求技术创新时要以"低碳经济"为理念，即在发展的同时要确保环境和能源的平衡，在推动区域生态文明建设的同时实现全面协调可持续发展。在信息全球化时代，应该推动科学技术向线上线下的全面输出，形成生产要素共享的格局。政府应该加强对科技创新的投入，如建立研发机构，提高中小企业的科技创新能力；加大对金融行业的支持力度，积极完善相关的金融法律法规；人才作为科技创新的根本保证，要建立一支高水平的研究与创新团队，从而更好地提升天津市科技、金融和信息等生产性服务业的辐射效应。通过推动制造业服务化、高端化，可以更好地促进我国"一带一路"和"中国制造2025"等国家战略的实施，更好地服务于国家建设。

(二)优化城市空间结构布局

按京津冀协同发展的要求,天津发展要打破市域界限,从区域角度重新思考城市职能体系、空间结构等方面,把天津的人口空间布局放在京津冀城市群中进行考量,大力推进城市化进程,建设区域中等城市和区域特色节点城市,积极引导形成多中心、均衡发展的城市结构,以构筑梯度合理的城镇体系。人口的空间分布必须与城市区位功能区相适应,并与城市的主导发展方向相一致。由西北到东南方向的京滨综合发展轴是天津市的主要发展轴线,也是今后人口分布最为密集的地带。因此,需引导对人口有较大需求的产业项目优先向发展主轴上的城市边缘区、滨海新区和武清新城等重点区域布局,实现产城的深度融合。

在中心城区发展现代服务业及滨海新区发展现代制造业、航运物流业的大分工格局业已形成的背景下,将中心城区向外转移的制造业企业与滨海新区对接,远郊区县新城是今后天津市城市化的发展重点,是区域中等城市建设的基础。天津应大力推进城市化进程,积极培育郊区新城,对新城给予一定的政策倾斜,引导产业向新城集聚、工业项目向园区聚集,不断培育特色优势产业,壮大新城的经济实力。天津应在规划中合理确定城市增长边界,在空间上有所约束;要把保护基本农田放在优先地位,规划建设区域性生态廊道和绿地,加强对各类自然保护区的管理与维护,保障生态用地不被蚕食和占用,防止城市的无序扩张与蔓延;对位于市域南北部生态敏感区内的乡镇人口要加以调控。

(三)创建世界一流航运枢纽港

天津地处渤海湾西端,是亚欧大陆桥最短的东端起点,连接东北亚与中西亚的纽带。天津要充分发挥独有的区位优势,抢占"一带一路"桥头堡地位。天津应以港口为龙头,以投资贸易为纽带,以产业为支撑,加强与"一带一路"沿线国家和地区、我国西部地区的全面合作,深化多元经贸往来和社会文化交流,加强与沿线国家的项目合作,深化在对外贸易、直接投资、运输海关、电子商务、现代旅游等方面的全方位合作。天津作为21世纪海上丝绸之路上的"黄金节点",要充分发挥和强化港口这个战略资源优势,充分利用"一带一路"交通枢纽的支点带动和辐射作用,以天津港为核心,结合铁路、公路、航空等通道建设综合大交通服务网络,提升作为国际港口城市和北方经济中心的现代物流水平,形成海陆空一体化交通网络建设的新格局。

天津应善于利用京津冀协同发展上升为国家发展战略的契机,自下而上积极主动地争取和扩大天津与内地腹地的交通联系,加快津保铁路西延、津承铁路、津石铁路等路网建设,通过大交通的串联,使得东北华北西北都可以成为天津经济的绝对腹地与交叉腹地。以实现"一带一路"倡议为宗旨,以发挥天津自贸试验区和自创区作用为重点,发挥地区间政府的主导作用,应重点解决各港口集团的利益分配协调问题,设计出台环渤海港口群的发展规划,明确各大港口的功能定位、发展目标和协调机制。充分发挥天津港优势,大力发展海铁、海空联运,建立环渤海京津冀港口群的集疏运系统,打造中欧集装箱班列品牌,加强与俄罗斯、蒙古等"一带一路"沿线国家的国际合作。天津港还应继续保持与新加坡港、汉堡港等港口良好关系的基础上,积极推进智慧港口示范工程建设,提升港口服务智能化水平。同时，积极争取交通运输部支持，加快环渤海港口区域共建，加大政策扶持力度，打造港航总部经济，重点吸引各类航运企业设立总部或区域总部，发展高端临港产业，建立以天津港为核心的航运金融、贸易物流、信息咨询服务产业体系，提升国际航运服务竞争能力。

（四）构筑天津城市能源互联网

加快打造天津城市能源互联网，加强以电为中心的环渤海地区各类能源互联互通及生态环境联合治理的区域合作，成为支撑全球能源互联网落地的重要枢纽地带。加强环渤海地区环境治理科技合作，建设以电为中心的环渤海地区城市各类能源互联互通、综合利用、优化共享平台，建立针对该项目的统一规划建设机制、跨区域污染防治协调处理机制和环境补偿机制。优化环渤海地区城市能源生产和消费结构，采取动态联合或联合体的模式，推动城市能源消费向绿色低碳发展，实现区域环境治理的整体协同效应，成为支撑全球能源互联网落地的重要枢纽地点，在互联互通、能源安全、经贸往来等方面推动"一带一路"的建设。

天津应加快普及城市能源互联网，围绕环境治理、大气治理等重大关切问题，开展环渤海地区生态建设领域重大技术联合攻关，推动移动互联网、云计算、物联网等先进信息技术在环渤海地区装备制造、钢铁、石化等传统制造业的应用，引导传统制造业向信息化、智能化方向发展，实现产业转型升级。争取国家电网公司的支持，加强政企合作，推进天津市城市能源互联网综合服务平台向环渤海区域扩展，为能源互联网的多方参与主体提供互动共享、大数据信息增值等服务，成为支撑全球能源互联网落地的重要枢纽地带。

（五）重塑天津市的城市符号

城市符号作为一种具有累积效应城市文化资本，形成于城市特定历史时期，被赋予政治、经济、社会、历史的属性及意义。随着城市进入高质量发展阶段，提高"文化软实力"、培育"城市符号"成为增强城市竞争力的新要义。近年来，天津市面临创新能力和城市活力有待提高、产业结构与经济发展亟待转型等困境。天津作为北方开放最早的城市、近代工业发源地，蕴含着丰富的城市文化资本，营造与天津社会经济发展相适应的城市符号是天津转型发展的迫切要求，也是天津提升城市知名度、城市竞争力的有效途径。

天津应通过深入发掘城市文化、激发城市内生动力，进一步实现天津城市文化资本的转化、建构和运营，塑造城市文化品质、提升城市文化竞争力。合理利用外源动力，通过高层公共政策、本土公共政策，强调不同文化要素的协同性和在地化以获得更大的协同效应，推动地方品质场景化营造，将进而实现天津城市符号的传播。以天津市文化创意产业已经形成的集群化发展格局为基础，进一步整合和优化已有的各类文化创意产业集群和集聚区的资源，加快推进具有国际化程度的城市文化创意产业集聚区与示范区建设，实现文化创意产业场景化营造，提升文化创意产业园区集群发展的核心竞争力。此外，天津市需要应对城市品牌进行全方位、立体式、持续性的有效传播，充分发挥媒体的力量，通过制定统一的框架来协调传播计划。

（六）建构城市网络体系与合作机制

天津自贸试验区是"一带一路"计划下实现区域长效合作的核心载体，自贸试验区以实现"市场渗透""市场自由化"为愿景，而"一带一路"则辅助给出了相应的市场条件。立足于天津，经济融合与文化包容是自贸试验区与"一带一路"建设携手共进的法宝。"一带一路"秉承了古丝绸之路开放包容、兼收并蓄的精神，同时也赋予了新时代的特质，利用国际市场的拓展与开发辅助自贸试验区经济、文化双升级，将经济、文化连成一条新型发展路线，这为构建自贸试验区发展面以及形成天津市城市网络奠定基础。因此，结合天津自贸试验区发展与"一带一路"合作的战略价值与战略挑战，关注天津市经济、文化、政治以及新业态的发展，构建"点-线-面"动力转换系统，优化产业结构，提升安全指数，推动产业发展，构建城市网络体系，完善合作机制。

"一带一路"倡议的提出给了天津市一个重要的机遇，天津市应结合自身优越的地理环境——北方重要的航运中心、北方最重要的开放港口以及丰富的资源环境，精准对接了"一带一路"倡议的目标，致力于增加各方实实在在的合作红利，共建新动能、新平台，不仅有利于提高天津市供给结构的适应性和灵活性，为结构优化注入了新活力，打破了天津"市场渗透""市场自由化"的僵局；还有利于加强天津位于中国乃至世界的重要地位，同时扩大天津市辐射带动周边区域共同发展的趋势。此外，天津市还应该以文化交流助力经济发展，为传统文化赋予时代内涵，凸显"一带一路"人文精神。在产业融合助力经济转型发展的背景下，应将天津市的文化、商贸、旅游融合发展与"一带一路"倡议的实施形成动力系统，不断增强天津市经济增长活力与质量。为支持文化产业链的发展，天津市政府还应围绕财政扶持力度、设立产业发展专项资金与补贴、鼓励落户与人才支撑、设立产业引导基金、全面落实"一带一路"支持重点项目等方面，对接"一带一路"，吸引大量外来影视文化企业与游客并吸引本地人才落户，实力推进了天津市经济增长。

第三章

天津市产业结构优化与创新大环境营造

第一节 天津市产业发展现状与优化升级动力探讨

一、天津市产业发展现状

（一）天津市产业发展整体态势

在中华人民共和国成立初期，天津市的经济发展缓慢，缺少国家重点投资项目，自2005年来，天津市滨海新区被纳入国家重点发展战略和"十一五"规划中，天津市的经济发展才重新显现出活力。发展至今，天津市经济实力越来越强大，GDP也呈现出较快的增长态势，2017年，天津生产总值（GDP）18595.38亿元，可比价格比去年增长3.6%。由近5年来天津市生产总值及其增长速度可以看出，天津市GDP呈现逐年递增的态势，增速放缓，但整体经济走势较好（图3-1-1）。

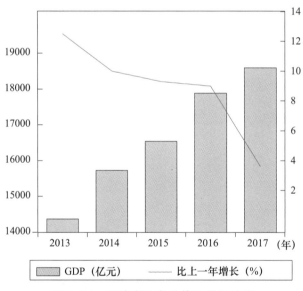

图3-1-1 天津市生产总值及增长速度
资料来源：网页搜索。

从图3-1-1天津市近5年来GDP走势情况看，天津市GDP一直处于上升趋势，这说明天津市的经济发展一直处于稳步前进的状态。由图中的折线可以发现，GDP增长速度在2016年前一直保持较高的水平，在全国排名也是名列前茅，但在2017年却有了较大幅度的下降，从9%下降为3.6%，结合2017年政府工作报告，天津经济开始追求由"速度情结"向以"高质量发展"的目标，加快落实"三去、一降、一补"各项任务。甩掉单纯追求 GDP 增速的包袱，着力在"破""立""降"上下功夫，全面完成各项目标和任务，这正好与图中表现的趋势相符合。

天津承载着京津冀协同发展、自由贸易试验区建设、自主创新示范区建设、"一带一路"建设、滨海新区开发开放五大国家战略功能，其经济的发展一直备受市场的关注。

1. 处于二产向三产转型阶段，"三二一"产业格局基本形成

天津目前处于由第二产业向第三产业转型阶段，2006~2017 年，天津市第三产业规模持续增长，占比不断扩大，2017 年天津第三产业实现 10786.64 亿元，占 GDP 总值的 58.2%，三产规模位居十大城市第五位，仅低于四个一线城市（北京、上海、广州、深圳），三产占比位居十大城市第六位，"三二一"产业格局基本形成（图 3-1-2）。

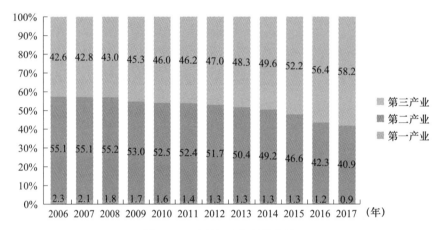

图 3-1-2　天津三次产业占比
资料来源：作者自绘。

2. 增速下降，经济转型升级，服务业高位增长，工业负增长显现

2017 年，天津 GDP 总量达到 18595 亿元，同比增长 3.7%，经济转型增速下降。服务业高位增长，2016 年占全市生产总值的比重达到 52.2%，对全市经济增长的贡献率大，成为天津经济转型升级的重要推手；而作为天津经济最大贡献者的工业则出现负增长现象（图 3-1-3~图 3-1-5）。

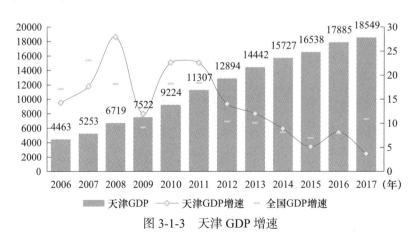

图 3-1-3　天津 GDP 增速

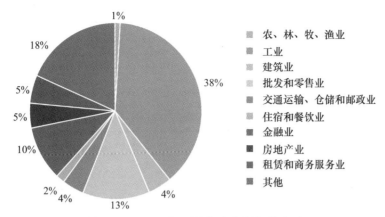

图 3-1-4　2016 年天津各产业增加值占比
资料来源：作者自绘。

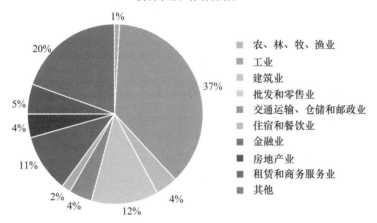

图 3-1-5　2017 年天津各产业增加值占比
资料来源：作者自绘。

3. 产业聚集效应明显，形成相互补充共同发展的格局

"十二五"期间天津形成了以滨海新区现代制造为主、中心城区高端都市工业和区县特色工业相互补充共同发展的产业空间发展格局（图 3-1-6）。

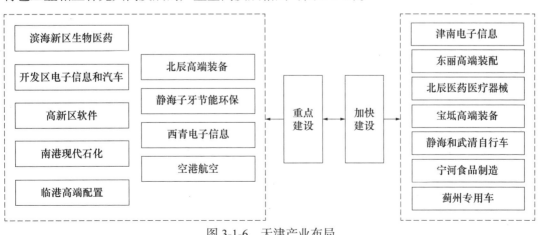

图 3-1-6　天津产业布局
资料来源：作者自绘。

4. 产业园区较多，高新技术、先进制造业为主导产业

天津市目前共有107个产业园区，其中有14个国家级产业园区和93个省级及省级以下产业园区。其中滨海新区、武清区、西青区产业园区较为集中，且国家级产业园区较多（表3-1-1）。

天津市产业园区分布　　　　　　　　　　表3-1-1

地区	国家级	省级	市级	市级以下	总计
滨海新区	3	1	7	12	23
武清区	4	—	6	10	20
西青区	4	—	2	11	17
津南区	—	—	6	6	12
宝坻区	—	3	—	3	6
北辰区	1	—	3	1	5
东丽区	—	1	2	2	5
静海区	2	1	1	1	5
蓟州区	—	1	2	1	4
宁河区	—	—	2	2	4
红桥区	—	—	1	1	2
南开区	—	—	1	1	2
和平区	—	—	—	1	1
河东区	—	—	1	—	1

资料来源：作者整理。

5. 企业技术创新体系不断完善、企业创新主体地位进一步增强

"十二五"期间，天津国家自主创新示范区获批建设，启动规划"一区二十一园"创新载体。国家级企业技术中心、国家技术创新示范企业均有了较大规模的增长，企业的创新主体地位进一步得到加强，企业技术创新体系不断完善。

（二）天津市不同产业发展现状

1. 生产性服务业

天津市是一个古老的工业城市，第二产业在经济发展中发挥着重要的作用。但长期以来，天津市采取"粗放式"的经济发展方式，即依靠能源资源的高投入和高消耗来拉动经济增长，不符合经济的可持续发展。而生产性服务业可以作为连接第二、第三产业的中间产业，对促进天津市产业结构调整和布局优化具有积极的意义。生产性服务业的发展不仅可以继续促进第二产业特别是制造业的发展，而且作为一种服务业也能够带动第三产业中其他产业的发展。2016年天津市生产性服务业增加值为7988.97亿元，生产性服务业在经济中地位不断增强。表3-1-2中总结了2006～2016年天津市各生产性服务业各分行业增长百分比。

2006～2016年天津市各生产性服务业各分行业增长百分比（%）　　表 3-1-2

年份（年）	批发和零售业	交通运输、仓储和邮政业	信息传输、软件和信息技术服务业	金融业	房地产业	租赁和商务服务业	科学研究、技术服务业	水利、环境和公共设施管理业
2006	11.2	6.8	9	11.9	7.3	23.8	19.8	18.4
2007	6.51	16.29	10.04	54.21	17.86	13.93	12.35	13.94
2008	21.86	20.39	17.83	27.74	24.23	50.2	42.43	25.95
2009	16.69	7.94	23.85	25.29	35.48	22.06	26.57	17.12
2010	20.33	24.28	13.8	24.24	22.3	38.56	16.16	48.2
2011	24.22	7.98	11.65	32.03	8.97	31.03	21.16	22.68
2012	14.79	8.1	2.62	32.4	9.28	20.59	15.3	15.44
2013	11.24	9.97	11.06	18.28	11.86	55.57	33.12	13.93
2014	8.57	8.69	6.34	13.11	1.25	19.12	20.38	11.87
2015	6.2	7.3	17.2	11.8	6.8	13.7	13.1	10
2016	5.1	5.1	30.4	9.1	17.5	14.5	13.6	8.7

资料来源：作者整理。

从表 3-1-2 中可以看出各个细分行业的增长情况。整体上看，天津市生产性服务业产值都表现出增长的趋势。对于批发和零售业，交通运输、仓储和邮政业，它们增长幅度呈现出先上升后下降的趋势，且增长的区间保持在 25% 以内，而科学技术、金融和房地产等行业却有较大幅度的增长。以金融业为例，2006 年颁布了《天津市促进现代服务业发展财税优惠政策》，对金融业的优惠主要体现为直接补贴、按绩效补贴、营业税减免以及对产业人员的奖励等方面，这一政策很大程度上推动了金融业的发展，2007 年达到了 54.21% 的增速，我国的金融业开始逐步发展起来，由于受到 2008 年金融危机的影响，导致增速下降，但整体上呈现较高的水平。这与天津市发展新兴生产性服务业的目标相吻合，越来越多的新兴服务业将代替传统生产性服务业成为促进经济发展的主要动力。但这些新兴产业在取得显著成绩的同时，仍然存在很多问题，如金融业发展基础设施和政策环境仍需进一步优化，金融风险的监测和防范机制仍需强化；自身研发实力和自主创新能力还需要进一步提高；很多产业的发展总量规模还不够大，需要进一步提升发展质量与效益等。

天津市服务业中传统的服务业依然占据了主要份额，生产性服务业的比重相对较小。截至 2016 年，天津市生产性服务业增加值为 7988.97 亿元，其中，批发和零售业增加值 186.14 亿元，占整个生产性服务业比重最大，为 28.25%；其次为金融业，增加值为 190.34 亿元，占比为 22.45%；租赁和商务服务业增加值 181.88 亿元，占比为 11.49%；科学研究、技术服务业增加值为 150.45 亿元，占比为 11.43%；房地产业增加值为 187.67 亿元，占比为 10.09%；交通运输、仓储和邮政业增加值为 -3.78 亿元，占比为 9.08%；信息传输、软件和信息技术服务业增加值为 110.29 亿元，占比为 4.74%；水利、环境和公共设施管理业增加值为 22.95 亿元，占比为最小 2.48%（图 3-1-7）。

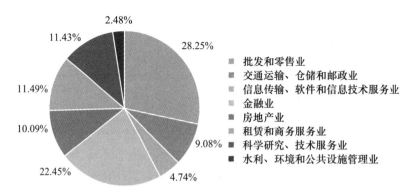

图 3-1-7 2016年天津市生产性服务业内部占比情况
资料来源：作者自绘。

通过上述分析，可以看出，在生产性服务业中，传统服务业所占比重依然较大，这是因为天津市作为一个老工业城市，其制造业一直处于全国领先地位，因此其传统的服务业尤其是批发和零售业还是会占据比较多的份额。但从图中统计的数据来看，金融业作为天津市的优势产业占比达到了22.45%，与传统服务业批发和零售业相差无几，这就表现出天津市生产性服务业的发展趋势，类似于金融业、房地产业及科学技术等产业会占据越来越多的比重，这表明天津市生产性服务业的内部结构逐步向新兴产业方向发展，内部结构在不断发生变化，且这些变化适应天津市经济发展的战略目标与政策。

2. 高端制造业

发展高端制造业是我国由制造业大国向制造业强国转变的重要战略。2016年天津市全年实现工业总产值29678.12亿元，其中高新技术产业总产值达9303.50亿元，占比近1/3，可见天津市高端制造业在近年来的发展越来越快，工业结构具有"高端、高科技、高质量"的特点，高端制造业在整个制造业中发挥重要的作用。表3-1-3中总结了2006～2016年天津市高端制造业的相关数据。

2006～2016年天津市高端制造业增长百分比（%）　　表3-1-3

年份（年）	电子信息	航空航天	光机电一体化	生物技术和医药	新材料	新能源和节能材料	环境保护
2006	27.76	57.73	36.47	2.32	26.95	91.67	191.66
2007	-4.17	26.8	54.11	19.43	-5.29	80	280
2008	1.82	8.49	0.84	-2.81	-4.42	54.34	-63.01
2009	-8.42	21.87	52.1	56.23	13.1	19.38	58.74
2010	6.99	43.8	61.54	-10.94	19.52	9.34	168.37
2011	21.24	60.61	22.15	86.54	34.31	32.46	41.36
2012	22.17	16.42	6.6	36.12	-2	-1.17	17.98
2013	-16.53	49.34	32.32	29.81	5.79	277.36	2.6
2014	-7.59	14.44	3.26	15.49	0.96	2.68	21.85
2015	-10.97	21.09	-1.92	16.3	-19.05	-12.78	8.48
2016	38.87	64.65	7.18	17.9	7.92	-61.06	48.58

资料来源：作者整理。

从表3-1-3中可以看出，近年来天津市高端制造业发展变动较大的是新能源和节能材料及环境保护这两个行业，其中，新能源和节能材料在2013年的增长幅度很大，这是因为在2013年发布了能源发展"十二五"规划，国家重点发展能源产业，这已成为建造可持续发展城市的必要途径。此外，环境保护行业的产值增长也比较具有特点，在2008年时对于环境保护的投入相比2007年有所下降，这是由于受到金融危机的影响从而使当年对环境保护的投入略有下降。但从整体上看高端制造业各行业也呈现递增的趋势。这与我国的实际情况相符合，也表明了天津市高端制造业的发展在近几年来取得了一定的效果。

以七大高端制造业为对象进行分析，整理并绘制了图3-1-8，2016年高端制造业总产值为9303.50亿元，较去年增长13.34%，其中在整个高端制造业中占比最大的为电子信息业，占比达30.08%；其次生物技术和医药、光机电一体化占比均为17.80%；占比最小的环境保护仅为0.76%，表明在环境保护方面还需要加大力度，进一步促进其发展（图3-1-8）。

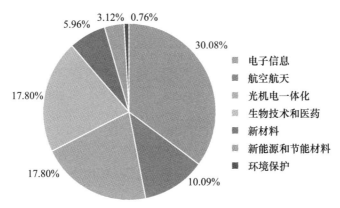

图3-1-8　2016年天津市高端制造业内部占比情况
资料来源：作者自绘。

从图3-1-8中可以看出，电子信息在高端制造业中占据的比重最大，这是因为随着科学技术的不断深入，电子信息行业也随之取得很大的发展，天津市对于电子信息行业尤其是高性能服务器及云计算等方面的投入很大，预计到2020年将达到300亿元的产业规模。其次光机电一体化、生物技术和医药的比重一样，均为17.80%。根据天津市制造业的发展情况，党中央、国务院对天津提出功能定位，在《天津市建设全国先进制造研发基地实施方案（2015~2020年）》中，明确了天津市高端制造业发展定位，着重提出发展光机电与生物医药这两个优势产业。从图3-1-8中还可以看出新材料、新能源和节能材料、环境保护这三者的占比还不是很多，天津市已将这三种产业定位为新兴产业，具有很大的发展潜力。

3. 科技服务业

（1）科技服务业的成长规模不断壮大

截至2016年年底，天津科技服务业法人单位数已达42071家，数量相较2010年增加了将近4.6倍。科技服务业的产值为914.35亿元，比上一年增加了将近13.6%。根据

2010~2016这7年的数据可知,天津科技服务业从业人员持续增加,依托高层次人才和科技服务业的快速成长,人均工资水平已超过12万元/年。科技服务业发明专利为39734件,数量相较2015年增加了6.4%。技术市场成交额552.64亿元,数量比2015年增加了10.77%(表3-1-4)。

天津科技服务业发展状况统计　　　　　　　　　　　　　表3-1-4

年份(年)	地区生产总值(亿元)	第三产业生产总值(亿元)	产值(亿元)	法人单位数量(个)	从业人员数量(万人)	从业人员平均工资(元)
2010	9357.64	4274.56	274.59	7525	13.13	80485
2011	11480.32	5261.72	332.7	9357	17.36	91848
2012	13110.87	6111.23	383.61	10795	19.44	102653
2013	14689.94	7042.92	510.65	14491	21.69	102610
2014	16002.98	7869.55	620.26	18593	22.73	113548
2015	16837.86	8710.94	762.9	14491	24.04	123312
2016	17885.39	10093.82	913.35	42071	25.04	128067

资料来源:作者整理。

(2)微型企业促科技服务业发展

随着天津市微型企业的快速成长,科技服务业的规模也得到了迅速的成长,并且提高了科技服务业的发展水平和质量,推动科技服务业产业链的融合,有效利用并共享科技服务业的优质资源,打造了创新平台。天津市科技服务业的优质企业包括软通动力、腾讯数码、汽研中心等。

(3)构建科技服务业发展格局

天津市包括了国家民航产业化基地、高新区基地、国家创新型科技园区等高产业基地,有利于发挥自身的优势,具有巨大的增长空间。同时,天津市还具有丰富的研发与服务资源,很多的国家级研究机构,跨国公司研发机构,高等院校都聚集在此,促进了天津市的科技服务业的成长,构成具有天津市特点,优势互补的科技服务业的战略格局。

(4)优惠政策推动科技服务业蓬勃生长

为了鼓励科技服务业的成长,天津出台了一些相关政策,如"天津先进服务企业的识别和管理方法",为科技服务业的成长提供了良好的外部环境。许多如同沃尔沃等一些500强企业都选择在天津市滨海高新区设立总部,促进天津市对外贸易的快速发展,提升了科技服务业产业的国际竞争力。

(5)特色区域促进科技服务业形成品牌

和平区创建了有关科技服务业的融资平台,鼓励各家银行、证券公司、保险公司等金融和非金融机构和企业主体对接服务,从而形成具有自身特色的科技服务业企业融资平台。宝坻区的目标是建设一个电子商务云计算中心、一个基础教育示范工程研发基地和一个高端服务产业基地。科技服务企业一般以软件和服务外包、研发设计、孵化和转化为主要业务。天津市依靠自身不同的地理优势和资源优势，建设成不同的科技服务业功能定位，它形成了具有不同特点的互补技术区和科技服务支撑平台。同时，也带动了从事科技服务业的企业的快速发展。

与较先进区域北京、上海相比较，天津市仍然存在着一定的差距，如科技服务业发展的鼓励政策力度还不够大，自主研发能力和自主创新能力有待进一步加强，发展模式可更进一步提高，与金融业的融合可更进一步提高，京津冀地区科技服务业的一体化战略也可更进一步发挥优势。

二、天津市产业优化升级动力探讨

（一）理论基础

产业结构演变理论起源于西方，其中最经典的三大定理分别是：配第-克拉克定理、库兹涅茨定理和霍夫曼法则，他们分别研究了收入决定三次产业比重在产业结构中的演变、人均收入变动引起劳动力的流动，进而引起部门在总体比重中的变化以及消费品与资本品在工业化进程中优势地位的转换所引起的不同部门比重的变化。

配第—克拉克定理是有关经济发展中就业人口在三次产业中分布结构变化的理论，进而导致产业结构演进的规律。英国古典经济学家威廉·配第（William Petty，1691）以英国现实经济情况为研究背景，认为工业比农业、服务业比工业具有更高的附加值，即产业的重心随着经济的发展逐渐由物资的生产转移为服务的生产，不同产业之间的收入差距推动劳动力由低收入部门转移至高收入部门，这一结论第一次说明了产业结构演变与经济发展的基本方向，被称为配第定理。后来英国统计学家科林·克拉克（Colin Clark，1940）在《经济的进步》一书中，在配第研究成果的基础上，以40多个国家和地区的经济数据，分析了劳动力在第一、第二、第三产业间移动的规律，发现伴随经济发展和国民收入水平提升，劳动力先从第一产业向第二产业转移，当人均收入水平进一步提高时，劳动力向第三产业转移，即劳动力在第一产业中的相对比重逐渐下降，在第二、第三产业中的相对比重上升，这一研究成果就是著名的"配第—克拉克定理"。

库兹涅茨定理是由美国著名经济学家"GDP之父"西蒙·库兹涅茨（Simon Kuznets）提出的。库兹涅茨在克拉克等学者研究的基础上，认真收集各国历史资料，并对多个国家人均GDP进行分组，对产业结构的演变规律作了进一步分析，综合得出如下结论：农业部门的国民收入在整个国民收入的比重以及农业劳动力的相对比重均在不断下降；工业部门国民收入在整个国民收入中的比重大体上是上升趋势，但是，工业部门劳动力的相对比重则大体不变或略有上升；服务部门的国民收入在整个国民收入的比重以及服务部门的劳动力的相对比重基本上都是上升的。

霍夫曼法则又被称作"霍夫曼工业化经验法则"，是德国经济学家霍夫曼（W. G. Hoffmann）在1931年出版的《工业化的阶段和类型》一书中，提出工业化进程中工业结构演变的规律，根据近20个国家的时间序列数据，重点分析了制造业中的消费资料工业的净产值和资本资料工业的净产值的比例关系，即"霍夫曼比例"，根据这一比例发现，工业化过程中霍夫曼比例存在下降的趋势。也就是消费资料工业比重下降,资本资料比重上升的趋势。同时,霍夫曼依据这一比例的变化趋势,把工业进程分为四个阶段(表3-1-5)。

霍夫曼对工业阶段的划分　　　　　　　　　　　　　　表3-1-5

工业化阶段	霍夫曼比例的范围	主 要 特 征
第一阶段	5.0（±1.0)	消费资料工业为主导
第二阶段	2.5（±1.0)	消费资料规模大,略占优势
第三阶段	1.0（±0.5)	消费资料工业与资本资料工业大致相等
第四阶段	1以下	资本资料工业为主导

资料来源:参考已有文献整理获得。

(二)优化升级动力探讨

当前,天津市的经济建设取得了一定进步。但是,由于种种因素的制约,其产业结构仍然比较脆弱;制造业过度依赖传统优势行业,新兴高技术产业发展缓慢,多数制造业产品处在产业链和价值链的低端,低附加值、低利润、低质量的产品。产业结构的升级不仅仅是内部不同行业此消彼长的问题,也是每个行业自身的优化发展。随着劳动力、土地、资本等生产要素价格的不断上涨,面对曲折多变的不利外贸形势,产业结构转型的要求迫在眉睫。

创新已成为促进世界各国产业升级的主要推动力和关键性影响因素,而国家创新驱动型产业升级政策对于增加产业创新能力,加速产业优化升级进程具有至关重要的引导或者推动作用。从19世纪到20世纪,美国、日本、欧盟经济发展迅速,创新在这一过程中发挥着极其关键的作用。美国作为创新技术产业化的第一大国,其产业政策的核心是将企业作为创新主体,增强企业的创新能力,通过企业进行技术的扩散,以此推动产业结构升级。本节以美国、日本和德国为例,对它们的产业结构现状和相关政策进行分析,以期为天津产业优化升级提供可借鉴的启示。

1. 支持中小企业创新发展

美国和日本十分重视科技型中小企业的创新发展。20世纪80年代以来,美国鼓励并支持中小企业技术创新的发展,并制定有关法律法规20余件,如《国家合作研发法》、《中小企业技术创新开发法》等,此外,政府还对中小企业给予资金上的投入,用于企业科技创新研发,并资助中小企业进行技术项目转让,使研究成果更快走入市场,同时,政府对中小企业提供贷款担保等,为中小企业发展提供良好的社会环境。

日本对中小企业的发展同样采取支持政策,通过网络建设覆盖了诸多中小企业,并设立中小企业支持中心,为企业提供资金和技术援助,在财务、税法和经营方面给予相应支持,实施并颁布《有关促进中小企业创造性事业活动的临时措施法》、《有关融合不同领域中小企业者组织并促进开发新领域的临时措施法》等,以促进中小企业技术创新进步,提高中小企业的产品附加值,为中小企业营造了良好的创新发展环境。德国也采取了相应措施并提供优惠条件促进中小企业的发展。

2. 重视科技创新人才培养和资金投入

产业升级既需要技术支持,同时也需要人才培养。产业的发展离不开人才的推动,创新人才已成为21世纪竞争的主流,是创新驱动产业发展的重要保障。通过人才的发展将创新技术和思想转化成为产品与服务,美国和日本均强调了创新人才的发展战略。主要表现在创新人才培养和创新人才投入计划制定两个方面。

(1) 注重创新人才培养

长期以来,美国、日本和德国在教育上均保持较高水平的投入,公共教育支出占国内生产总值的比重均超过了3%,尤其是美国,公共教育支出占国内生产总值的比重基本一直保持在5%以上,德国和日本的教育投入水平也相对较高(表3-1-6)。同时,各国还出台相关法律法规确保教育投入的地位。自20世纪50年代末美国就把教育视为国家发展的基础和人才培养的关键,通过和出台的多部报告和法案,如《美国2001年教育战略》、《国防教育法》、《为21世纪而教育美国人》等。此外,各国普遍加强教育经费的投入,并找寻多种渠道,进而使教育经费的投入结构呈现多元化的特点,包括政府投入、社会力量以及各类慈善组织。

美日德公共教育经费支出占国内生产总值比重　　表3-1-6

时间(年)	美国	日本	德国
1998	4.82	3.48	4.45
1999	4.85	3.59	4.47
2000	—	3.67	4.46
2001	5.46	3.62	4.49
2002	5.41	3.64	4.7
2003	5.57	3.7	4.71
2004	5.31	3.66	4.59
2005	5.07	3.52	4.53
2006	5.39	3.48	4.28
2007	5.25	3.46	4.34
2008	5.3	3.42	4.41
2009	5.25	—	4.88
2010	5.42	3.78	4.91
2011	5.22	3.78	4.81
2012	5.19	3.85	4.94
2013	4.94	3.82	4.94

资料来源:作者整理。

(2) 制定创新人才培养计划

20世纪70年代,美国提出培养具有创新精神的跨世纪人才目标,制定了"跨世纪创造性人才培养计划",以培养适合产业发展需要的高素质创新性人才。日本将"重视人才以及培养人才的机构的作用"作为促进本国创新发展的基本方针之一,并制定实施了一系列人才培养计划。在引导本国新兴产业的发展过程中,致力于创新型人才的培养,一直是德国政府不懈努力的目标。美国、日本和德国根据本国经济发展和产业转型升级的具体需要,在产业发展的不同阶段,制定了适合产业当时段发展特点和需求的多层次的人才培养计划,很好地带动了产业或产业中企业的知识和技术含量的提高以及优化升级目标的实现。

(3)加大研发资金投入

在美国,研发投入仅集中在几个具有重要战略意义的技术上。政府不做深入研究,而是将大部分研究承包给企业。由于美国资本市场的完善,具有发展前景的企业能够比较便利地从资本市场融到资金。因而,资本市场对创新活动的强大支持,既保证了美国一直可以驰骋于科技的前沿,又督促企业向利润率更高的服务业转移。

德国经济模式的特征是资本市场,尤其是股票市场作用不突出。德国早期工业化是在社会资本比较分散的条件下进行的,当时的工业企业很难从资本市场获得资金。因此,在德国政府的鼓励下,建立了所谓"联合股份银行"或"全能银行"的工业融资模式,在以后的年代中,商业银行成为企业发展资金的主要提供方。目前,德国企业对银行的依赖程度普遍超过对资本市场的依赖程度,德国企业一般都有规模不等的自有资本,有些企业还拥有一定的土地储备,这两个因素决定了德国企业很容易从商业银行获得资金。一般情况下,德国大商业银行主要为大型企业提供资金支持,地区性银行则为中小企业提供资金服务。此外,由于德国股权主要集中在金融机构和大企业手中,限制了市场的流动性,也削弱了德国企业与股票市场的联系。因此德国没有一直追求高利润率的压力,在需要资金比较稳定的行业,如机器制造、精密仪器等可以一直保持优势。

日本创新体系的一个显著特征就是形成了独具特色的产、学、官相结合的研究开发体制,即以民间企业为主导并以大学和政府为辅的产、学、官三方合作进行的研究开发和技术创新体制。三者之中,民间产业的研究开发明显地起着主导作用,它所拥有的研究机构和研究开发人员数量,实际使用和承担研究开发费,都要远远地超过大学和官方的研究开发机构。官、学的稳定研发投入能够支撑日本制造业技术的升华、同时产业的研发投入又驱动资本向更高利润率的服务业转移。因此在产业升级路径上表现为转移和升华的并存。

3. 因地制宜扶持相应产业

虽然三国经历的产业升级路径基本都是从纺织工业——钢铁、机械、化学工业——汽车、家电工业——电子工业等高技术产业,但是由于各国的资源禀赋(包括先天和后天)、社会环境的不同,每个产业在各国产业升级中发挥的作用是大相径庭的。比如像纺织业,它的兴起给日本经济带来了巨大的推动作用。18世纪90年代棉纺织业就已经发展成为日本主导产业。而美国、德国虽然也选择纺织业作为产业发展的起点,却在纺织行业还没真正发挥经济助推器的作用时,就被别的行业所取代了。美国是因为通用制的工作模式让制造业迅速地在五大湖然后在全国兴起。德国因为容克贵族地主为了保护自己的利益，纺织业在工业化中的作用也被交通运输业（铁路）取代。所以说，选择某个产业作为扶持产业一定要与本国实际情况一致，不然这个产业将很难得到发展。同时，在产业升级的选择中，隐形的"第三只手"市场会主动做出自己的选择，加速扶持产业的发展或者淘汰。

4. 促进产业间资源流动与关联推动产业结构调整与升级

（1）产业间资源流动

技术创新是实现产业资源流动的重要手段。企业通过投入大量物资、人才对资源进行重组，从而创造更多价值。技术创新加快了产业间的资源流动，有利于企业创造研发更多的高科技创新产品，使产品尽早投入市场以被广泛推广应用，从而促进新产品的形成与发展。技术创新主要通过以下两点促进产业间资源流动：一是通过资源合理化的分工提高资源利用率，使用绿色新型能源代替高消耗高污染的不可再生能源，既减少资源浪费，也保护了环境。二是通过技术创新提升劳动生产率，使劳动力得到重新分配，进而改变劳动力的就业结构，增强产业的流动性，有效推动产业结构由低级化向高级化的方向发展。

（2）产业关联

产业关联是指在经济活动中，产业间依靠投入和产出作为桥梁的一种经济联系。在国民经济生活中，产业部门之间相互联系，不可独立存在，由于生产方式和技术条件等的改变，部门之间产生前向关联关系和后向关联关系。技术关联是形成产业关联的重要因素，同时也是衡量产业间关联程度大小的主要因素。产业关联的方式包括：前向关联和后向关联。前向关联指的是主导产业在进行生产之前，有许多产业为其提供原料、燃料和生产设备等而产生的部门关联。后向关联指的是主导产业在进行生产之后，其产品成为许多产业的原料、燃料或生产设备，或直接进入消费部门而产生的部门关联。产业与产业之间是相互联系的，某一个产业在为其他产业提供产品的同时，其他的产业也要为此产业提供生产产品的资源。

（3）推动产业共性技术发展

产业共性技术对于各国产业的快速发展和转型升级，巩固和提升各国企业在世界市场的地位和竞争优势意义重大，进而也会影响到一个国家的国际竞争力和竞争优势。但是，由于共性技术和研发投入大，以及未来市场充满了不确定性，再加上科学技术本身复杂性日益增强，使得产业共性技术开发凸显"瓶颈约束"。所以，各国政府也越来越重视对于本国共性技术发展的指导作用。各国根据本国产业发展的现实需要，大大加强产业共性技术开发，以扩大产业共性技术的供给，为未来产业结构升级和产业技术领先奠定基础。

产业与产业间的种种投入与产出的关系促使各产业生产的产品之间也同样形成一种相互促进的创新关系。因此，在推动产业结构调整与升级的过程中，由技术创新所引起的产业间的资源流动以及产业间的相互关联都起到了非常重要的作用。

5. 工业4.0驱动制造业升级

随着新一轮工业革命的发展，工业转型的呼声日渐高涨。面对信息技术和工业技术的革新浪潮，德国提出了工业 4.0 战略，美国出台了先进制造业回流计划，中国加紧推进两化深度融合，并发布了中国制造 2025 战略。这些战略的核心都是利用新兴信息化技术来提升工业的智能化应用水平，进而提升工业在全球市场的竞争力。

"工业 4.0"是德国政府提出的一个高科技战略计划。该项目由德国联邦教育局及研究部和联邦经济技术部联合资助，投资预计达 2 亿欧元。旨在提升制造业的智能化水平，建立具有适应性、资源效率及人因工程学的智慧工厂，在商业流程及价值流程中整合客户及商业伙伴。其技术基础是网络实体系统及物联网。该项目主要分为三大主题：一是"智能工厂"，重点研究智能化生产系统及过程，以及网络化分布式生产设施的实现。二是"智能生产"，主要涉及整个企业的生产物流管理、人机互动以及 3D 技术在工业生产过程中的应用等。该计划将特别注重吸引中小企业参与，力图使中小企业成为新一代智能化生产技术的使用者和受益者，同时也成为先进工业生产技术的创造者和供应者。三是"智能物流"，主要通过互联网、物联网、物流网，整合物流资源，充分发挥现有物流资源供应方的效率，而需求方则能够快速获得服务匹配，得到物流支持。

德国作为欧洲最大的经济体，在全球经济中占据重要地位。根据 OECD 的统计，2007～2011 年，德国 GDP 占欧盟的比例约为 19%，目前是世界第四大经济体。在德国经济发展过程中，制造业一直占据着较为重要的地位，制造业增加值占 GDP 的比例基本保持在 20% 以上。在 1996～2015 年，德国制造业占国民经济的比例也处于下降的态势，但是下降幅度不大。1996 年，德国制造业增加值占 GDP 的比重 20.13%，在 2009 年有明显的下降，占比仅为 17.88%，之后有所回升，2015 年时，这一比例为 20.76%。同时可以看出，制造业的变化态势与工业的几乎完全一致。事实上，在 1996～2015 年间，德国制造业增加值占工业增加值的比例在 63%～69%，平均值达到 67.02%，显示出德国制造业在工业中占据着举足轻重的地位（表 3-1-7）。

德国三次产业占 GDP 比重（%） 表 3-1-7

时间（年）	农业增加值占国内生产总值比重	工业增加值占国内生产总值比重	服务业增加值占国内生产总值比重	制造业增加值占国内生产总值比重	制造业增加值占工业增加值比重
1996	1.1	31.9	67	20.13	63.10
1997	1.1	31.5	67.4	20.3	64.44
1998	1	31.4	67.6	20.5	65.29
1999	1	30.8	68.2	20.14	65.39
2000	1.1	30.9	68	20.73	67.09
2001	1.2	30.1	68.7	20.51	68.14
2002	0.9	29.4	69.7	19.98	67.96
2003	0.9	29.3	69.9	20.06	68.46
2004	1	29.4	69.6	20.28	68.98
2005	0.8	29.4	69.8	20.31	69.08

续表

时间（年）	农业增加值占国内生产总值比重	工业增加值占国内生产总值比重	服务业增加值占国内生产总值比重	制造业增加值占国内生产总值比重	制造业增加值占工业增加值比重
2006	0.8	30.1	69.1	20.93	69.53
2007	0.8	30.5	68.6	21.09	69.15
2008	0.9	30.1	69	20.25	67.28
2009	0.7	27.8	71.5	17.88	64.32
2010	0.7	30.2	69.1	19.97	66.13
2011	0.8	30.6	68.6	20.57	67.22
2012	0.8	30.7	68.5	20.42	66.51
2013	0.9	30.2	68.9	20.18	66.82
2014	0.8	30.5	68.7	20.59	67.51
2015	0.6	30.5	68.9	20.76	68.07

资料来源：作者整理。

面对欧美积极的再工业化政策以及全球制造业变革，德国于2010年7月发布了《高技术战略2020》报告，确定推行创新驱动发展战略，并选择了交通、安全及信息通讯等作为重点发展领域。在2013年又发布了《德国可持续发展报告》，涵盖了制造业创新政策及实现路径等内容，在确保制造业就业机会、研发水平、国际竞争地位、快速适应能力、现代化以及人才需求等方面积极规划，以实现产品开发、产品制造、信息技术、生产组织方式、商业模式的新突破。尤为引人瞩目的是《保障德国制造业未来：关于实施工业4.0战略建议》，即德国工业4.0计划，该计划目的在于提高德国工业的竞争力，在新一轮工业革命中占领先机，核心是将制造技术和ICT技术深度融合，形成虚拟-实体系统，实现制造业的智能化、网络化、定制化和节能化。

借鉴工业4.0的发展理念，天津市今后可以着力于优化新型制造业产业体系，推进制造业朝智能化、数字化方向发展；利用开放的市场推进技术标准体系和技术创新平台建设，促进工业制造业标准统一；鼓励员工自我管理，采用灵活的工作组织和工作方式，发挥人才效能；注重信息与数据的安全管理以保护知识产权等。

第二节　天津市创新大环境综合评价及运作机制研究

一、创新对产业结构优化升级的作用机制

创新驱动是围绕科技创新，利用组织、制度、管理、知识等创新要素对现有劳动力、资本、物质等资源进行整合，以促进经济可持续发展的一种驱动力量。那么，创新驱动可

以通过创新的扩散和激励,引起一定新技术、新产品、新需求的出现,这些新的事物又将刺激传统产业的改进和新兴产业的产生,从而优化产业结构,进而提升产业升级能力。从创新驱动视角出发,将产业升级能力的影响因素进行归类,分为基础环境、科技创新、产业结构、效益状况四个方面,下面便对这四个方面进行具体分析。

(一)基础环境

实施创新驱动,离不开为创新驱动提供相应的创新资源和创新环境。从创新驱动角度出发,为产业升级能力提升提供的最基本保障和条件支持,具体影响产业升级能力的基础环境因素如下:

1. 资源供给

一个国家或地区的资源供给主要包括自然资源、资金资源和劳动力资源供给。从自然资源供给角度出发。通常如果一个国家或地区的自然资源丰富,那么其产业结构将以资源密集型产业为主的可能性较大,反之,如果一个国家自然资源匮乏,那么其产业结构中资源密集型产业就相对较少。

从资金资源供给角度出发。资金资源主要从资金总量和资金投向对产业升级能力产生影响。从资金总量来看,资金短缺通常是发展中国家产业升级所面临的瓶颈问题,影响其深度加工、附加值更高的产业发展,不利于其产业升级能力的提升;从资金投向来看,若选择的外资企业为大型外资企业或者高新技术型外资企业,则该地区的产业技术含量高,产业结构层次较高,能够为产业升级能力的提升提供便利条件。

从劳动力资源供给角度出发,更为强调劳动力质量的提升。当一国或一地区的劳动力素质普遍较高并且具有较丰富的知识储备和较强的创新能力时,则有助于该国或地区的劳动力在不同行业间自由转移,有利于发展知识密集型与高技术产业,从而优化产业结构、提升产业升级能力。

2. 基础设施

良好的配套基础设施有助于协调各产业之间的关系,能够为产业升级能力的提升提供诸多便利条件,这种促进作用具体表现为三个方面:第一,需求的多样化与结构变化有赖于基础设施的合理配置,基础设施的合理变动有利于深化产品加工、丰富市场需求,从而促进产业向高加工度、高附加值状态发展,为产业升级能力的提升创造有利条件;第二,投资基础设施具有乘数效应,它能带动相应产业的发展,使产业结构发生变化,进而影响产业升级能力;第三,基础设施属于产业结构的一部分,增加对它的投资,会增加第三产业产值,推动产业结构升级,提升产业升级能力。

3. 政府政策

政府可以通过产业政策影响产业升级能力。产业政策是政府为实现经济健康发展,制定的一系列支持或限制某些产业发展以推动产业升级的指导性措施。产业政策在宏观上可以改善产业的外部环境,协调各个产业之间的比例以引导产业结构变化,在微观上可以调整产业内部各企业的规模,排斥垄断促进有效竞争以实现产业之间的优胜劣汰,因此产业政策无论在宏观还是微观层面上都能在一定程度上为产业升级能力的提升创造良好的经济环境。

4. 教育情况

教育作为人力资本形成的主要方式，不仅可以提高一国或地区的人力资本水平促进经济发展，而且能够推动技术进步、自主创新、提升产业升级能力。一方面，教育能够为创新驱动提供优秀人才和先进技术，从而推动产业的技术进步和企业的自主创新，为产业升级能力的提升提供智力支持。另一方面，教育是提升产业升级能力的重要手段和重要经济职能，因为教育可以通过提升人均受教育程度、优化劳动力知识层次结构，为不同产业培养不同的专业人才，助力实现产业间的分工和专业化，从而提升产业的生产效率和管理效率，优化资源配置，进一步提升产业升级能力。

5. 开放程度

在经济全球化的背景下，一个国家或地区的产业升级能力必然会受到开放程度的影响。这种影响主要来自于外商直接投资（FDI）和国际贸易。首先，外商直接投资（FDI）可以影响一国或地区的产业升级能力，一方面外商直接投资（FDI）的投资导向会直接引起该国生产要素和资源的转移，改变其需求结构和供给结构，从而影响产业发展；另一方面跨国公司可以为东道国带来先进的技术，促进东道国模仿和吸收对方的先进理念，提升产业竞争力、从而提升产业升级能力。其次，国际贸易是指国与国之间通过国际市场在产品、资源、技术、劳务等方面的交换，主要包括进出口贸易两大部分，出口贸易的增加会推动出口产业的发展，进口贸易的增加会影响本国同类产品的发展，同时又可以引进新技术、新材料和新的机器设备，这些新事物的引入会对产业的技术水平和生产效率产生重要影响，从而影响产业结构的调整、进而影响产业升级能力。

6. 投资结构

投资结构是指投资在国民经济各个地区、各个行业、各个部门中的比例关系和分配情况，投资结构能够通过影响产业间的资源配置和产业结构来影响产业升级能力。首先，投资在各产业、各部门之间的分布和比例不同，会引起各产业不同程度的发展，如果投资主要集中于某产业的科研技术活动，那么这类产业的技术水平越高，对产业升级能力的提升就越有利；其次，投资方向不同，会引起产业、企业间生产要素和资源的转移，导致这个地区产业结构的变动，进而影响产业升级能力。固定资产投资就是投资中最重要的组成部分，它的结构直接影响着产业结构的形成和发展，进而影响产业升级能力提升的进程，这种影响作用主要体现在两方面，一方面由于固定资产投资在各产业之间的分布不同，使各产业发展程度出现差异，引起产业之间数量比例关系发生变化，导致产业结构的变化，从而影响产业升级能力，另一方面固定资产投资需求可以创造出新需求的投资，可以推动某些产业更快的发展，也能促进新产业的形成，导致原有产业结构发生变化，因此产业升级能力受到影响。

（二）科技创新

科技创新是推动经济发展的重要力量，是促进产业结构变化最根本的要素，是提升产业升级能力的关键。科技创新对产业升级能力的影响主要表现在以下几个方面。

1. 科技创新影响产业升级能力的技术环境

科技创新能给产业升级能力带来新的技术创新环境，这种技术创新环境是创新主体在创新活动中受到的各种外部影响因素的总和。一个良好的技术创新环境可以通过优化、整合资源，为产业升级能力提升提供技术支持，以提升产业竞争力、推动经济可持续发展。因此，科技创新可以通过生产技术的提高，积极研发新产品，让消费品不断升级换代，进而引发人们的新需求，促进新的产业部门发展，让生产要素流入该产业，或者通过技术创新提高产业生产率，让生产要素流向其他产业，生产要素的这种变动可以使得产业结构发生变化，这种产业结构的变化又会影响着产业升级能力。

2. 科技创新影响产业升级能力的供给因素

供给因素是影响产业升级能力的重要因素，科技创新可以通过影响供给因素来影响产业升级能力，这种影响作用主要体现在以下方面。第一，科技创新能够改善自然环境，保护自然资源，开发新的资源，形成新的比较优势，从而改进实现产业升级能力的资源供给状况。第二，科技创新能够降低成本，增加收入，扩大资本积累，从而改善实现产业升级能力的资本供给状况。第三，科技创新能够通过教育，用先进的科学知识武装劳动者，提高劳动者知识层次和技术水平，从而改善提升产业升级能力的劳动力供给状况。

3. 科技创新影响产业升级能力的产业结构

科技创新是创新驱动的核心，是产业升级能力提升的关键。首先，科技创新促使各产业部门进行变革，并通过主导产业的关联作用推动整个产业结构不断优化，从而提升产业升级能力。其次，科技创新通过提高社会分工和专业化程度，促使一些新兴产业的形成和发展，加速传统产业的改造和衰落，通过新技术的应用，提高高技术产业的竞争力，增强传统产业的生命力，促进产业不断向高技术、高素质、高附加值的方向发展，不断提升产业升级能力。最后，科技创新还可以提高产业在国际市场上的竞争力，促进出口产业的发展，不断推动产业结构的升级，为产业升级能力提升提供国际便利条件。

（三）产业结构

产业升级能力是一种能够整合现有资源以促进产业向高素质、高技术、高附加值状态转变并能为社会经济带来效益的一种能力，而产业向高素质、高技术、高附加值状态转变的过程也是产业结构合理化和高度化的过程，因此产业升级能力的基本要素应是产业结构。产业结构是否合理化、是否高度化，一方面能直观反映出产业升级能力是否得到提升，一方面又能揭示出进一步提升产业升级能力在原有产业结构上的优化空间。总而言之，产业结构是否合理是判断产业是否升级的关键标准，产业结构的合理化、高度化是产业升级的直观表现，所以优化产业结构是提升产业升级能力最基础、最根本的要素。

（四）效益状况

无论是创新驱动还是产业升级能力，它们的落脚点都在于促进社会经济的发展。从创新驱动角度出发，要完整评价一个国家或地区的产业升级能力是离不开效益状况的。因为提升产业升级能力是一个完整的过程，有前期创新资源和创新要素的投入，就有后期相应社会经济效益的产出，这些效益即是当前产业升级能力提升的直观表现，同时也是进一步进行产业升级的力量支撑,因此效益状况也应纳入产业升级能力的影响因素当中。本文将从经济效益、生态效益和社会效益来分析影响产业升级能力的效益状况。

1. 经济效益

产业升级能力的提升会促进经济效益的提高,而经济效益的提高又是产业升级能力提升的重要表现,两者之间存在着相互依存的关系。经济效益是产业升级所带来的经济成果,了解当前经济效益,能够更加直观的了解产业升级中的经济成果,能够更加客观的评判产业升级能力是否得到提升。若产业结构不断高度化、合理化,那么经济也会随着产业结构的调整不断发展,那么产业升级能力的提升必定会带动经济效益的提升,因此经济效益状况也是评判产业升级能力是否得到提升的重要标准。

2. 生态效益

创新驱动的最终目的之一是强调与环境和谐共存,从创新驱动的角度出发,评价一个国家或地区的产业升级能力,其生态效益也是不可忽视的一部分,因为要实现经济的可持续发展,并且达到真正的产业升级,我们必须要与环境和谐发展。

(1)一个国家或地区的资源是有限的,无论是创新驱动还是产业升级能力的提升,都离不开所拥有的资源,但随着人口的增加和现代化工业的不断发展,资源越来越少,因此我们必须提高资源利用率和寻找新能源,对资源进行循环利用,以实现循环经济。所以从生态效益的资源角度出发,产业升级能力如何要看其利用和消耗资源的情况如何。

(2)全球范围内的环境污染和生态破坏日益严重,工业排放的废水、废气和固体废物对环境造成严重破坏,企业应在生产中采用先进的生产工艺和设备,加大环境治理,减少废弃物排放量。从这个角度出发,产业升级能力如何要看当前治理环境的情况如何。

(3)只有不断寻求产业的可持续发展模式,企业才能立足于竞争激烈的市场中,才能不断满足顾客对生态消费的需求,才能不断提高产业竞争力。因此,产业升级能力的状况如何,当然不能离开生态效益的角度,单纯地从经济效益方面来衡量。

3. 社会效益

社会效益是指满足人类活动公共需要的度量,从人类角度出发,社会效益能够满足人民日益增长的物质文化生活需求,改善人民消费结构,提高居民教育素质,为产业升级能力提升提供人才保证;从企业角度出发,社会效益为企业提供优质的劳动力,有秩序的生产环境,从而促进企业转型升级,为产业升级能力提升减少阻力;从国家角度出发,社会效益保障国家财政收入,为国家的基本建设提供支持,为产业升级能力的提升提供政府支持。综上所述,社会效益是提升产业升级能力的重要保障,产业升级所带来的效益中必须包括社会效益才能更完整的展现出产业升级所带来的综合效益,因此完整的产业升级能力评价自然也离不开社会效益的衡量。

二、天津市创新环境的现状分析

《京津冀协同发展规划纲要》中对天津的定位是"全国先进制造研发基地、北方国际航运核心区、金融创新运营示范区、改革开放先行区",要实现"一基地三区"的城市定位，天津需要充分发挥京津冀三地优势协同互动，在大的区域格局视角下提升先进制造研发能力，发挥金融创新对京津冀三地的示范作用。然而，天津目前仍存在发展动能转变、创新能力较弱和创新环境欠缺等问题，如果发展动力没有及时转换，创新能力得不到提升，创新环境得不到改善，势必会影响天津经济结构的转型升级和"一基地三区"定位的实现。

天津"一基地三区"的功能定位，蕴含的核心思想就在于创新，主要表现在技术创新、服务创新、制度创新三个方面，即以技术创新（全国先进制造研发基地）为核心和基础，服务创新（北方国际航运核心区与金融创新运营示范区）为支撑条件，制度创新（改革开放先行区）为先导因素，三者统一于创新驱动发展战略。但这些创新并不是孤立存在，而是相互影响、相互促进。

首先，技术创新是服务创新和制度创新的基础。作为现代经济增长的根源，技术创新对服务创新和制度创新提出需求。先进制造研发基地建设中对新技术的突破、新产业的发展、新制造的引领、新业态的培育、新模式的创造都对交通、物流与航运服务模式创新、金融产品和工具、金融市场与交易等金融创新及市场化改革与创新体制机制构建等制度创新提出新的需求。

其次，服务创新是技术创新的内在要求。服务创新可以对技术创新的不足进行弥补来提升技术创新能力。特别是在"金融创新运营示范区"中，金融产品和工具、金融市场与交易等金融创新可以为企业技术创新提供资金支持，缩短技术创新的时间周期。

再次，制度创新为技术创新和服务创新提供新的环境和条件。滨海新区综合配套改革和自贸试验区等制度创新通过政策扶持、帮助来引导企业技术创新和服务创新，为企业技术创新和服务创新提供宽松的市场化创新环境和条件。

最后，三种创新统一于创新驱动发展。三种创新都具有经济增长效应，但单方面强调一种创新都会使其经济增长效应大打折扣。创新的内在关系是以技术创新（全国先进制造研发基地）为核心和基础，服务创新（北方国际航运核心区和金融创新运营示范区）为支撑条件，制度创新（改革开放先行区）为先导，三种创新互动作用，最终推动经济增长。因此，必须加强各层面和环节的创新，增强创新流，使技术创新、服务创新、制度创新相互协同，而"一基地三区"的提出顺应了这种潮流。

天津建立了国家超级计算机中心、腾讯数据中心、国际生物医药联合研究院、云赛数据中心等一大批创新平台（图3-2-1、图3-2-2），先进制造业相关的省级以上（部级）重点实验室和工程（技术）研究中心分别有139个和191个，成为企业研发创新的高地。但长期以来，作为首都的北京从天津吸引了大量人才资源，造成天津人才缺失严重，科技活动人员仅达到北京的30%，上海的50%，创新活力不足。人才的缺失自然影响企业创新。以衡量创新能力高低的研发和专利申请为例，天津研发投入强度不到3%，低于北京、上海等地，且专利申请量在全国仅排名第12。企业创新能力的落后严重影响了经济发展的质量和产业结构的转型升级，是必须亟待解决的问题，也是2020年天津实现"一基地三区"功能定位的关键。

图 3-2-1　国家超级计算机中心
资料来源：网络下载。

图 3-2-2　国际生物医药联合研究院
资料来源：网络下载。

实施创新驱动发展战略，是天津立足全局、面向未来的重大战略抉择和应对经济新常态、实现经济转型的重大战略举措。一方面，实施创新驱动发展战略是天津在新一轮产业变革中获取先发优势的必然选择。当前，以智能制造、新能源和移动互联网为主要特征的新一轮产业革命还处于发展的初期，如果能够抓住这一千载难逢的历史性机遇，在新一轮产业革命中超前部署，有所作为，将有可能赢得发展先机，这对于天津的经济社会发展至关重要。另一方面，创新驱动是天津主动适应经济发展新常态，实现可持续发展的必然选择。在经济新常态阶段，要想摆脱原有的粗放型经济发展方式，实现可持续发展，就必须要在创新驱动上下功夫，向创新要发展、要效益，创新驱动是经济新常态下，天津实现经济换挡和转型升级的根本出路。

三、天津市创新大环境综合评价

（一）天津与其他城市的创新水平比较分析

根据创新城市评价标准，2017 年参评城市总体创新水平指数为 63.26%，比 2016 年提高了 5.04 个百分点。根据创新总指数，可将参评城市划分为四类（图 3-2-3、图 3-2-4）。

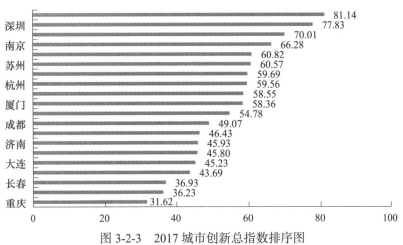

图 3-2-3　2017 城市创新总指数排序图
资料来源：《2018 中国创新城市评价报告》。

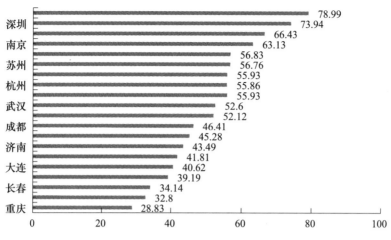

图 3-2-4　2016 城市创新总指数排序图
资料来源：《2018 中国创新城市评价报告》。

第一类为北京、深圳、上海和南京，创新总指数高于 20 城市平均水平（城市创新总指数为 63.26%），属于我国（不包括港、澳、台，下同）创新水平最高的 4 个城市。

第二类为天津、苏州、广州、杭州、西安、厦门和武汉，创新总指数低于 20 城市平均水平，但高于 50%，属于我国创新水平较高的 7 个城市。

第三类为成都、宁波、济南、青岛、大连、沈阳和长春，创新总指数低于 50%，但高于全国平均水平（全国创新总指数为 36.57%）。

第四类为哈尔滨和重庆，创新总指数低于全国平均水平，属于参评城市的中下等水平。

《2018 中国创新城市评价报告》显示，2017 年天津创新总指数达到 60.82%，低于 20 城市平均水平 2.44 个百分点（城市创新总指数为 63.26%）。在 20 城市中，天津继北京、深圳、上海、南京之后排名第 5 位，与上年相比，创新水平提高了 4%。

2006~2017 年，天津创新总指数呈增长趋势（图 3-2-5）。2017 年，天津市创新总指数增幅达到 4 个百分点，高于 20 城市平均增幅 1.69 个百分点，在 20 城市中居于第 5 位。北京、上海、深圳的增幅分别为 2.15、3.58、3.89 个百分点，在 20 城市中分别居于第 19 位、第 10 位、第 7 位。这说明天津市与北京、上海、深圳的差距进一步缩小。天津、沈阳、济南、青岛和大连依托环渤海经济圈，与北京连成相互呼应，成为辐射东北和华北的区域创新城市，他们对东北和华北地区的城市创新能力带动、技术成果的输出、推进创新企业和产业的发展潜力不容小觑，在区域创新与经济发展中发挥着带动和示范的作用。

根据天津市 2016~2017 年创新条件评价值及排位情况，在一级指标中，创新条件指数排在第 6 位，比去年上升 1 位。在二级指标中，有 4 个指标值高于城市平均水平，在创新环境方面具有一定的优势，其中，百万人国家备案众创空间数、科学研究和技术服务业平均工资比较系数等指标排在参评城市的前 5 位。但人力资源、研究体系方面有待提高，其中，百万人口大专院校在校学生数、百万人国家重点实验室和工程技术中心数、百万人地方属科研机构数等指标应引起重视（表 3-2-1）。

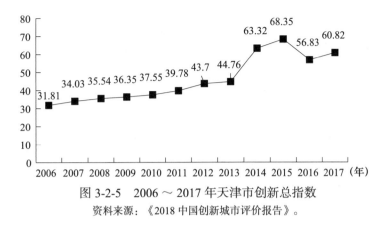

图 3-2-5　2006～2017 年天津市创新总指数

资料来源：《2018 中国创新城市评价报告》。

天津市 2016～2017 年创新条件评价值及排位　　　　　表 3-2-1

指标名称	评价值 2016 年	评价值 2017 年	位次 2016 年	位次 2017 年
创新条件	60.41	64.76	7	6
人力资源	64.32	64.00	12	12
万人研究与发展（R&D）人员数	80.37	76.43	9	10
大专以上学历人口占比重	23.33	25.61	10	8
百万人口大专院校在校学生数	3.32	3.29	14	14
研究体系	34.48	34.59	14	14
百万人中央属科研机构数	0.65	0.64	11	11
百万人地方属科研机构数	2.59	2.62	12	12
百万人国家重点实验室和工程技术中心数	1.10	1.09	14	13
创新环境	74.48	87.16	1	1
万人国际互联网上网用户数	1615.05	1817.73	18	18
百万人国家备案众创空间数	1.29	4.67	3	4
百万人国家级科技企业孵化器数	2.33	2.37	3	6
科学研究和技术服务业平均工资比较系数	208.71	193.29	3	4

资料来源：作者整理。

（二）天津市创新大环境的综合评价

1. 评价指标体系构建

根据创新对产业结构优化升级的作用机制，本文构建的综合评价指标体系（表 3-2-2）。

综合评价指标体系　　　　　表 3-2-2

指标层	单位
技术市场合同成交额（X_1）	亿元
第三产业增加值占 GDP 比重（X_2）	%

续表

指 标 层	单 位
人均GDP（X_3）	元/人
社会劳动生产率（X_4）	%
能源消费弹性系数（X_5）	—
污水处理率（X_6）	%
垃圾无害化处理量（X_7）	万t
科学研究和技术服务业从业人员数（X_8）	万人
人均城市绿地面积（X_9）	m^2/人
每万人拥有公共交通车辆（X_{10}）	标台

资料来源：作者整理。

根据评价指标的选取原则，共选取了10个指标组成指标层，构建出了创新评价指标体系（表3-2-2）。本文的数据来源：《中国统计年鉴》和《天津市统计年鉴》，部分数据有缺失，数据起止时间：选取了1998～2017年，共20年的数据。

2. 实证分析

（1）因子分析适用性检验

本文使用SPSS 24.0中的KMO测度和巴特利特球形检验进行因子分析中的相关性分析，KMO值越大表示变量间共同因子越多，越适合进行因子分析，如果KMO的值小于0.5，则不宜进行因子分析。KMO值为0.581，大于0.5。巴特利特球形检验的显著性水平为0.000，小于0.05。结合两项的检验结果，原有数据之间具有相关性，适宜进行因子分析（表3-2-3）。

KMO和巴特利特检验 表3-2-3

KMO和巴特利特检验	类 别	数 值
KMO取样适切性量数		0.581
巴特利特球形度检验	近似卡方	251.282
	自由度	45
	显著性	0.000

资料来源：作者整理。

变量间线性相关情况是决定能否进行因子分析的前提，所以检验10个变量是否适合作因子分析。首先需要进行变量线性相关的研究，且变量间具有越强的线性关系越易于综合出公因子。巴特利特检验和KMO检验可检测线性相关。根据结果可知：KMO值为0.581，参考KMO度量，（0.8～0.9非常适合，0.6～0.7合适，0.5及以下不适用）可知，研究所选择的10个变量较合适作因子分析，而巴特利特检验值是251.282，其相应的概率值是 0.000，低于显著性水平 0.05，也说明变量具有线性相关（表 3-2-3）。

（2）因子提取效果分析

表 3-2-4 给出的是公因子方差，通过主成分分析方法以初始方差为 1 提取结果分析来看，10 个指标中：10 项指标的公因子方差超过了 90%，总体的有效信息提取较好，变量的信息丢失较少。

公因子方差　　　　　　　　　　　　　　　表 3-2-4

指　　标	初　　始	提　　取
技术市场合同成交额（X_1）	1.000	0.954
第三产业增加值占 GDP 比重（X_2）	1.000	0.970
人均 GDP（X_3）	1.000	0.996
社会劳动生产率（X_4）	1.000	0.995
能源消费弹性系数（X_5）	1.000	0.981
污水处理率（X_6）	1.000	0.947
垃圾无害化处理量（X_7）	1.000	0.964
科学研究和技术服务业从业人员数（X_8）	1.000	0.988
人均城市绿地面积（X_9）	1.000	0.937
每万人拥有公共交通车辆（X_{10}）	1.000	0.910

资料来源：作者整理。

（3）提取公因子

从图 3-2-6 中可以看到第 1 个公因子的方差解释贡献最大，随后因子的方差贡献率趋缓。考虑所研究问题的实际意义，结合碎石图，提取了三个公因子。

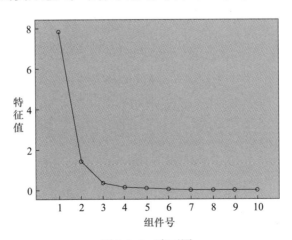

图 3-2-6　碎石图
资料来源：作者整理。

根据表 3-2-5，每列数据分别代表特征值、方差贡献率和累积方差贡献率。首先观察第一组数据项，第一个因子特征值为 7.857，解释原有变量方差的 78.570%，累积方差贡献率为 78.570%；第二个因子特征值为 1.441，解释原有变量方差的 14.406%，累积方差贡献率为 92.976%；其余数据以此类推，最后提取的 10 个变量均可被解释。观察第二组数据项，发现前三个因子的特征值是 7.857、1.441 和 0.344，前两个因子特征值大于 1，方差贡献率分别为 78.570%、14.406%、3.438%，同时累积方差贡献率达 96.414%。再观察第三组数据项，前三个因子经过旋转后累积方差贡献率未发生变化，表示没有影响公因子的提取。综上，整体上的变量信息丢失较少，因子分析效果较好，这三个因子可作为公因子并分别表示 X_1、X_2、X_3。

方差分析　　　　　　　　　　　　　　　　　　　　表 3-2-5

成分	初始特征值			提取荷载平方和			旋转荷载平方和		
	总计	方差百分比	累积（%）	总计	方差百分比	累积（%）	总计	累积（%）	方差百分比
1	7.857	78.570	78.570	7.857	78.570	78.570	4.973	49.733	49.733
2	1.441	14.406	92.976	1.441	14.406	92.976	3.432	34.321	84.055
3	0.344	3.438	96.414	0.344	3.438	96.414	1.236	12.359	96.414
4	0.152	1.518	97.932						
5	0.121	1.213	99.144						
6	0.059	0.593	99.737						
7	0.017	0.173	99.911						
8	0.008	0.082	99.992						
9	0.001	0.008	100.000						
10	0.000	0.000	100.000						

资料来源：作者整理。

（4）因子载荷矩阵的旋转及主成分因子的命名

这里采用主成分法计算因子载荷矩阵，根据因子载荷矩阵可以说明各因子在各变量上的载荷，即影响程度。由于初始的因子载荷矩阵系数不是太明显，为了使因子载荷矩阵中系数向 0~1 分化，对初始因子载荷矩阵进行方差最大旋转，旋转后的因子载荷矩阵（表 3-2-6）。

旋转后的因子载荷矩阵　　　　　　　　　　　　　表 3-2-6

变量	对应指标	公因子 F_1	公因子 F_2	公因子 F_3
X_1	技术市场合同成交额（X_1）	0.932	0.247	0.088
X_2	第三产业增加值占 GDP 比重（X_2）	0.890	0.341	0.032
X_3	人均 GDP（X_3）	0.818	0.569	0.042
X_4	社会劳动生产率（X_4）	0.805	0.589	0.034

续表

变量	对应指标	公因子 F_1	公因子 F_2	公因子 F_3
X_5	能源消费弹性系数(X_5)	0.620	0.619	0.211
X_6	污水处理率(X_6)	0.714	0.663	0.120
X_7	垃圾无害化处理量(X_7)	0.315	0.864	-0.354
X_8	科学研究和技术服务业从业人员数(X_8)	0.683	0.719	-0.067
X_9	人均城市绿地面积(X_9)	0.620	0.495	-0.294
X_{10}	每万人拥有公共交通车辆(X_{10})	0.125	-0.128	0.974

资料来源：作者整理。

由转轴后的因子矩阵可以看出，第一个因子可以解释变量 X_1、X_2、X_3、X_4，第二个因子可以解释变量 X_5、X_6、X_7，第三个因子可以解释变量 X_8、X_9、X_{10}。

根据三个公因子覆盖的变量，这里对其分别进行命名为经济绩效因子、环境绩效因子、社会绩效因子，以尽可能最大限度地包含每个公共因子的信息度，方便对创新能力的评级和分析。

（5）因子得分系数分析

SPSS 输出的因子得分系数矩阵如表 3-2-7。

因子得分系数矩阵　　　　　　　　　　　　　　　　表 3-2-7

指标	成分		
	1	2	3
技术市场合同成交额(X_1)	0.006	0.176	-0.183
第三产业增加值占 GDP 比重(X_2)	-0.477	0.751	0.028
人均 GDP(X_3)	0.148	0.019	0.010
社会劳动生产率(X_4)	0.181	-0.022	-0.001
能源消费弹性系数(X_5)	-0.241	0.320	0.928
污水处理率(X_6)	-0.070	0.285	0.273
垃圾无害化处理量(X_7)	-0.079	0.298	0.205
科学研究和技术服务业从业人员数(X_8)	-0.077	0.296	0.052
人均城市绿地面积(X_9)	0.647	-0.628	-0.230
每万人拥有公共交通车辆(X_{10})	0.524	-0.470	-0.206

资料来源：作者整理。

采用回归法估计因子得分系数，并输出因子得分系数，可写出以下因子得分函数（表 3-2-7）。

$$F_1 = 0.006X_1 - 0.477X_2 + 0.148X_3 + 0.181X_4 - 0.241X_5 - 0.070X_6 - 0.079X_7 - 0.077X_8 + 0.647X_9 + 0.524X_{10}$$

$$F_2 = 0.176X_1 + 0.751X_2 + 0.019X_3 - 0.022X_4 + 0.320X_5 + 0.285X_6 + 0.298X_7 + 0.296X_8 - 0.628X_9 - 0.47X_{10}$$

$$F_3 = -0.183X_1 + 0.028X_2 + 0.01X_3 - 0.001X_4 + 0.928X_5 + 0.273X_6 + 0.205X_7 + 0.052X_8 - 0.23X_9 - 0.206X_{10}$$

根据上述模型计算出各因子的具体得分后,可以得到创新能力的综合评价模型,根据每个主因子占总方差贡献率的百分比与每个主因子的加权平均得到,计算公式如下:

$$F = \frac{49.733 \times F_1 + 34.321 \times F_2 + 12.359 \times F_3}{96.414} = 0.52 \times F_1 + 0.35 \times F_2 + 0.13 \times F_3$$

由此,可以得出以下结论:

从经济绩效评价来看,根据指标综合评估结果可知,经济绩效的权重为52%,这表明天津市绿色创新通过相关创新成果的传播、扩散与采用来实现对经济的影响,通过绿色创新代替原有的传统创新,提高了经济增长质量,促进了产业结构与产品结构得到优化,综合发展水平较好。

从环境绩效评价来看,根据指标综合评估结果可知,环境绩效的权重为35%,这表明绿色创新可以实现污染物排放量的减少和资源、能源消耗量的降低,从而减轻生产活动对自然环境的压力,资源利用与环境治理对创新的发展有推动作用。

从社会绩效评价来看,根据指标综合评估结果可知,环境绩效的权重为13%,社会绩效往往是经济绩效与环境绩效综合作用下的结果,前者的增加会促进政府税收和人民生活水平的提高,从而提升社会绩效。

(6)启示

根据研究结论,天津市创新驱动发展面临挑战面对日新月异的科技发展、日益激烈的区域竞争,因此天津推动创新驱动发展还面临着一系列挑战。

① 管理部门创新意识有待进一步加强。管理部门的创新意识是创新驱动发展的重要保证;② 市场化的创新环境有待进一步健全。天津市的创新活动主要仍以政府主导,社会化和市场化的创新导向和环境尚不够健全,企业创新的约束制度较多,审批程序较为繁琐。同时,创新服务业发展相对滞后,尤其是包含金融机构、民间资本、天使投资人在内的多元化投资模式比较薄弱;③ 缺乏解决科技成果转化"最后一公里"的有效通道。目前,针对产品研发、产业化、规模化等不同阶段,分别有特定部门和有效政策在推动,但对于产品中试放大、临床试验等成果转化"最后一公里"问题则没有一个明确的部门监管和专项政策扶持,导致科技成果转化率相对偏低;④ 原始型创新不足,知识产权战略有待加强。天津作为传统工业制造基地,近年来主要以跟踪技术、制造加工为主,民营经济发展较落后,自主创新较为薄弱,骨干龙头企业对创新创业的带动作用不太明显。作为创新主体的企业,尤其是科技型中小企业的知识产权制度建设比较薄弱。全社会开展知识产权保护的文化氛围及对外的宣传力度也有待进一步加强;⑤ 创新人才规模需要进一步扩大。人才引进的顶层设计以及运行机制的创新性还不太理想,相关的配套政策落实还不十分到位,与市场、社会需求相适应的人才培养机制仍需下大力气提升。

第三节　天津市创新环境与产业结构优化升级耦合作用研究

一、天津市创新驱动产业结构优化升级的作用机理

创新环境作为创新的"温床"和"孵化器",对于创新活动具有重要作用。创新环境包括硬件环境和软环境,创新系统的硬件环境包含公共设施、科研设备、科技园区、产业基地、高科技信息网络等,完备的硬件环境是创新活动的基础条件;创新系统的软环境涵盖教育环境、经济环境、法律规范、创新文化等非物质性因素。营造良好的创新环境可以不断吸引外来的企业、投资、技术和人才的流入,为区域发展提供所需要的创新资源要素,促进本地企业和机构之间的合作与协同,降低交易成本以培育产业竞争力。当创新体系与外部环境之间相互协调、互利互补时,就能够从外部环境获得更多创新要素的支持,促进创新驱动能力的提升,维持并增强产业的其竞争优势,实现产业结构升级发展。

(一) 区域创新通过京津冀协调发展促进天津产业结构优化升级

基于地域的发展可以利用得天独厚的地理优势,为了促进整体经济的发展,我国提出了许多区域经济的发展策略,其中最有名的就是长三角都市圈、珠三角都市圈以及京津冀都市圈,正是由于这些区域政策的发展,它们的发展取得了翻天覆地的成就。而天津作为京津冀区域的一个重要组成部分,所以基于这个区域来寻求提升天津创新能力的途径以及推动天津产业结构优化升级是理所当然的。北京是我国的政治经济中心,并且拥有全国最多、最著名的高校和科研机构,与天津、河北相比,在科技、人才方面有很强的优势。由表3-3-1可以看出,无论从哪个指标看,北京都有着津冀两地无法比拟的优势。研究与发展经费支出(R&D)反映该地的科技投入程度,这方面天津、河北与北京的差距相当大;在技术市场成交额上,2017年,北京的成交额达到了4486.9亿元,是天津的近10倍,河北的50多倍,它反映了北京在技术产出上的决定优势;专利申请数与专利授权数可用于衡量地区创新潜力,北京在这方面遥遥领先与天津、河北(表3-3-1)。

2017年各地区科技竞争力评价数据表　　　　表3-3-1

指标(地区)	北京	天津	河北
研究与发展经费支出(R&D)(亿元)	1579.7	458.72	350
技术市场成交额(亿元)	4486.9	551.4	88.9
专利申请数(项)	185928	86996	61288
专利授权量(项)	106948	41675	35348

资料来源:作者整理。

比较这些指标,可以看出天津在技术水平上和北京存在较大差距。中关村代表着我国

科技发展的最高水平,已成为我国技术创新的源头和高新技术产业的重要支撑。在利用中关村的先进技术方面,北京因为独有的地理优势,充分利用中关村的技术优势,大力推进先进技术向产业化发展,创新促进北京产业发展的作用非常明显,但相对于天津来说,因为地理上的局限,以及区域一体化发展水平的限制,尤其是区域创新方面的发展,导致了中关村的许多关键技术和创新成果不能有效利用。在京津冀协调发展的大背景下,天津就可以利用北京在技术上的优势来发展自己的产业,同时也可以天津在这方面的技术开发研究,将资金投入到更高层次的研究上,使技术水平发展到一个新的阶段,从而促进天津产业结构优化升级。

(二)区域创新通过构建区域创新系统促进天津产业结构优化升级

为构建的天津市区域创新系统,政府在区域创新系统中充分发挥自己在制定重点产业发展政策确定产业发展方向的优势,运用一些经济杠杆来引导产业向高端化、合理化发展,同时,还可以协调各创新主体和要素的关系,发挥中介服务的功能,通过这些方式来促进天津产业结构升级。而对于高校与科研结构来说,它们是科学知识的集聚地,可以通过基础性研究拓展技术开发领域、通过科技成果促进企业技术进步以及通过培育优秀的人才提高人力资本等方式促进技术方面的发展,从而促进天津产业结构升级。企业应作为区域创新系统的创新主体,它的作用主要包括自主创新能力最强,对市场的反应最灵敏,同时也是将技术转换为产值的通道,所以说企业在产业结构优化升级起着主导作用,承载着天津产业向高度化发展的重任(图3-3-1)。

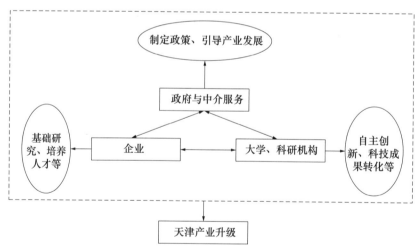

图 3-3-1 区域创新系统促进产业结构升级作用图

资料来源:作者自绘。

虽然每个创新主体对产业结构优化升级都有着很大的作用,但它们之间又不能孤立的起作用,需要各个创新主体之间的相互配合,只有各个创新主体配合起来,各个主体才能充分发挥自己的作用,促进天津产业结构升级。

1. 地方政府促进产业结构优化升级作用机理

地方政府是区域创新的主导,指引区域产业结构升级的方向。在区域创新系统中,地方政府最主要的作用是通过制定产业政策，弥补市场机制的不足，协调区域内各创新主体和要素的关系，理顺创新要素发生作用的机制，提供良好的经营环境，完善市场环境，促成创新资源的合理配置，使其按照统一的规划部署，高效地促进创新主体的创新行为，有序地服务于区域产业结构升级（图 3-3-2）。

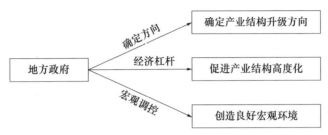

图 3-3-2　地方政府促进区域产业结构优化升级的作用机理

资料来源：作者自绘。

（1）政府通过确定产业发展方向确定产业升级的方向

政府主动、积极地深入到区域社会再生产过程的内部，根据具体情况，确定区域产业发展的方向、重点、规模和速度，将其作为指定区域产业发展的根据。地方政府确定各区域的发展方向，制定和执行有利于其产业发展方向的相关产业政策，引导区域产业结构升级的方向。

（2）政府通过运用经济杠杆引导创新型企业的发展促进产业结构高度化

技术创新是产业结构高度化的关键。政府通过运用财政、税收、信贷、补贴、价格、工资等经济杠杆，甚至采取经济立法措施，保护和扶持新兴产业和创新企业的发展，缩小和遏制某些特定产业的发展，从而引导区域产业结构向国家规划的高目标演进。地方政府加大对创新研发型企业的扶持力度，把地方政府资源配置和公共服务向创新型企业倾斜，实行支持创新的财税、金融和政府采购政策，发展创业风险投资，加大对科技事业的投入，促进了区域产业结构优化升级。

（3）政府从宏观经济调控的角度为产业结构的市场机制调整创造良好的宏观环境。

政府有计划地调节区域社会总需求和总供给的矛盾，保证社会总需求和总供给的基本平衡，使市场向有利于政府的意向倾斜，这样，在区域产业结构调整上，形成政府意向和市场需求两者同向化。同时，地方政府利用法律制度和职权，建立完善的市场体系、可靠的社会信用制度、有效的市场交易规则和规范的市场竞争机制，同时完善市场监督机制，保护知识产权，维护科技创新主体的合法权益，为产业结构升级创造良好的社会环境。

2. 高校与科研机构促进产业结构升级作用机理

高校和科研机构是智力的集聚地，为区域创新系统，主要是为企业促进区域产业结构升级提供了丰富的技术储备，也决定着区域创新和区域产业结构升级的方向。技术储备水平高的企业或地区，其经济实力和技术实力也强。高校和科研机构通过研究和开发新产品与新技术，推动区域的科技创新（图 3-3-3）。

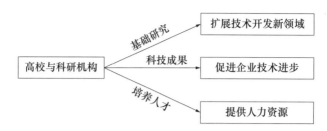

图 3-3-3　高校与科研机构促进区域产业结构优化升级作用机理
资料来源：作者自绘。

（1）通过基础性研究拓展技术开发新领域

基础性研究是创新的根本和基础，是原始性创新的来源。创新领域作为高智力聚集中心的研究性大学、科研究院所、其他教育机构，通过创新型基础设施建设与维护，进行基础性研究，为技术创新提供基础条件。高校和科研机构通过基础性研究创造了新技术的土壤，开辟着技术发展的新领域。

（2）提供科技成果促进企业技术进步

高校和科研机构通过对高新知识的扩充，与企业联合或者是直接为企业提供科研成果，形成新的产品，促使高技术产业的发展。通常而言，大中型的企业为求发展，每年都要投入巨大的研发资金寻求技术的创新，以项目与高校或科研机构联合，利用科技实力强、知识结构新的"外脑"，对产业升级和企业自身市场竞争力的加强，都有很大的作用。另外，高校或者科研机构当有了一定的研发成果时，如果得到企业的认可，给予资金上的支持，加快科技成果的转化，也对高新产业的发展有很大的作用。

（3）培养创新人才为产业结构升级提供人力资源

人力资源是企业发展的基础，尤其是创新型人才是产业结构优化升级的中坚力量。高校和科研机构拥有雄厚的师资力量和科研优势，通过对在校研究生的科研能力和实践能力的培养，使其成长为高级创新型人才，为产业结构升级提供人力资源。高校与科研院所在区域创新系统中通过培养高素质的人才队伍，保证了区域创新系统拥有合理、完备的人才梯队。科研院所和教育、培训机构通过培养创新人才，提供了掌握必要技术技能、知识和创造力的人力资源，促进区域产业结构优化升级。

3. 企业促进产业结构升级作用机理

产业结构升级实际上是应该通过技术体系升级即提高生产率的方向推进的。产业结构升级的关键是技术体系升级，而在市场经济条件下，以利益为导向的企业是技术进步与创新的主体，因此，企业在产业结构升级中起着主导作用，是产业结构升级的主体，承担着产业高度化的重任（图3-3-4）。

图 3-3-4　企业促进产业结构升级机理
资料来源：作者自绘。

（1）企业通过自身技术进步促进技术体系升级

技术进步是产业结构升级的基础,而企业在技术进步中起着关键和主导作用,企业是技术进步与创新的主体,大企业在技术进步中起着主导作用。大企业创新动力来源于竞争的压力和创新激励。与此同时,小企业在一些部门、场合下也发挥着大企业无法替代的作用,而目前从某种意义上说,大企业和小企业的创新激励是互相以对方的存在为前提的。

(2)大中小企业互补的企业结构促进产业结构的合理化

在市场机制的作用下,通过长期的竞争和优胜劣汰形成合理的产业组织结构以少数大企业为主导、众多中小企业为补充的垄断与竞争、专业化分工与协作的市场结构。而这样的市场结构正是产业结构合理化的基础。同时,产业结构合理化是技术进步的基础,可以让企业更好地促进产业结构高度化,从而促进产业结构升级。

(3)把技术转换为产值拉动相关企业发展

作为区域创新系统的主体,企业是创新的决策主体、投资主体、研发主体和利益分配主体,因此能基于对企业、市场利益的追求,主动快速地将技术优势转化为产品优势,再转化为市场优势,实现依靠技术创新增强市场竞争力,进而成为区域产业结构升级的支柱,对相关企业产生辐射拉动作用。

(4)企业群的发展促进技术进步和创新

企业群内企业之间的创新竞争,相互学习与借鉴,必将导致技术创新与技术进步,进而推动产业结构升级。企业群所具备的独特功能,可以使创新成果在企业群内迅速扩散。对于类似技术诀窍的创新技术,以及来自于亲身体验、难以言传的技术扩散速度会更快,其根源就是由于企业群具有技术、管理经验、操作方法的可转让性与技术的外溢机制。

4. 中介机构促进产业结构升级作用机理

中介机构利用市场通行的规则为各创新单元提供信息和技术咨询、决策参考、成果鉴定、产权交易等方面的服务,成为区域创新和需求市场之间的桥梁,它采用非行政行为服务、规范科技创新活动,建立不同创新主体和群体的良好沟通,降低创新的交易成本,促进创新体系运行效率的提高。形成以市场为导向,围绕现实需求的运作方式,并利用资本优势,实现科研成果在市场经济中的增值,促进产业结构升级(图3-3-5)。

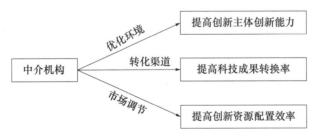

图3-3-5 中介机构促进区域产业结构优化升级作用机理

资料来源:作者自绘。

(1)中介服务优化创新环境提高技术创新主体的创新能力

由于技术市场信息不对称的存在以及创新主体利益上的失衡等,很难获得信息、人才等条件兼备的创新要素。科技中介服务机构可以从创新主体即企业的需要出发,在更大的范围内，获取信息，通过筛选、加工，帮助用户实现创新要素的优化配置，以提高其创新能力。科技中介服务还提供经营策划、管理咨询、融资渠道、人员培训、形象设计等专业化服务，可以减少企业信息不对称等造成的经营风险，缩短运转周期、降低运营成本，提高竞争能力。

（2）中介服务通过建立中间转化渠道提高科技成果转化率

在科技与经济之间建起具有科技中介服务功能的中间转化体制，创立如工程技术研究中心、生产力促进中心、创新中心、孵化器等，这些科技中介服务机构主要是对科技成果作进一步的验证和提供完善的工程化、中试和设计等方面的科技创新服务为解决技术创新过程中遇到的关键问题提供技术咨询和信息咨询服务为降低创业风险，为小企业孵化提供场所和软硬件服务等，从而大大加快了科技成果向产业转移的速度，有力地促进企业创新技术成果的运用，从而促进产业结构升级。

（3）中介服务充分发挥市场调节功能提高创新资源配置效率

科技中介服务的重要内容就是建立专业性或综合性的要素市场，如技术市场、人才市场、风险资本市场、产权交易市场等，在这些市场中，依据国家有关法规和政策，营造良好的政策环境，通过利益机制和有效服务，促进生产要素的有序合理流动，协助用户进行生产要素的优化配置，实现集约化经营可极大提高创新资源配置效率。从而使有限的资源更好更多地作用于创新技术的发展，促进企业的创新技术的发展及高新技术企业的创立和发展，为产业结构升级提供资源条件。

二、创新环境与产业升级耦合过程分析

和产业发展需要经历兴起、成长、成熟和衰退的生命周期一样，区域创新与产业升级耦合系统也有一个生命发展周期。结合区域创新系统的生命发展周期，可以将区域创新与产业升级的耦合过程划分为如下四个阶段。即萌芽阶段（无耦合）、成长阶段（低度耦合）、发展阶段初期（中度耦合）和发展阶段中后期（高度耦合）（图3-3-6）。

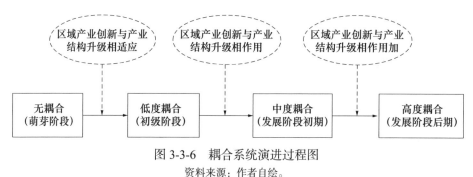

图 3-3-6　耦合系统演进过程图

资料来源：作者自绘。

（一）萌芽阶段

区域创新与产业升级耦合系统发展的萌芽阶段，是指在原有的产业环境及体系中，创新系统开始有萌芽发展的状态。在耦合系统的萌芽阶段，区域创新系统还很弱小，可能还只是一项产品的创新、一项新技术的创新或一项新制度的出现。这时候的区域创新系统还

很脆弱，其创新能力还十分弱小，并不能起到推动产业结构升级的作用，也无法在产品、市场、制度或组织结构等方面与产业结构升级系统联系起来。从整体来看，在萌芽阶段创新与产业结构升级系统两者处于一个相对不平衡的无序状态。

（二）成长阶段

区域创新与产业升级耦合系统的成长阶段，是指区域产业创新系统与产业升级系统的联系逐渐紧密，耦合机制逐渐产生作用的阶段。该阶段创新活动开始为产业结构的升级调整提供支撑，区域创新系统已具备了一定规模，其创新能力有所提升，有一定数量的专门从事创新活动的专业人才，有专业的用于从事创新活动的装备，并形成了一定的社会影响效应。区域创新系统对产业升级系统提供知识、技术上的支持，帮助区域产业升级系统实现对传统产业的调整改造，促进产业升级系统的形成。从整体来看，在成长阶段创新与产业结构升级二者出现了较低水平的耦合。

（三）发展阶段初期

区域创新与产业升级耦合系统发展阶段初期，是指随着两个系统相互联系和作用的程度日益加强，在耦合系统内部运作的组织形式逐渐有序，且系统与外界也开始出现信息、能量和物质上的交换。在这一阶段中，区域产业创新系统飞速发展，区域创新活动不断加强，涌现出了大批的新知识、新技术和新制度，大量的产业加入到区域创新系统中，在一定程度上扩大了原有的产业规模，产业链开始初步成型，高新技术产业随之发展起来。从整体来看，区域创新系统为产业升级系统提供支撑作用。

（四）发展阶段中后期

区域创新与产业升级耦合系统的成熟阶段，是指区域创新系统已经形成了很大的规模，区域内的创新活动已经规模化、组织化和有序化，能够有效地推动产业结构优化升级。该阶段内由创新活动将产生大量的创新产品，由此催生出众多的新兴产业，区域产业结构向更高层次实现跃升。

三、天津市创新驱动产业升级发展的作用效果分析

经济新常态下，产业结构转型升级和发展方式的根本转变已成为区域经济可持续发展的重要议题。同样，加快培育和发展高技术产业是实现天津市产业结构升级、推进供给侧结构性改革以及提高企业自主创新能力的重要途径。然而，在高技术产业重点发展的同时未能及时建立起有效的环境保护配套措施，造成了高技术产业的粗放式增长方式。因此，对环境技术效率的研究已成为了影响区域经济可持续发展的关键问题。本节以高技术产业为例，测算京津冀高技术产业环境技术效率并进行对比，探究天津市创新驱动产业结构升级发展的作用效果。

（一）数据来源与说明

书中利用 Max-DEA Ultra 6 和 Eviews 9.0 等数据包络分析和计量分析软件对京津冀高技术产业环境技术效率评价及分布数据进行研究。关于高技术产业类型的划分，《中国高技术产业统计年鉴》具体划分为五大类：医药制造业，航空、航天及设备制造业，计算机

及办公设备制造业，电子通信设备制造业，医疗仪器设备及仪器仪表制造业。基于各大产业划分及能源消费总量的统计差异，本书将计算机及办公设备制造业、电子通信设备制造业合并进行分析，将上述分类简称为：医药类、航空航天设备类、办公通信设备类、医疗仪器仪表类等四大类制造业。数据来源：2009～2015年《中国高技术产业统计年鉴》《中国统计年鉴》《中国能源统计年鉴》以及《北京市统计年鉴》《天津市统计年鉴》《河北省经济年鉴》等，针对个别缺失的数据用均值替代法补充。

高技术产业环境技术效率和传统技术效率投入产出指标体系（表3-3-2）。关于传统技术效率投入和产出变量的设定，本书假定生产过程中存在三种投入变量：资本投入、劳动投入、技术投入；两种产出变量：产业增长和技术增长；而关于环境技术效率投入和产出变量的设定，本书借鉴匡远凤和彭代彦（2012）[1]的研究，采取把污染排放物看作投入要素的处理方法，假定生产过程中存在资本投入、劳动投入、能源投入等三种投入变量，同时设定三种产出变量，其中期望产出为产业增长和技术增长，非期望产出为CO_2排放量。关于非期望产出指标的设定，由于《中国高技术产业统计年鉴》和《中国能源统计年鉴》中并未给出高技术产业能源消费总量及分行业能源消费情况，本书假设各地区同年高技术产业单位产出能源消耗量比重相同，不同年份由于技术因素使得高技术产业单位产出能源消耗量比重所有差异，因此，本书以分行业高技术产业能源消费总量占工业能源消费总量之比作为权重，测算各个地区分行业高技术产业不同年份的CO_2排放量。

高技术产业环境技术效率及传统技术效率投入产出变量　　　表3-3-2

类别	环境技术效率		传统技术效率	
	指标名称	指标表征	指标名称	指标表征
投入指标	资本投入	固定资产投资额（亿元）	资本投入	固定资产投资额（亿元）
	能源投入	能源消费量（万tec）	技术投入	R&D内部经费支出（万元）
	劳动投入	平均从业人数（人）	劳动投入	平均从业人数（人）
产出指标	技术增长	新产品销售收入（万元）	技术增长	新产品销售收入（万元）
	产出增长	主营业务收入（亿元）	产出增长	主营业务收入（亿元）
	非期望产出	CO_2排放量（万tec）	—	—

注：以上用货币表示的数据均使用2008年不变价。

（二）研究方法

1. 方向性环境距离函数模型

本书构造如下生产可能性集合[2]：假设高技术产业各行业投入 N 种要素，用 $x = (x_1, \cdots, x_N) \in R_+^N$ 代表投入向量，得到 M 种期望产出，用 $y = (y_1, \cdots, y_M) \in R_+^M$ 表示，以及 J 种非期望产出，用 $b = (b_1, \cdots, b_J) \in R_+^J$ 表示，则 N 种投入要素 x 所产生的期望

---

[1] 匡远凤，彭代彦.中国环境生产效率与环境全要素生产率分析［J］.经济研究，2012（7）：62-74.
[2] 徐晔，胡志芳.鄱阳湖生态经济区战略性新兴产业环境技术效率测度研究［J］.江西师范大学学报（自然科学版），2014，38（4）：424-428.

产出及非期望产出的组合为：$p(x) = \{(y, b): x(y, b)\}, x \in R_+^N$。

根据 Luenberger 等（1995）提出的短缺函数，构建方向性环境距离函数：

$$\vec{D}_0(x, y, b; g_y, -g_b) = \max\{\beta: (y+\beta g_y, b-\beta g_b) \in p(x)\} \quad (3\text{-}3\text{-}1)$$

其中 $g = (g_y, -g_b)$ 为方向性向量，假定期望产出和非期望产出按照相同的比例扩张和收缩，β 就是期望产出增长和非期望产出减少的比例，βg_y 代表期望产出增加的数量，βg_b 代表非期望产出减少的数量❶。

由此得到包含非期望产出的技术效率为：

$$ETE_t = \frac{1}{1+\vec{D}_0^t(x^t, y^t, b^t; y^t, -b^t)} \quad (3\text{-}3\text{-}2)$$

当同时考虑期望产出和非期望产出时，得到 *Malmquist－Luenberger* 生产力指数：

$$MT_t^{t+1} = \left[\frac{1+\vec{D}_0^t(x^t, y^t, b^t; y^t, -b^t)}{1+\vec{D}_0^t(x^{t+1}, y^{t+1}, b^{t+1}; y^{t+1}, -b^{t+1})} \times \frac{1+\vec{D}_0^{t+1}(x^t, y^t, b^t; y^t, -b^t)}{1+\vec{D}_0^{t+1}(x^{t+1}, y^{t+1}, b^{t+1}; y^{t+1}, -b^{t+1})}\right]^{1/2}$$

$$(3\text{-}3\text{-}3)$$

ML 指数又可以分解为技术效率变化指数（*EFFCH*）和技术变化指数（*TECH*）：

$$ML_t^{t+1} = EFFCH_t^{t+1} \times TECH_t^{t+1} \quad (3\text{-}3\text{-}4)$$

其中：

$$EFFCH_t^{t+1} = \frac{1+\vec{D}_0^t(x^t, y^t, b^t; y^t, -b^t)}{1+\vec{D}_0^{t+1}(x^{t+1}, y^{t+1}, b^{t+1}; y^{t+1}, -b^{t+1})} \quad (3\text{-}3\text{-}5)$$

$$TECH_t^{t+1} = \left[\frac{1+\vec{D}_0^{t+1}(x^t, y^t, b^t; y^t, -b^t)}{1+\vec{D}_0^t(x^t, y^t, b^t; y^t, -b^t)} \times \frac{1+\vec{D}_0^{t+1}(x^{t+1}, y^{t+1}, b^{t+1}; y^{t+1}, -b^{t+1})}{1+\vec{D}_0^t(x^{t+1}, y^{t+1}, b^{t+1}; y^{t+1}, -b^{t+1})}\right]^{1/2} \quad (3\text{-}3\text{-}6)$$

2. *Global Malmquist－Luenberger* 指数模型

为了避免技术倒退现象的发生❷，本文构建 GML 指数模型来分析京津冀高技术产业分行业环境技术效率的长期变动情况。在不变规模报酬约束下将环境全要素生产率分解为技术进步（E）和效率改进（B）两个部分：

$$G^{t, t+1} = \frac{\vec{S}^G(x^t, y^t, b^t; y^t, -b^t)}{\vec{S}^G(x^{t+1}, y^{t+1}, b^{t+1}; y^{t+1}, -b^{t+1})} \quad (3\text{-}3\text{-}7)$$

$$= \frac{\vec{S}^t(x^t, y^t, b^t; y^t, -b^t)}{\vec{S}^{t+1}(x^{t+1}, y^{t+1}, b^{t+1}; y^{t+1}, -b^{t+1})}$$

$$\cdot \frac{\vec{S}^G(x^t, y^t, b^t; y^t, -b^t)/\vec{S}(x^t, y^t, b^t; y^t, -b^t)}{\vec{S}^G(x^{t+1}, y^{t+1}, b^{t+1}; y^{t+1}, -b^{t+1})/\vec{S}^{t+1}(x^{t+1}, y^{t+1}, b^{t+1}; y^{t+1}, -b^{t+1})}$$

$$= (T^{t+1}/T^t)(B_{t+1}^{t, t+1}/B_t^{t, t+1}) = E^{t, t+1} \cdot B^{t, t+1}$$

---

❶ 王燕，谢蕊蕊. 能源环境约束下中国区域工业效率分析［J］. 中国人口·资源与环境，2012，22（5）：114-119.

❷ 徐晔，周才华. 我国生物医药产业环境技术效率测度区域比较研究［J］. 江西财经大学学报，2013（5）：24-34.

$$\vec{S}(x,y,b;g)=1+\vec{D}(x,y,b;g),\vec{D}_0^G(x^t,y^t,b^t;g^t)=\max\{\beta:(y^t,b^t)+\beta g^t\in p^G(x^t)\}$$
（3-3-8）

式（3-3-8）为全局方向性距离函数。全局方向性距离函数使用 t 或 $t+1$ 期的观测值且利用整个时间段的生产函数，t 期的全局方向性距离函数求解模型如下：

$$D_0^G(x^t, y^t, b^t; y^t, -b^t) = \max \beta$$

$$s.t. \begin{cases} \sum_{t=1}^{T}\sum_{k=1}^{K} z_k^t y_{km}^t \geq (1+\beta) y_m^t, & m=1,2,\cdots,M; \\ \sum_{t=1}^{T}\sum_{k=1}^{K} z_k^t b_{kj}^t = (1-\beta) b_j^t, & j=1,2,\cdots,J; \\ \sum_{t=1}^{T}\sum_{k=1}^{K} z_k^t x_{kn}^t \geq (1-\beta) x_n^t, & n=1,2,\cdots,N; \\ z_k^t \geq 0, & k=1,2,\cdots,K。 \end{cases}$$
（3-3-9）

3. 空间收敛性分析方法

空间收敛性分析目的主要用于检验各地区的环境技术效率在研究期间内的趋同及发散情况❶。现阶段收敛性检验主要包括 α 收敛、β 绝对收敛和 β 条件收敛等三种方法❷，用来表征不同地区的高技术产业环境效率的增长速度会随时间推移而趋于一致。对于环境技术效率的 α 收敛通常采用标准差、变异系数、基尼系数和泰尔系数等进行测算，本书运用变异系数法来进行 α 收敛分析。

为了更加清晰地描绘出京津冀高技术产业环境技术效率的动态分布特征，下面借鉴王惠和李小聪（2015）❸的研究利用核密度估计法开展进一步的分析。核密度估计（kernel density estimate）是概率论中用来估计未知的密度函数，其估计原理是计算某一点周围点的个数，若数据为 $x_1, \cdots, x_n$，则在任意一点 x 处的一种核密度估计为：

$$\widetilde{f(x)} = \frac{1}{nh}\sum_{i=1}^{n} K\left(\frac{x-x_i}{h}\right)$$
（3-3-10）

其中，$K(x)$ 为核函数，本书选取常用 $Epanechnikov$ 核函数，满足对称性和 $\int K(x)dx=1$，n 为观测值数目，h 称为带宽，若 h 值越大则估计的密度函数越平滑，但偏差也可能较大，选择的原则为均方误差最小。

（三）创新驱动产业升级发展的作用效果分析

1. 环境技术效率总体分析

文中运用 MaxDEA Ultra 6 软件计算 2008~2014 年间京津冀高技术产业不考虑环境污染时的技术效率变化情况和考虑环境污染时的技术效率变化情况。表 3-3-3 和表 3-3-4 提供的 2008~2014 年京津冀高技术产业分行业环境技术效率和传统技术效率数据表明：

---

❶ 张子龙，薛冰，陈兴鹏，李勇进. 中国工业环境效率及其空间差异的收敛性［J］. 中国人口·资源与环境，2015，25（2）：30-38.

❷ 周五七，聂鸣. 基于节能减排的中国省级工业技术效率研究［J］. 中国人口·资源与环境，2013，23（1）：25-32.

❸ 王惠，李小聪. 出口贸易、工业环境技术效率的动态演进与门槛效应［J］. 国际贸易问题，2015（8）：62-71.

第一，北京市的医药类、医疗仪器仪表类等两大制造业的平均环境技术效率分别为1.05 和 1.063，处于生产前沿面上，实现了又好又快的发展。其中，医药类的制造业在2009 年、2010 年以及 2014 年达到生产前沿水平，而医疗仪器仪表类的制造业则实现了2009~2012 年连续 6 年达到生产前沿水平的较快发展；相比之下，航空航天设备类的制造业环境技术效率均值为 0.745，且仅 2014 年达到生产前沿，表现相对较差；而办公通信设备类的制造业环境技术效率均值为 0.959，且 2009 年、2010 年和 2014 年，这 3 年位于生产前沿，波动迹象较为明显。

2008～2014 年京津冀高技术产业环境技术效率值（GML） 表 3-3-3

年份（年）	医药类			航空航天设备类		
	北京	天津	河北	北京	天津	河北
2008	0.914	0.707	0.553	0.389	0.015	0.317
2009	1.562	0.682	0.574	0.461	0.241	0.102
2010	1.025	0.683	0.58	0.316	0.307	0.067
2011	0.853	0.787	0.59	0.39	0.375	0.044
2012	0.856	0.87	0.645	0.651	0.405	0.041
2013	0.99	0.914	0.726	0.626	7.395	0.05
2014	1.148	1.27	0.831	2.379	1	0.355
均值	1.05	0.845	0.643	0.745	1.391	0.14
年份（年）	办公通信设备类			医疗仪器仪表类		
	北京	天津	河北	北京	天津	河北
2008	0.962	0.562	0.176	0.957	0.44	0.268
2009	1	0.572	0.269	1	0.446	0.363
2010	1	0.519	0.256	1	0.546	0.459
2011	0.822	0.565	0.302	1.276	0.453	0.843
2012	0.784	0.731	0.395	1.07	0.659	0.626
2013	0.863	0.903	0.487	1.036	0.731	0.697
2014	1.281	0.924	0.733	1.099	0.841	0.946
均值	0.959	0.682	0.374	1.063	0.588	0.6

资料来源：作者整理。

2008～2014 年京津冀高技术产业传统技术效率值（GM） 表 3-3-4

年份（年）	医药类			航空航天设备类		
	北京	天津	河北	北京	天津	河北
2008	1.03	0.815	0.903	0.427	0.015	0.733
2009	1.562	0.844	0.648	0.483	0.247	0.126
2010	1.271	0.917	0.775	0.396	0.401	0.067
2011	1.042	0.88	0.81	0.404	0.427	0.054
2012	0.946	0.87	0.947	0.686	0.765	0.041

续表

年份（年）	医药类			航空航天设备类		
	北京	天津	河北	北京	天津	河北
2013	0.975	0.943	0.984	0.626	7.395	0.05
2014	1.114	1.191	1.052	2.145	40.91	0.355
均值	1.134	0.923	0.874	0.738	7.165	0.204

年份（年）	办公通信设备类			医疗仪器仪表类		
	北京	天津	河北	北京	天津	河北
2008	1.266	0.656	0.995	1.382	2.567	0.509
2009	1.783	0.832	0.734	1.873	0.689	0.594
2010	1.059	0.735	1.283	1.05	3.569	0.731
2011	0.796	0.767	0.694	1.051	0.586	0.742
2012	0.782	0.886	0.711	1.076	0.813	0.775
2013	0.864	0.989	0.592	1	0.82	0.815
2014	1.281	0.911	0.494	1.116	0.841	0.912
均值	1.119	0.825	0.786	1.221	1.412	0.725

资料来源：作者整理。

第二，天津市的航空航天设备类的制造业平均环境技术效率为1.391，处于生产前沿面上，但从2008～2014年整体走势来看只有2013年和2014年两年间达到生产前沿，而该类制造业在2008～2012年间环境技术效率GML较低，虽然呈现提升态势，但增幅并不显著；相比之下，医药类的制造业平均环境技术效率为0.845，整体表现平平，且仅于2014年达到生产前沿；而办公通信设备类的制造业则在2008～2014年间一直处于低效状态，平均环境技术效率仅为0.682，呈现下降趋势，但2013年后呈现好转迹象；同样，医疗仪器仪表类的制造业平均环境技术效率仅为0.588，与生产前沿还有很大差距，整个阶段均处于低效状态。

第三，河北省的四大制造业平均环境技术效率分别为0.643、0.14、0.374和0.6，均未达到生产前沿，且一直维持在相对较低的水平。其中，医药类和医疗仪器仪表类等两大制造业虽然处在相对低效状态，但在2008～2014年间呈现不断提升的态势；相比之下，航空航天设备类的制造业平均环境技术效率仅为0.14，办公通信设备类的制造业为0.374，说明河北省的这两大类产业处于非常低效的状态，且航空航天设备类的制造业在整个阶段并未体现明显好转迹象，而办公通信设备类的制造业则有一定提升态势，但增幅较小。

第四，通过对四大制造业环境技术效率值与传统技术效率值对比可以看出，京津冀高技术产业环境技术效率要显著低于传统技术效率，这说明若忽视环境污染因素，则会高估高技术产业技术效率值。从走势来看，北京市和天津市的四大制造业传统技术效率GM指数和环境技术效率GML指数差距在逐步缩小且走势基本一致，这说明在该产业发展过程中环境因素正逐步得到重视，环境技术效率呈现好转态势；相比之下，河北省的四大制造业传统技术效率 GM 指数和环境技术效率 GML 指数均处于较低水平，距离生产前沿面还有很大差距。

2. 环境技术效率指数的变动及分解

表 3-3-5 所示的 ML 指数、EFFCH 指数和 TECH 指数实际上为京津冀高技术产业分行业在 2008～2014 年间的环境技术效率累积平均变化值，体现了京津冀地区高技术产业环境技术效率指数、技术进步指数以及效率改进指数的累积平均变化状况。结果显示：

（1）北京市的航空航天设备类制造业的东西环境技术效率平均提升最快，年均增长 58.9%，远高于其他三类产业。此外，北京市不同产业的环境技术效率提升关键因素也存在较大差异，其中医药类、航空航天设备类、医疗仪器仪表类等三大制造业的环境技术效率提升受技术进步和效率改进的共同作用，但技术进步因素在医药制造业环境技术效率提升中起到了关键作用，与之不同，航空航天设备类、医疗仪器仪表类等两大制造业的环境技术效率提升则受效率改进的影响较大，但三大产业环境技术效率与生产前沿面呈现不断缩小趋势。另外，北京市的办公通信设备类制造业的环境技术效率提升过程中则是效率改进起到了关键促进作用，而技术进步的作用较低且呈现下降趋势。

（2）天津市的航空航天设备类制造业的环境技术效率平均提升最快，主要受产业重点发展的因素影响而远高于其他三类产业。天津市不同产业的环境技术效率提升关键因素同样存在较大差异，其中医药类和办公通信设备类等两大制造业的环境技术效率提升受效率改进作用更为显著，稍高于技术进步的影响。而在航空航天类设备制造业的环境技术效率提升过程中技术进步则起到了关键作用，该产业环境技术效率与生产前沿面呈现显著的缩小趋势。相比之下，天津市医疗仪器仪表类制造业的环境技术效率提升过程中则是技术进步和效率改进的促进作用相当，且影响力度均较强。

（3）河北省的航空航天设备类制造业的环境技术效率平均提升也最快，年均增长 80.8%，远高于其他三类产业。河北省不同产业的环境技术效率提升关键影响因素也存在较大差异，其中办公通信设备类、医疗仪器仪表类等两大制造业的环境技术效率提升受效率改进的促进作用更为显著，但技术进步因素在两大产业环境技术效率提升中的作用仍不可忽视，与之不同，航空航天设备类制造业的环境技术效率提升则受技术进步的影响较大，远高于其他三大产业，但其环境技术效率与生产前沿面呈现不断拉大趋势。另外，河北省医药类的制造业环境技术效率提升过程中则是技术进步和效率改进共同起到了促进作用，但效率改进的作用稍高，其环境技术效率与生产前沿面呈现不断缩小的好转迹象。

2008～2014 年京津冀高技术产业环境技术效率指数的变化及其分解　　表 3-3-5

地区	医药类			航空航天设备类		
	ML	EFFCH	TECH	ML	EFFCH	TECH
北京	1.086	1.033	1.175	1.589	1.297	1.184
天津	1.111	1.072	1.049	6.271	1.116	5.199

续表

地区	医药类			航空航天设备类		
	ML	EFFCH	TECH	ML	EFFCH	TECH
河北	1.072	1.044	1.031	1.808	0.889	1.747

地区	办公通信设备类			医疗仪器仪表类		
	ML	EFFCH	TECH	ML	EFFCH	TECH
北京	1.067	1.341	0.851	1.032	1	1.032
天津	1.094	1.077	1.023	1.13	1.275	1.298
河北	1.284	1.297	1.007	1.278	1.158	1.1

资料来源：作者整理。

3. 环境技术效率的收敛性分析

图 3-3-7 显示了京津冀高技术产业环境技术效率的变异系数走势情况，具体包括医药类（pm）、航空航天设备类（ae）、办公通信设备类（ce）、医疗仪器仪表类（ie）四大制造业类型。由图 3-3-7 可知，在研究期间，除 2010 年外，航空、航天及设备制造业环境技术效率的空间差异始终高于其他三大类制造业；除 2014 年外，医药类（pm）制造业环境技术效率的空间差异最小；在四大产业中，办公通信设备类（ce）、医疗仪器仪表类（ie）两大制造业的环境技术效率空间差异处于中间水平，除 2011 年出现了位序颠倒外，办公通信设备类（ce）制造业的环境技术效率空间差异始终处于较高水平。

京津冀高技术产业环境技术效率变异系数的时间变化轨迹显示，医药类（pm）、办公通信设备类（ce）、医疗仪器仪表类（ie）三大制造业环境技术效率的空间差异走势基本相同，2009 年以后呈现逐步缩小的趋势，特别是医药类（pm）和办公通信设备类（ce）两大制造业环境技术效率提高的趋同性在逐渐加强，而航空航天设备类（ae）制造业则尚未体现出这种趋同性。2013 年以后，由于京津冀地区污染防治力度加强，使得四大制造业环境技术效率逐步提高，且其空间差异呈缩小趋势。考虑政策滞后性，京津冀高技术产业环境技术效率差异扩大趋势在 2014 年基本得到控制。

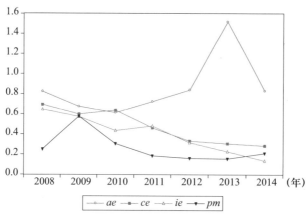

图 3-3-7　京津冀高技术产业环境技术效率的变异系数（2008～2014 年）
资料来源：作者整理。

4. 环境技术效率动态分布特征

本节通过核密度估计法来研究高技术产业环境技术效率峰值与偏斜变化，进而研究京津冀高技术产业环境技术效率分布特征问题。借助软件 Eviews9.0 得到京津冀高技术产业环境技术效率核密度分布图（图 3-3-8），结果显示：（1）从密度分布曲线位置平移来看，2008～2014 年，核密度分布曲线呈现向右平移，反映京津冀高技术产业环境技术效率处于不断增长态势。从小峰来看，2012 年开始密度函数中心较 2008 年已存在明显的变化，2014 年进一步向右平移，也进一步验证了这一结论；（2）波峰高度呈现先大幅提高后缓慢下降的走势，说明在 2008～2014 年京津冀高技术产业环境技术效率在明显差距缩小之后，又呈现出较为显著的扩大趋势；（3）京津冀高技术产业环境技术效率核密度分布呈现出从 2008 年的"单峰"模式到 2014 年的"双峰"特征，说明这一时期京津冀高技术产业环境技术效率呈现两极分化趋势，一部分高技术产业逐渐向环境技术效率较低水平集中，另一部分高技术产业则朝着环境技术效率生产前沿水平聚集，这也反映出高技术产业环境技术效率较低和较高地区内部的收敛特征，说明京津冀地区高技术产业环境技术效率区域不协调的状况较为显著。

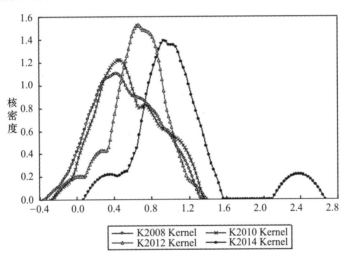

图 3-3-8 京津冀高技术产业环境技术效率核密度分布图（2008～2014 年）

资料来源：作者整理。

5. 小结

基于 2008～2014 年京津冀面板数据运用方向性环境距离函数模型、GML 指数模型、空间收敛性分析和核密度估计等研究方法对京津冀高技术产业环境技术效率进行测算，并对其空间分异特征进行深入分析，所得结果能够真实反映被评估省市高技术产业环境技术效率水平。研究京津冀高技术产业环境技术效率及其空间分异特征，对于分析天津市创新环境与产业结构优化升级耦合作用的效果，提高京津冀高技术产业的发展质量和推动区域经济可持续发展具有重要的理论意义和现实意义。

京津冀高技术产业环境技术效率要显著低于传统技术效率，若忽视环境污染因素，则会高估技术效率值，因此研究环境技术效率更为科学。京津冀地区高技术产业环境技术效率总体存在明显区域差异。其中，北京市的医药类和医疗仪器仪表类等两大制造业的平均环境技术效率处于生产前沿面上，航空航天设备类的制造业则提升速度最快。天津市只有航空航天设备类的制造业平均环境技术效率处于生产前沿面上，而办公通信设备类的制造业则发展潜力巨大。河北省四大产业的平均环境技术效率均未达到生产前沿，但医药类和医疗仪器仪表类等两大制造业则呈现明显的好转趋势。因此，围绕京津冀经济协同发展需求，重点提升具有比较优势的典型制造业环境技术创新效率，形成三省市高技术产业协同互补发展格局。

京津冀地区的医药类、医疗仪器仪表类等两大制造业环境技术效率提升均受到效率改进和技术进步的共同作用，相比之下，河北省的航空航天设备类制造业主要受到技术进步的影响，北京市的办公通信设备类制造业则主要依靠效率改进的拉动。因此，应进一步改善京津冀技术市场环境，有效提升环保技术的创新能力和技术溢出效应，注重高技术产业技术创新及技术引进对生态环境的影响。同时，整合企业、技术和人才资源，积极拓宽京津冀三地产学研合作创新渠道，吸收外国的资金和技术的同时提高资源开发和利用效率，全面提升京津冀高技术产业环境技术创新效率。

从空间分异来看，京津冀地区高技术产业环境技术效率整体呈现较为显著的区域不协调分布特征，两极分化趋势明显；京津冀三地的医药类，办公通信设备类和医疗仪器仪表类等三大制造业环境技术效率的空间差异走势基本相同，特别是前两大类制造业环境技术效率提高的趋同性在逐渐加强，而航空航天设备类制造业则尚未体现出这种趋同性。因此，构建高技术产业发展规划及政策扶持机制，深入推进供给创新战略，加大教育支持和科技研发投入，积极推进财政支持方式改革和专业化人才培养，全面提升技术、人才、资金的供给水平。

四、天津市创新环境与产业结构升级耦合协调发展的对策建议

（一）充分发挥政府职能，制定行业差异化高技术产业发展政策

通过政府调控和引导充分协调京津冀地区创新资源合理配置，保障和提升环境技术创新效率。

首先，充分发挥政府职能作用，各地政府需要进一步完善本地高技术产业的发展环境和市场环境，加大对高技术产业的政策导向和扶持力度，制定并实施有利于高技术产业创新的政策和措施。其次，充分发挥政府的推动作用，组织制定和实施本地区高技术产业规划，重视本地区产业结构的优化升级，保持适度的投资规模和合理的投资结构，集成资源，提高规模效率，走精益式发展之路。再次，政府应基于高技术产业的行业异质性特征综合运用税收优惠、财政支持或政府采购等政策，有效针对不同层次的产业进行差异化的政策支持，激励企业增加环保技术的研发投入，改善中小企业经营环境，提升其产业环境技术效率。最后，围绕京津冀经济协同发展需求，重点提升北京航空航天制造业航空、天津电子、计算机、办公设备及通信设备制造业、河北医药制造业技术和医疗仪器设备及仪器仪表制造业环境技术创新效率，形成三省市高技术产业协同互补发展格局。

（二）建立有效的技术市场机制，积极推动科学技术成果转化

聚焦突破核心关键技术，进一步提高自主创新能力，全面提升产品和服务的附加价值和国际竞争力。推进简政放权、放管结合、优化服务改革，破除旧管理方式对新兴产业发展的束缚，降低企业成本，激发企业活力，加快新兴企业成长壮大。有效提升环保技术的创新能力和技术溢出效应，需要进一步完善京津冀技术市场环境，注重高技术产业技术创新及技术引进对生态环境的影响。

第一，要充分发挥市场机制在配置资源中的基础性作用，培育和完善京津冀地区创新成果转化平台，加速科技成果转化，积极推动环保技术成果转化为商业化应用；积极推进产学研合作技术创新，强化企业与高校、科研机构之间的联系，能使企业以较低成本获得技术信息，培训技术管理人员，积极推进环保技术创新。第二，在技术引进过程中，正确处理技术引进和自主创新的关系，需要在引进国外先进技术的同时，强化自主研发核心技术，同时强调技术培训和管理制度学习将更能有效促进企业环境技术效率提升。应积极推行绿色设计研发系统和建设环保技术设备共性技术研发平台，鼓励国内企业研发生产符合环保标准的技术设备，积极拓展国内外市场，提高产业的国际竞争力。第三，要打破行政垄断，加强三省市跨地区高技术成果交流，促进资本、人才和技术的跨区域流动，有助于先进技术和绿色技术的转移和扩散。不断发展和完善产学研有机结合，打造三省市产学研合作创新战略联盟，整合京津冀地区企业、高校和科研院所的技术资源与人才资源，使投入的知识资源整合成畅通的知识流，从而降低高技术产业技术创新转化成本，增强高技术产业转化能力与转化效率，全面提升京津冀高技术产业环境技术创新效率。

（三）深入推进创新驱动发展战略，培养高技术产业专业化人才

要深入实施创新驱动发展战略，大力推进大众创业、万众创新，突出企业主体地位，全面提升技术、人才、资金的供给水平，营造创新要素互动融合的生态环境。人力资本是提高高技术产业环境技术效率水平的关键所在，因此京津冀地区应重点培养专业化人才。

第一，增加教育投入，尤其是与高技术产业发展相关的人才培养机构。与京津冀地区重点高校开展产学研合作，对于高校的高技术专业学习可以给予更多支持，例如通过与企业合作达到学以致用。要增加企业 R&D 人员投入，特别是从事基础性研究的拔尖人才及优秀科研团队要给予支持，增加科技人员的科技培训费、科技开发奖励经费等支出，激励科技人员的创新潜质，提高其创新质量。第二，要加大对科学技术的投入力度，尤其是对于一些非竞争领域、具有正外部性的产业环保技术领域研究要更加侧重。要优化企业 R&D 经费以及技术经费比例，加大技术购买、引进、吸收和改造费用，加速引进技术的消化、吸收、改进速度，提高技术利用率。第三，对于财政支持方式要不断创新，实现从政府支持为主社会支持为辅到社会支持为主政府支持为辅的转变，为高技术产业长期发展提供足够人才支撑。第四，建立健全人才任用、评价、激励和流动制度。在户籍和出入境、医疗、保险、住房、配偶安置、子女入学等方面对符合条件的高技术产业高端人才给予政策倾斜，营造尊重人才的社会环境。

（四）发挥引进外资的正向技术效应，限制高污染高能耗产业

在考虑环境污染的情况下，FDI 并不能使战略性新兴环境技术效率提高，反而阻碍了其技术效率的增长，但是不能因此否认 FDI 的作用。外资引入并没有显著促进高技术产业环境技术效率的提高，表明外资引入挤占本地企业市场份额所引致的"市场窃取"效应超出了外资引入带来的正向技术溢出效应。因此，京津冀地区应重点限制高污染高能耗产业，发挥引进外资的正向技术效应。一方面，对于可以促进高技术产业本地企业引进先进经验、先进技术或加速技术改造升级的外资，应加大税收优惠幅度，以鼓励这类外资的进入。而对于以高技术产业本地企业"代加工"为目的的外资，应降低或取消税收优惠政策，以防止低质量的盲目引资；另一方面，鼓励 FDI 的同时限制高污染、高耗能产业。外商直接投资使得国外先进的技术以及先进的管理方法溢出，从而有助于提升天津市高技术产业的环境技术效率。

（五）强化产业集聚效应，构建高技术产业联动发展格局

产业集聚度对高技术产业环境技术效率的提高并未体现出来，说明产业集聚并未充分发挥其外部规模经济性。因此，天津应通过多种方式改善高技术产业政策环境，强化产业集聚效。首先，应打破行政区分割和行业垄断，将高技术产业的各行业领域集中到能体现其优势的地区，完善土地经营及保障机制，加强区域经济合作，在全国范围内形成科学、合理、有序的高技术产业联动发展格局，强化产业集聚效应，提高天津市高技术产业环境技术效率水平。其次，改善高技术产业政策环境，加强政府资金投入，如通过政府设立专门用于高技术产业发展的专项资金、科技创业投资资金，建立地区政策性金融机构，拓宽企业融资渠道。再次，以现有的资源为基础对传统产业进行升级，促进优势的、新兴的产业先行发展壮大，实现科技型中小企业的聚集，培育一批高技术产业核心企业及总部经济。最后，整合京津冀地区区域产业资源，培育配套支撑产业及相关支撑机构，建立专业化的公共服务平台，积极推动共性技术协作、技术交叉对接、信息服务、专业数据库共享、知识设备共享等中介服务，实现多主体服务高技术产业格局，推动高技术产业集群创新体系形成。

第四章

天津市空间结构的演化与重塑

第一节 天津市空间形态的演化

一、相关理论基础

经济活动以特定的自然地理空间为载体，各种经济要素在一定的地域范围内相互交换，相互依赖、相互作用，在向心力和离心力的作用下按照经济原则形成特定结构的空间组织形式，经济事物之间的这种空间分异和组织关系以中心、外围、网络为构成要素，由聚集点、生长线和扩散面构成相对独立的空间经济单元，其相互关系就是区域经济空间结构（张晓春，2018）。

区域经济空间结构是区域生产要素、经济发展水平、产业结构类型、经济控制力等在一定地域空间上的综合反映，在国内外有关文献中，通常说的区域空间结构就是指区域经济空间结构（陆大道，2002）。区域经济空间结构既是区域空间结构的主体和发展变化最频繁的部分，又是对区域经济发展影响最大、与区域发展关系最密切的区域空间结构。

回顾区域经济空间结构理论的发展脉络，区域经济空间结构理论的发展可以分为三个阶段（郭腾云等，2009）：

第一阶段是19世纪初~20世纪40年代，在这一时期区域经济空间结构研究主要是对产业、企业的区位选择、空间行为和组织结构规律性的阐述，产生了区域经济空间结构的基础理论经典——区位论。第二阶段是在二次世界大战后至20世纪80年代，在社会经济发展中各种区域问题的出现，区域经济学研究的重点开始转向关注区域总体空间结构与形态的研究。从注重抽象的纯理论研究，演变为从总体出发寻求各经济主体在空间中的最优组合与分异的区域经济空间结构演化理论。第三阶段是20世纪80年代以后，区域经济空间结构理论进入到新空间经济学时期，研究重点立足于对经济活动的空间集聚和区域增长集聚的动力分析，通过对集聚的空间格局研究，认为区域空间集聚的动力机制是报酬递增、运输成本和需求的相互作用等。区域经济空间结构演化理论主要有以下几方面内容。

（一）增长极理论

法国经济学家佩鲁首次在提出增长极概念，佩鲁认为经济增长的动力主要来源于技术进步和创新，具有创新能力、发展速度较快的少数产业，一方面吸引经济空间的经济要素向其集中从而形成经济要素聚集的"磁力源"，另一方面又通过与其他产业的联系对后者的发展产生推动作用。所以，佩鲁将具有创新能力并率先发展的产业称为推进型产业，与之相关的产业称为关联产业。推进型产业的产生，改变了经济空间中要素流动的方向，形成了以其为中心的要素流动和配置趋势，形成以其为主导的产业联系和组织格局，从而形成了经济增长的中心,而推进型产业或者这类产业的集合体就是经济增长极。佩鲁的增长极局限于经济空间,布代维尔将其与地理空间相结合,提出了区域增长极的概念。区域增长极可以是推进型的产业,也可以是率先快速增长的地方或区位,是区域的主导产业、创新产业及其部分关联产业在地理空间聚集而形成的经济中心。一般而言,区域增长极通过乘数效应、支配效应、极化和扩散效应对区域经济活动产生影响,其理论实质是区域经济发展的非均衡性,不同规模等级的增长极构成区域经济的增长中心体系和空间结构的主体框架,增长极的产生、发展、衰落和消失使得经济空间不平衡状态持续变化,区域产业结构和空间结构随之变得复杂。

(二)"中心-外围"理论

弗里德曼在区域增长极理论的基础上,在1966年的《区域发展政策》一书中正式提出了区域空间结构的"核心-边缘"模式,并在《极化发展的一般理论》中进一步阐述了"中心-外围"理论,该理论认为:工业化前期,区域生产力水平低下,经济极不发达,区域内、区域间没有经济联系,总体处于低水平的平衡状态;工业化初期,某个地方经过长期积累或外部刺激获得发展动力,经济快速增长到一定程度成为经济中心,其他的外围地区由于缺乏自主权处于被支配地位,区域空间结构的原始平衡状态被打破,逐渐形成了二元极化空间结构;工业化阶段,随着经济活动范围的扩展,新的经济中心不断涌现,新的经济中心和原有经济中心在发展空间上互相组合联系,形成区域的经济中心体系,每个经济中心与其配套的外围地区一起构成若干个规模不等的"中心-外围"结构,这些"中心-外围"结构根据其中心在经济中心体系中的位置和关系,互相组合在一起形成了区域空间结构;后工业化阶段,经济发展到达较高水平,随着区域内区域间经济交往日趋紧密和广泛,不同规模层次的经济中心和外围地区的联系越来越紧密,经济发展水平差异缩小,中心和外围的界限越来越模糊,区域空间结构走向一体化。

(三)"点轴-网络"开发理论

陆大道先生在中心地理论和增长极理论基础上创立了点轴系统理论,"点"指的是各级中心地,也就是区域的各级中心城镇;"轴"指的是各级发展轴,包含线状基础设施、位于线状基础设施或交叉点上的城市、工矿区、港口、郊区农业等以及发展轴上所有中心城镇和交通岗站的直接吸引范围,若干的点和发展轴按照一定的空间关系和等级体系组合成为点轴系统。产业和人口在空间上聚集形成点,点与点之间由线状基础设施相互连接,并将发展轴作为扩散路径向周围地区辐射影响力,以取得社会经济运行的动力,各方向上的扩散强度不同引起各发展轴线上经济聚集规模差异。点轴渐进扩散模式反映社会经济空间组织形成演化的基本规律,在我国的区域开发和改革实践中广泛应用。点轴系统理论之后,网络式空间结构逐渐发展起来。在点轴系统的发展过程中,为了满足获取资源要素、开拓市场的需要,位于轴线上不同等级的点会同时与周围的多个点产生联系,点与点之间就会建设多路径的联系通道,形成纵横交错的交通、通讯、能源供给网络,网络上的各个点对周边区域的经济社会产生组织带动作用,构成区域增长的中心体系,同时网络打通了区域内各区域间的联系,使得网络传输各种资源要素更为便捷高效,构成了网络空间结构,依托该网络空间结构区域经济和社会活动重新分布组合,形成层次分明、功能各异、分工合作的区域经济系统。

(四)区域经济梯度转移理论

哈佛大学经济学家弗农较早提出了"工业生产生命周期阶段论",该理论认为任何工业部门、工业产品都会经历创新、兴旺、停滞、衰退4个阶段,循环往复生生不息。区域经济学者将这一理论引入到区域经济学的研究中,转化为区域经济梯度转移理论,其主要观点为:由于经济技术的差异,不同地区处在不同的经济发展梯度之上,以创新部门为主导部门的地区被列入高梯度区域,随着时间推移及生命周期阶段的变化,产业和技术将通过多种构架的城市管理系统从高梯度地区向低梯度地区转移。夏禹龙等对梯度推移理论进行了研究并将该理论与中国的实际相结合,认为中国的区域之间存在着经济技术梯度,提出经济增长的层次发展策略,将中国按地域分为东部、中部和西部三大地带,主张优先发展高技术梯度的东部,然后逐步向低技术梯度的中部和西部推进,从而减少区域差异(夏禹龙与刘吉等,1983)。虽然从理论上解释较为合理,但在实际应用、层次进步过程中存在问题,可通过发展区域型经济、构建协调发展理论等进一步发展广义层次的相关理论。

二、城市空间结构特征

英国学者汤姆逊在其所著的《城市布局与交通规划》中对城市结构作了如下定义:城市结构是指城市的大小和形状以及城市范围内居住、工作和其他活动的分布,它主要由4大因素组成:地理特征、相对可达性、规划建设控制和动态作用。陆化普在此基础上把城市结构定义为城市土地利用形态,即城市的土地使用性质与开发强度。著名的传统结构模型主要有以下三种:

同心圆带状结构模型:1923年伯吉斯提出通过同心圆结构,可以最清楚地解释城市的内部结构,将城市模拟成生命体进行分析,同心圆学说的城市空间结构模式基本符合一元结构城市的特点,其从动态变化入手,为探讨城市空间结构提供了一种思想方法(图4-1-1)。

扇状结构模型:1939年由霍伊特提出,他根据对城市内部居住区分布所进行的调查,认为在解释城市内部结构时,扇形结构比抽查法或同心圆带状结构模型更具合理性(图4-1-2)。

多核心结构模型:1945年由哈里斯和厄尔曼提出,多核心结构模型首先将同心圆带状模型看作是城市的整体结构,而面对居住区的结构时则主张采纳扇形结构模型(图4-1-3)。

此外,我国著名学者杨吾扬认为城市空间结构的演变可归纳为三种类型——向心集中型、离心分散型、向心分散型。

城市空间结构大致存在三个层次及尺度的空间状态(图4-1-4)。

一是城市的内部空间,以主城为主,包括城市各功能区。它是城市空间中最基本的空间实体,也是城市空间集聚与扩散的核心,它的演化及发展最能反映城市的本质现象及趋势。

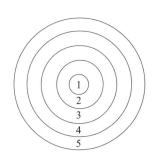
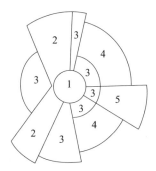
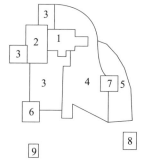

图 4-1-1　同心圆带状结构模型
1—中心商业区；2—过渡地带；
3—自食其力的工人居住地带；
4—较好的居住地带；
5—通勤者居住地带

图 4-1-2　扇状结构模型
1—中心商业区；2—批发商业区；
3—低级住宅区；4—中级住宅区；
5—高级住宅区

图 4-1-3　多核心结构模型
1—中心商业区；2—批发与轻工业带；
3—低级住宅区；4—中级住宅区；
5—高级住宅区；6—重工业区；
7—卫星商业区；8—近郊住宅区；
9—近郊工业区

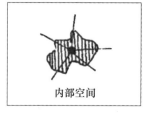

内部空间　　　　　　外部空间　　　　　　群体空间

图 4-1-4　城市空间系统

二是城市的外部空间，包括城市的郊区卫星城，各类飞地及城市的边缘乡村，这个空间层面是最为活跃的地区，它反映了城市的成长以及可能的演化方向。

三是城市的群体空间，实为城市的区域腹地，这一层面包括了城镇空间与区域基质空间在内的一个地域系统，这个空间层面所反映的是城市与城市、城市与区域之间更为宏观的关系。

三、天津市经济空间形态演化

天津简称"津"，意为天子经过的渡口。天津的形成始于隋朝大运河的开通。明永乐二年（1404年）设"天津卫"，同年12月又设天津左卫并筑城，至此，天津城初具规模。从明永乐二年（公元1404年）正式建卫到2019年，天津建城已有615年。

天津市土地总面积11916.9km²。现辖16个区，包括滨海新区、和平区、河东区、河西区、南开区、河北区、红桥区、东丽区、西青区、津南区、北辰区、武清区、宝坻区、宁河区、静海区、蓟州区。

天津地处太平洋西岸，中国华北平原东北部，枕河濒海，自古便是京畿门户。天津是中蒙俄经济走廊主要节点、海上丝绸之路的战略支点、"一带一路"交汇点、亚欧大陆桥最近的东部起点，凭借优越的地理位置和交通条件，成为连接国内外、联系南北方、沟通东西部的重要枢纽，是邻近内陆国家的重要出海口。天津港是我国北方第一大港，也是我国沿海码头功能最齐全的港口之一，对内拥有400多万平方公里的辽阔腹地，对外与180

多个国家和地区的 500 多个港口建立合作关系，航道和码头等级均达到 30 万吨级，建成全国最大的保税港区和亚洲最大的邮轮母港。天津背靠中国华北、东北、西北地区，经济腹地辽阔；面向东北亚和迅速崛起的亚太经济圈，天津成为中国参与区域经济一体化和经济全球化的重要窗口。滨海新区、中国（天津）自由贸易试验区等被纳入国家总体发展战略布局后，天津的区位优势更加凸显，城市活力和竞争力得到进一步激发。

从具有城市雏形到现在，天津城市发展经历了 600 多年。以重大事件和空间存在状态以及经济发展统筹考虑，大概可以分为以下 5 个历史阶段（谢广靖，2013）。

（一）城镇雏形形成期（明代以前）

元朝之前，天津平原上基本为一些散落的居民点和军事据点。元定都大都后，由于首都的物资需求巨大，单靠漕运已不能满足需要，开始实行以海运为主、河运为辅的方式。所有进京物资须经海津镇（直沽）通过北运河，最终直达京畿。为适应漕运的需要，海津镇沿河发展，从今天的军粮城、大直沽、三岔口（小直沽或者直沽）、南仓、北仓、直到杨村，形成带状河港空间格局，但尚未建造城池，形成了早期有市无城的城镇雏形。在这一时期，天津的发展是自发式的，所谓点状城镇更多呈现为村落的形态，沿海河两岸自由分布，空间形态发展是散乱无序的。

（二）城市平稳发展期（1404～1860 年）

为了军事防御，1404 年明朝天津设立卫城。城址选在南、北运河交汇的三岔河口西南，面积仅 1.5km²。经过 90 多年的发展，在天后宫一带商业街初露端倪；在北门外沿卫河（南运河）一带，已有码头东街。天津开启了作为城市的建设发展史。

清朝时期，天津城因汛灾经历多次重建，并最终将天津城向南移"100 步"，解决了汛灾的危害。在漕运、盐运和海运带动下，天津城以北、卫河以南的地方（天津城南移后留下的空间）先后形成各种商业街。同时，沿河的小城镇得到了进一步的发展，但规模小、职能单一，城镇间联系微弱，并没有产生多大的效应。这一时期，天津可谓是"以卫建城，因漕兴城""先市后城"，市在城外（主要位于城的北面和东面），城在市旁，两者是割裂的，职能完备的城市形态并未完全呈现。由于漕、盐和海运的发展，以及天津城的建设，天津的城市形态呈现出以卫城为核心，以海河和南运河为轴线自发伸展，城市空间沿海河不断扩大。

（三）城市空间形态奠定期（1860～1948 年）

天津城市空间大变化从 1860 年鸦片战争后开始，随着租界区相继设立而发生。英国、法国、美国三国首先在海河上游（主要指今天的大沽北路沿线、鞍山道沿线、五大道地区）设立租界，控制通往海上的要冲之地。八国联军入侵时，沙俄、意大利、奥地利等相继在海河以东地区划定租界，城市空间开始向海河以东地区扩展。到 1902 年九国租界形成时，天津城区沿海河两岸东西向跨海河纵深 3～4km，南北长达 5km，用地规模达 15.57km²，面积相当于老城区的 10 倍。但是全市的商业活动依然位于老城周边，租界区基本以居住功能为主，作为老城与租界区联系之地的南市也开始发展。至此，天津从片式发展转向以海河为轴向东南方向轴式发展，并深深影响以后城市发展方向。

(四)城市发展停滞期(1949~1978年)

天津在中华人民共和国成立后,开始编制规划方案引导城市建设。天津市于1953年、1959年分别编制了天津市总体规划,开始引导城市向垂直海河的方向发展。虽然方案对城市建设指引起到了一定的效果,但是随后的天津隶属关系几经变化,"文革"期间城市建设停止,以及唐山大地震的破坏,天津城市发展缓慢甚至停滞不前,已经远远落后于上海、北京。在整个计划经济时期,天津城区空间有了一定的扩展,但仍没有改变单中心的城市格局。海河航运功能消失,塘沽港口难以发展,城市沿海河向东南拓展的动力受到压制,城市形态开始由沿海河东南-西北向拓展转向东北-西南向拓展。

(五)城市快速发展期(改革开放以来)

改革开放后,城市经济快速发展,城市空间扩张迅猛,城市空间形态真正在城市规划的指引下进入有秩序的、有计划的发展时期。海河上游航运功能消失,向生活功能转变。海河沿岸两侧的工业企业逐渐向外搬迁。基于城市发展现状情况考虑,1986版城市总体规划(以下简称"86总规")提出了"一条扁担挑两头"的城市布局构思,即整个城市以海河为轴线,改造老市区,作为全市的中心;工业发展重点东移,大力发展滨海地区。到1994年,天津中心城区建成区面积达到242km^2,为改革开放前的2倍。

1999版城市总体规划(以下简称"99总规")和2006版城市总体规划(以下简称"06总规")延续了86总规的"工业东移"的发展思路。在此思路指导下,天津市政府重点加强重大工程项目的引进,突出重大工程项目的引领作用,加快城市建设。在06总规批复的同时,滨海新区上升为国家发展战略,并得到国家优惠政策支持,进一步加快了城市建设的步伐。为了与国家战略相对接,同时考虑城市快速发展的事实,2008年天津编制《天津市城市空间发展战略规划》(以下简称《战略规划》),提出了"双城双港"的战略构想。

为了加快"工业东移"战略实施、支撑"双城双港"战略构想的实现,天津实施了一大批重大工程,市政府搬迁,市文化中心建设,海河教育园建设等(图4-1-5、图4-1-6)。

图 4-1-5 天津市文化中心
资料来源:实地拍摄与网络下载。

图 4-1-6 海河教育园
资料来源:实地拍摄与网络下载。

同一时期,180项重大工业项目和120项重大服务业项目实施建设,天津城市空间结构发生了很大变化,滨海新区的发展迅速壮大,主副中心的城市格局初步形成。在中心城区和滨海新区双向引力的拉动下,两者之间的海河中游得到快速发展,"一轴"凸显。这一时期，天津编制了大量城市总体规划，且由于城市发展以及其他一些因素的影响，对其进行了不断的修改。但城市建设基本在城市总体规划的指导下开展，城市空间结构由单中心拓展到"一城一港"，再到现在的城市"主副中心"结构，正逐渐向"双城"结构迈进。在此过程中，重大事件和重大项目奠定了城市空间格局。城市建设从海河上游跳跃至海河下游，又回至海河中游，始终沿着海河进行。

从整个600多年的发展历史中可以看出，无论是开始时的自发建设还是后来按照规划进行的有序开发，天津城市发展始终围绕着河海，缘起于海河起端，崛起于海河上游，在海河下游结点并向南北拓展开来。从海河上游向海河下游（蛙跳式的），从单中心结构到"一主一副"的空间结构，海河成为城市发展建设的引线和动脉，城市性质的改变与海河功能的变化相伴。

张寞轩（2014）从宏观层面对天津市城市发展阶段进行了划分，并通过对不同时段的城市发展背景、发展法相和城市结构的梳理解析了城市空间演化特征，并从中提取了各阶段的典型街区（表4-1-1）。每个阶段相关特点如下。

天津城市空间结构演化及各阶段特征图标 表4-1-1

时间	1404～1860年	1860～1949年	1949～1978年	1978年至今
划分阶段	明清时期	变革时期	计划经济时期	社会主义市场经济时期
城市职能	军事据点、商贸城市	工商业城市	工业城市	综合性港口城市
发展方向	沿运河东西发展	沿海河"西北——东南"带型发展	沿环路圈层式扩张	以中心区和滨海新区为双核呈轴向扩张
发展方向示意图	天津卫城	天津卫城	（示意图）	轴向蔓延式发展
城市结构	双核结构	双核结构	弱中心圈层结构	双核结构
城市结构示意图	卫城政治文化中心、北门外商业中心	河北新区、紫竹林商业金融中心	（示意图）	（示意图）
典型街区	天津卫城	租界区、河北新区	单位大院（工人新村）	新区（滨海新区）

1. 1404～1860年：明清时期

此时期天津的城市职能以军事据点和商贸为主，城市发展方向主要为沿运河东西方向发展，并形成了以天津卫城为政治、文化中心，以北门外商业区为商业中心的双核心结构。此时期最典型的街区建设为天津卫城内的街区。

2. 1860～1949年：变革时期

此时期天津的城市职能转变为工商业城市。城市发展方向主要为沿海河"西北-东南"带型发展，并形成了以河北新区为政治文化中心、以紫竹林租界区为商业金融中心的双核心结构。此时期最典型的街区建设为河北新区和租界区的街区。

3. 1949~1979年：计划经济时期

此时期天津的城市职能转变为工业城市，城市发展方向主要为以环状路网为框架的圈层扩张，并形成了以中心广场为中心的弱中心的同心圆结构。此时期最典型的街区建设为单位大院，并以工人新村尤为典型。

4. 1979年至今：社会主义市场经济时期

天津的城市职能转变为综合性港口城市，城市的发展为以原有旧城为中心填充式发展和以滨海新区为中心扩张式发展的双重发展模式，并已经形成了以主城的中心区和滨海新区的塘沽城区双重中心的"双核心"城市结构。此时期最典型的街区建设为旧区改造和新区建设，而相比于旧区，新区的街区，尤其是滨海新区的街区则更有代表性。

第二节 天津市城市空间结构的实证分析

一、指标体系构建

本书研究区域为2017年天津市市辖区，包括：滨海新区、和平区、河北区、河东区、河西区、南开区、红桥区、东丽区、西青区、津南区、北辰区、武清区、宝坻区、静海区、宁河区、蓟州区。研究数据来自于2006~2018年天津市统计年鉴。根据所获得的数据，从区位优势、经济结构及变动、人口结构及变动、经济环境等4个角度选取了15个指标进行了因子分析和聚类分析，其中短期动态信息（产业结构）利用了近三年的数据，中期动态信息（人口密度等）利用了近10年的数据，然后根据各区县实际情况进行判断归类并总结各区域空间演化特征（表4-2-1）。

天津市各区城市综合评价指标　　　表4-2-1

区　位	区政府到天津火车站直线距离
经济结构及变动	2017年人均GDP
	2017年第二产业占GDP比重
	2017年第三产业占GDP比重
	2005~2017第二产业占GDP比重变化
	2005~2017第三产业占GDP比重变化
人口结构及变动	2017年人口密度（人/km²）
	2007~2017人口密度变化值
经济环境	2017年每千人卫生机构床位数
	2017年每千人执业（助理）医师数
	2017年每千人注册护士数
	2017年每百元主营业务收入成本

续表

区　位	区政府到天津火车站直线距离
经济环境	2017年每万人实际直接利用内资
	2017年每万人实际直接利用外资
	2017年资产负债率

二、实证分析

（1）因子分析适用性检验

本书使用SPSS25中的KMO测度和巴特利特球形检验进行因子分析中的相关性分析，KMO值越大表示变量间共同因子越多，越适合进行因子分析，如果KMO的值小于0.5，则不宜进行因子分析。结果如表4-2-2所示，KMO值为0.681，大于0.5。巴特利特球形检验的显著性水平为0.000，小于0.05。结合两项的检验结果，原有数据之间具有相关性，适宜进行因子分析。

KMO和巴特利特检验 表4-2-2

KMO和巴特利特检验	类　别	数　值
KMO取样适切性量数		0.681
巴特利特球形度检验	近似卡方	377.233
	自由度	105
	显著性	0.000

变量间线性相关情况是决定能否进行因子分析的前提，所以检验15个变量是否适合作因子分析。首先需要进行变量线性相关的研究，且变量间具有越强的线性关系越易于综合出公因子。巴特利特检验和KMO检验可检测线性相关。表4-2-2中显示出KMO值为0.681，参考KMO度量（0.8~0.9非常适合，0.6~0.7合适，0.5及以下不适用）可知，研究所选择的15个变量较合适作因子分析，而巴特利特检验值是251.282，其相应的概率值是0.000，低于显著性水平0.05，也说明变量具有线性相关。

（2）因子提取效果分析

表4-2-3给出的是公因子方差，通过主成分分析方法以初始方差为1提取结果分析来看，15个指标中：9项指标的公因子方差超过了90%，总体的有效信息提取较好，变量的信息丢失较少。

公因子方差 表4-2-3

指　标	初　始	提　取
2017年人均GDP	1.000	.964
2017年第二产业占GDP比重	1.000	.950
2017年第三产业占GDP比重	1.000	.953

续表

指　　标	初　　始	提　　取
2005～2017第二产业占GDP比重变化	1.000	.984
2005～2017第三产业占GDP比重变化	1.000	.978
2017年人口密度（人/km²）	1.000	.969
2007～2017人口密度变化值	1.000	.824
2017年每千人卫生机构床位数	1.000	.953
2017年每千人执业（助理）医师数	1.000	.956
2017每百元主营业务收入成本（元）	1.000	.819
2017年资产负债率	1.000	.892
2017年每万人实际直接利用外资	1.000	.741
2017年每万人实际直接利用内资	1.000	.845
2017年每千人注册护士数	1.000	.948
区政府到天津火车站直线距离	1.000	.524

提取方法：主成分分析法。

（3）提取公因子

从图4-2-1中可以看到第1个公因子的方差解释贡献最大，随后因子的方差贡献率趋缓。考虑所研究问题的实际意义，结合碎石图，提取了四个公因子。

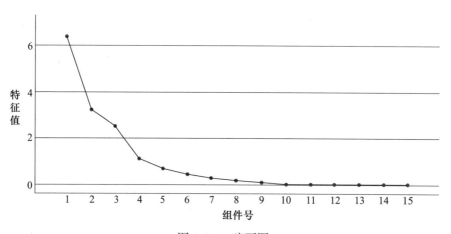

图4-2-1　碎石图

根据表4-2-4，每列数据分别代表特征值、方差贡献率和累积方差贡献率。首先观察第一组数据项，第一个因子特征值为6.400，解释原有变量方差的42.663%，累积方差贡献率为42.663%；第二个因子特征值为3.253，解释原有变量方差的21.689%，累积方差贡献率为64.352%；其余数据以此类推，最后提取的15个变量均可被解释。观察第二组数据项，发现前四个因子的特征值是6.400、3.253、2.533和1.114，前四个因子特征值大于1，方差贡献率分别为42.663%、21.689%、16.885%、7.429%，同时累积方差贡献率达88.667%。再观察第三组数据项，前四个因子经过旋转后累积方差贡献率未发生变化，表示没有影响公因子的提取。综上，整体上的变量信息丢失较少，因子分析效果较好。

总方差解释   表4-2-4

成分	初始特征值			提取载荷平方和			旋转载荷平方和		
	特征值	方差贡献率（%）	累积方差贡献率（%）	特征值	方差贡献率（%）	累积方差贡献率（%）	特征值	方差贡献率（%）	累积方差贡献率（%）
1	6.400	42.663	42.663	6.400	42.663	42.663	5.763	38.422	38.422
2	3.253	21.689	64.352	3.253	21.689	64.352	2.771	18.476	56.898
3	2.533	16.885	81.238	2.533	16.885	81.238	2.618	17.453	74.351
4	1.114	7.429	88.667	1.114	7.429	88.667	2.147	14.316	88.667
5	.685	4.564	93.231						
6	.438	2.921	96.152						
7	.270	1.801	97.952						
8	.183	1.218	99.170						
9	.090	.603	99.774						
10	.016	.105	99.878						
11	.010	.066	99.944						
12	.007	.045	99.989						
13	.001	.008	99.997						
14	.000	.003	100.000						
15	.000	.000	100.000						

提取方法：主成分分析法。

（4）因子载荷矩阵的旋转及主成分因子的命名

这里采用主成分法计算因子载荷矩阵，根据因子载荷矩阵可以说明各因子在各变量上的载荷，即影响程度。由于初始的因子载荷矩阵系数不是太明显，为了使因子载荷矩阵中系数向0~1分化，对初始因子载荷矩阵进行方差最大旋转，旋转后的因子载荷矩阵（表4-2-5）。

旋转后的因子载荷矩阵[a]   表4-2-5

指标	成分			
	1	2	3	4
2017年人口密度（人/km²）	.968			
2017年每千人卫生机构床位数	.933			
2017年每千人执业（助理）医师数	.928			

续表

指　　标	成　分			
	1	2	3	4
2017年每千人注册护士数	.896			
2017年第三产业占GDP比重	.886			
2017年第二产业占GDP比重	-.863			
2017年每万人实际直接利用内资		.911		
2017年人均GDP		.873		
2017年每万人实际直接利用外资		.823		
2017年资产负债率		.940		
2017每百元主营业务收入成本（元）		.808		
2007-2017人口密度变化值		.784		
2005-2017第三产业占GDP比重变化			.969	
2005-2017第二产业占GDP比重变化			-.962	
区政府到天津火车站直线距离				.675

提取方法：主成分分析法。
旋转方法：凯撒正态化最大方差法。
a. 旋转在6次迭代后已收敛。

由转轴后的因子矩阵可以看出：

第一因子可以解释变量：2017年人口密度（人/km²）、2017年每千人卫生机构床位数、2017年每千人执业（助理）医师数、2017年每千人注册护士数、2017年第三产业占GDP比重、2017年第二产业占GDP比重，从这些变量可以看出第一因子具有原有人口密度较高，第二产业比重小、第三产业比重较大、医疗卫生条件比较好的特点，所以将第一因子命名为服务型因子。

第二个因子可以解释变量：2017年每万人实际直接利用内资、2017年人均GDP、2017年每万人实际直接利用外资、2017年资产负债率、2017每百元主营业务收入成本（元）、2007~2017人口密度变化值，从这些变量可以看出第二因子具有较好的利用外资和内资条件，所以将第二因子命名为投资型因子。

第三个因子可以解释变量：2005~2017第三产业占GDP比重变化、2005~2017第二产业占GDP比重变化，这两个变量主要解释第二、第三产业占GDP变化的趋势，所以将第三个因子命名为产业转型因子。

第四个因子只有一个变量：区政府到天津火车站直线距离，可以解释为区位优势因子。

根据四个公因子覆盖的变量，以尽可能最大限度地包含每个公共因子的信息度，方便对不同区的城市空间结构进行评级和分析。

(5) 各个区因子得分结果如表 4-2-6 所示：

各个区域因子得分　　　　　　　表 4-2-6

区域	F1	F2	F3	F4	F
宝坻区	−0.80205	−0.11176	−0.3254	0.034	−0.38
北辰区	−0.37755	0.73098	0.2636	−0.34529	−0.04
滨海新区	−0.67439	2.31635	0.83824	−0.43622	0.2
东丽区	−0.74535	0.20764	0.63617	0.42128	−0.15
和平区	2.26024	1.3581	−0.14766	2.14257	1.61
河北区	0.64493	−0.48447	−1.74495	−0.403	−0.03
河东区	0.33752	−1.2296	0.33458	0.53792	−0.01
河西区	1.05453	−0.6125	0.62889	0.37657	0.43
红桥区	1.2095	−0.73652	0.22576	−2.43379	−0.04
蓟州区	−1.05154	−1.59111	0.1046	0.91586	−0.63
津南区	−0.2104	0.38438	−0.53498	−0.28027	−0.09
静海区	−0.96334	−0.75414	1.23602	1.00204	−0.31
南开区	1.24091	−0.57068	0.37429	−0.56788	0.34
宁河区	−0.94633	−0.0486	−2.37114	0.43167	−0.52
武清区	−0.4869	0.17869	1.33386	−0.68233	−0.19
西青区	−0.48976	0.96325	−0.85188	−0.71312	−0.18

从表 4-2-6 可以看出，在第一个因子（服务型因子）中，天津市市内六区（和平区、河北区、河东区、河西区、红桥区和南开区）因子得分是正值，说明这几个区以服务型产业为主；在第二个因子（投资型因子）中滨海新区、和平区、西青区、北辰区、津南区、东丽区、武清区是主要投资区域，其中滨海新区是最具有优势投资区域；第三个因子中，武清区、静海区得分最高，实际中武清与静海两个主要区域应该进行企业转型升级，提升本区域经济地位；在第四个因子（区域优势因子）中，和平区得分较高，因此应该发挥区位优势进行发展。

从综合发展来看，和平区、河西区、南开区、滨海新区得分较高，应该发挥各自优势进行发展，这些区域在经济发展中超过平均水平。

(6) 使用聚类分析

本文采用系统聚类，考虑因子分析的 15 个变量，将 15 个区进行聚类分析，聚类分析结果如图 4-2-2 所示。

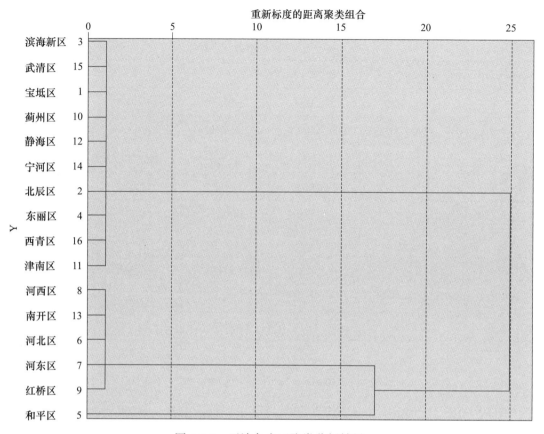

图 4-2-2 天津各个区聚类分析结果

从图 4-2-2 可以看出，和平区因其位置、经济等状况发展比较好，独自成一类，河西区、南开区、河北区、河东区和红桥区这 5 个区域发展状态相似，其他区域相近形成一类。

第三节 京津冀协同视角下天津市空间结构联系

一、引力模型提出

国内对于京津冀城市群的空间视角的研究比较多，如关晓光和刘柳（2014）综合运用主成分分析法和修正的引力模型实证分析了京津冀地区各城市之间的空间经济联系强度。陆大道（2015）根据京津冀地区的特点和优势，定性探讨了京津冀地区各省市的战略定位，然后提出京津冀城市群一体化发展任务与目标。李磊（2015）从基础设施现代化水平、智慧化水平、生态可持续发展水平和公共服务水平四个维度，建立城市群发展质量的评价指标体系，对京津冀城市群地级城市发展质量，以及京津冀、长三角城市群内核心城市发展质量做了对比评价。鲁金萍（2015）首先引用中心职能强度模型划分了京津冀城市群中心城市的等级，并且选取了 38 个指标，通过修正的引力模型分析和测度了京津冀城市群内部各等级城市间的经济联系强度。王宏玉（2011）利用引力模型，利用"城市质量"和"经济距离"的指标体系测度京津冀城市群间的经济联系强度，并且提出京津冀城市群的空间结构未来应遵循以京津为双子主核心区的"一主二副"模式。

引力模型源自于牛顿在《自然哲学（数学原理）》上提出的物理学万有引力定律，即整个宇宙间的任意两个物体都有引力存在着，其间作用力引力的大小与它们的质量成正比，与它们之间距离的平方成反比。类似宇宙间的物体，一个城市可以视为由人口、资源、资金、技术、信息等所组成的巨大磁场，因此分布在该地域内的各种规模、类型的城市间也就存在着不同力度和方向上的相互作用。

随着区域经济学的迅速发展，引力模型被广泛地应用于"空间相互作用"和"距离衰减效应"的经验研究应用中。1921～1931 年期间，Reilly 经过对美国大量城市的调查，并借鉴物理学中的牛顿万有引力定律，提出了"零售引力法则"又称为"雷利法则"用以确定商品零售区的范围。其认为一个城市从其周围地区的城镇吸引的零售贸易，同城市的人口规模成正比，同城市距离的平方成反比，即：

$$A_i = \frac{P_{ji}}{d_{ij}^2} \quad (4\text{-}3\text{-}1)$$

P. D. Converse 发展了 Reilly 理论，把它应用于区域发展中城市之间相互吸引力的测度，认为两个城市之间相互吸引力与两者的规模呈正比，而与它们之间距离成反比，提出了 Reilly-Converse 断裂点公式，即：$d_{ix} = \frac{d_{ij}}{1+\sqrt{p_j/p_i}}$，公式中 i、j 分别为两个市场中心，x 为市场分界点，d_{ix} 代表 i 到 x 的距离，d_{ij} 为 i 到 j 之间距离，p_j 和 p_i 分别为两个市场中心的人口规模。

K.E. Haynes 和 A.S.Fotheringham（1981）对该法则进行了完善，即为主要变量设置了指数，该法则的思想可以用 $I = K \frac{M_i^\alpha M_j^\beta}{d^\gamma}$ 表示。根据异速生长关系，城市的广义维度理论上趋于相等，即有 $\alpha = \beta$，因此可以转化为 $I = K \frac{M_i M_j}{d_{ij}^b}$。

结合已有理论，可以简化得出公式 $F_{ij} = \frac{M_i M_j}{d_{ij}}$，其中 F_{ij} 表示城市 i 与 j 之间相互吸引力；M_i 和 M_j 表示城市 i 与 j 的质量，d_{ij} 表示城市 i 与 j 之间距离。

在已有理论基础之上，结合王宏玉（2011）的相关成果，构建了相关理论模型。

二、引力模型之城市质量指标体系构建

"城市质量"反映的是一个城市在一定时期内经济、社会、人文、基础设施、环境、科技、文教等各个领域所具备的现实实力和发展能力。关于"城市质量"的确定，在以往学者的应用案例中，城市质量一般用该城市的人口规模、工业总产值、财政收入等单一指

标来表示，但是城市是由人口、物资、资金、技术、信息等所组成的复杂空间单元，单一指标并不能反映城市质量，因此在原有理论基础之上利用主成分分析方法选择经济实力、人口规模、工业规模、涉外竞争力和科技教育水平5个方面9个指标确定城市质量的衡量标准（表4-3-1）。

城市质量指标体系　　　　　　　　　　　　　　　　　　　　　　　　　　表4-3-1

指 标 因 素	评 价 指 标
经济实力	市辖区地区生产总值（亿元）； 市辖区财政收入（亿元）； 市辖区固定资料投资总额（亿元）
人口规模	市辖区年末总人口（万人）
工业规模	市辖区工业总产值（亿元）； 市辖区工业全年用电量（亿kWh）
涉外竞争力	市辖区利用外资总额（万美元）
科技教育水平	市辖区科学支出（万元）； 市辖区教育支出（万元）

鉴于数据的可得性和合理性，以上数据均来源于《中国城市年鉴2018》，为了更好地衡量"城市质量"，本书的数据皆为2017年年末市辖区的统计数据，而非全市的数据（表4-3-2）。

2017年年末各市辖区相关统计数据　　　　　　　　　　　　　　　　　　表4-3-2

城市名称	市辖区地区生产总值（万元）	市辖区财政收入（万元）	市辖区固定资产投资总额（万元）	市辖区年末总人口（万人）	市辖区工业总产值（万元）	市辖区工业全年用电量（亿kWh）	市辖区利用外资总额（万美元）	市辖区科学支出（万元）	市辖区教育支出（万元）
北京	256691300	50812595	78887000	1363	180872720	3129675	1302858	2857785	8873761
天津	178853900	27235000	127563593	1044	274016801	5423398	3082563	1251740	5024901
石家庄	32148250	3149665	30662065	415	96447877	1293218	98090	96324	888882
唐山	33238336	2505814	26794139	336	99676824	2583794	86814	69103	625733
秦皇岛	9340031	991131	5880840	146	14388887	603527	77861	28396	324955
邯郸	13663695	1114867	16022211	381	50550724	1475732	44088	18464	426932
邢台	3143341	279838	3434077	89	29336505	573374	6008	7982	129340
保定	11416785	1211335	8832603	285	47215014	539375	36407	22712	376208
张家口	6652782	807552	6925633	157	12565834	581680	14826	13769	217591
承德	3051752	382096	2767648	60	17438834	334950	4816	10913	170060
沧州	7104329	990560	11067910	56	56908888	535347	38730	31192	264599
廊坊	9031261	506393	4386403	86	37918713	306640	48648	7539	95893
衡水	3998117	488989	4028627	95	17932880	347260	6393	9080	170851

为了消除不同变量量纲上差异，对数据采用标准化处理，换成Z分数，变化方式如式（4-3-2）：

$$x_{ij}^{*}=\frac{x_{ij}-\overline{x}_j}{\sqrt{\text{var}(x_j)}}(i=1,2,\cdots,10,j=1,2,\cdots,9)\qquad(4\text{-}3\text{-}2)$$

式中　　x_{ij}——第i个城市第j个变量；

　　　　x_{ij}^{*}——标准化的数据；

　　var（x_j）——第j个变量的方差；

　　　　$\overline{x}_j$——第j个变量的均值。

变化后的标准数据如表4-3-3所示。

2017年年末各市辖区相关统计数据标准化结果　　　　表4-3-3

城市名称	市辖区地区生产总值（万元）	市辖区财政收入（万元）	市辖区固定资产投资总额（万元）	市辖区年末总人口（万人）	市辖区工业总产值（万元）	市辖区工业全年用电量（亿kWh）	市辖区利用外资总额（万美元）	市辖区科学支出（万元）	市辖区教育支出（万元）
北京	2.67990	2.91478	1.44810	2.50747	1.41550	1.16667	1.04945	3.03706	2.87691
天津	1.70045	1.34764	2.76039	1.72006	2.62589	2.68200	3.05789	1.09948	1.40460
石家庄	-.14559	-.25324	.14797	.16747	.31842	-.04656	-.31017	-.29444	-.17756
唐山	-.13187	-.29604	.04370	-.02753	.36038	.80613	-.32289	-.32728	-.27822
秦皇岛	-.43259	-.39671	-.52011	-.49652	-.74791	-.50220	-.33299	-.37639	-.39328
邯郸	-.37818	-.38849	-.24671	.8354	-.27800	.07401	-.37111	-.38837	-.35427
邢台	-.51056	-.44399	-.58608	-.63721	-.55367	-.52212	-.41408	-.40102	-.46811
保定	-.40646	-.38208	-.44054	-.15342	-.32135	-.54458	-.37978	-.38325	-.37368
张家口	-.46640	-.40891	-.49195	-.46937	-.77160	-.51663	-.40413	-.39404	-.43435
承德	-.51171	-.43719	-.60405	-.70880	-.70828	-.67963	-.41543	-.39748	-.45253
沧州	-.46072	-.39675	-.38027	-.71867	-.19538	-.54724	-.37715	-.37302	-.41637
廊坊	-.43647	-.42893	-.56040	-.64462	-.44215	-.69834	-.36596	-.40155	-.48090
衡水	-.49981	-.43009	-.57005	-.62204	-.70186	-.67150	-.41365	-.39969	-.45223

利用SPSS25对上述数据进行主成分分析，京津冀城市群城市质量的指标方差贡献率矩阵如表4-3-4所示。

由于基本指标变量产生了1个主成分，方差贡献率达到88.45%，第二个以后的因子特征值小于1，对解释变量的贡献很小可以忽略，根据累计贡献大于85%的原则，提取1个主成分作为新的变量指标来计算京津冀城市群各城市的城市质量。

京津冀城市群城市质量指标方差贡献率矩阵　　　　表 4-3-4

成分	总方差解释					
	初始特征值			提取载荷平方和		
	总计	方差百分比	累积（%）	总计	方差百分比	累积（%）
1	7.960	88.448	88.448	7.960	88.448	88.448
2	.866	9.628	98.076			
3	.111	1.237	99.313			
4	.033	.364	99.677			
5	.026	.285	99.962			
6	.003	.030	99.992			
7	.001	.006	99.999			
8	8.802E-5	.001	100.000			
9	1.167E-5	.000	100.000			

提取方法：主成分分析法。

因子载荷得到第一个因子载荷矩阵如表 4-3-5 所示。

第一个因子载荷矩阵　　　　表 4-3-5

成分矩阵 [a]

	成分
	1
Zscore［市辖区地区生产总值（万元）］	.982
Zscore［市辖区财政收入（万元）］	.946
Zscore［市辖区固定资产投资总额（万元）］	.954
Zscore［市辖区年末总人口（万人）］	.975
Zscore［市辖区工业总产值（万元）］	.938
Zscore［市辖区工业全年用电量（亿 kWh）］	.901
Zscore［市辖区利用外资总额（万美元）］	.892
Zscore［市辖区科学支出（万元）］	.916
Zscore［市辖区教育支出（万元）］	.955

提取方法：主成分分析法。
[a] 提取了 1 个成分。

从碎石图图 4-3-1 可以看出提取 1 个公因子比较好。

第四章 天津市空间结构的演化与重塑

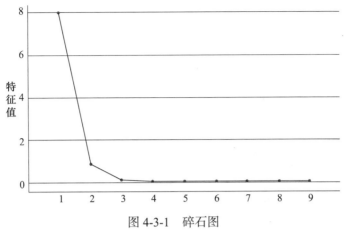

图 4-3-1 碎石图

因子的得分系数矩阵如表 4-3-6 所示。

因子得分系数矩阵　　　　　　　　　　　　　　　　　　　表 4-3-6

成分得分系数矩阵

	成分 1
Zscore［市辖区地区生产总值（万元）］	.123
Zscore［市辖区财政收入（万元）］	.119
Zscore［市辖区固定资产投资总额（万元）］	.120
Zscore［市辖区年末总人口（万人）］	.122
Zscore［市辖区工业总产值（万元）］	.118
Zscore［市辖区工业全年用电量（亿 kWh）］	.113
Zscore［市辖区利用外资总额（万美元）］	.112
Zscore［市辖区科学支出（万元）］	.115
Zscore［市辖区教育支出（万元）］	.120

提取方法：主成分分析法。
旋转方法：凯撒正态化最大方差法。
组件得分。

主成分得分函数为：

f_1 = 0.123×Zscore［市辖区地区生产总值（万元）］＋0.119×Zscore［市辖区财政收入（万元）］＋0.12×Zscore［市辖区固定资产投资总额（万元）］＋0.122×Zscore［市辖区年末总人口（万人）］＋0.118×Zscore［市辖区工业总产值（万元）］＋0.113×Zscore［市辖区工业全年用电量（亿千瓦时）］＋0.112×Zscore［市辖区利用外资总额（万美元）］＋0.115×Zscore［市辖区科学支出（万元）］＋0.12×Zscore［市辖区教育支出（万元）］。

京津冀城市群城市质量函数为 F_1 = 0.99448×f_1，由此计算出各个城市的城市质量如表 4-3-7 所示。

城市质量分析结果　　　　　　　　　　　　　　表 4-3-7

北京市	天津市	石家庄市	唐山市	秦皇岛市	邯郸市	邢台市	保定市	张家口市	承德市	沧州市	廊坊市	衡水市
2.26	2.16	-0.06	-0.02	-0.49	-0.26	-0.53	-0.39	-0.51	-0.58	-0.45	-0.52	-0.56
892	242	752	308	65	535	714	819	477	132	773	705	269

可以看出，由于因子得分的均值为 0，标准差为 1，正值表明高于平均水平，负值表示低于平均水平。为了使城市质量指标更有意义，同时保证不产生误差，将上表中的数据同时加上 1 作为修正项，修正后的结果如表 4-3-8 所示。

修正后城市质量分析结果　　　　　　　　　　　表 4-3-8

北京市	天津市	石家庄市	唐山市	秦皇岛市	邯郸市	邢台市	保定市	张家口市	承德市	沧州市	廊坊市	衡水市
3.268	3.162	0.932	0.976	0.50	0.734	0.462	0.60	0.4852	0.418	0.542	0.472	0.437
92	42	48	92	35	65	86	181	3	68	27	95	31
1	2	4	3	8	5	11	6	9	13	7	10	12

综合对京津冀城市群"城市质量"指标的主成分分析结果，从表 4-3-8 可以看出，京津冀城群中城市"城市质量"差异巨大、层次明显。其中，北京和天津两城市"城市质量"远高于其他几座城市平均值，为京津冀城市群主核心城市。唐山和石家庄虽然城市实力与京津两市存在差距，但是却明显强于京津冀城市群其他城市，为群中副核心城市；保定、秦皇岛、张家口、廊坊、沧州和承德"城市质量"落后群内主核心和副核心城市，为群内一般城市。

三、引力模型之经济距离指标体系构建

牛顿的万有引力公式中 d 指的是物体的空间距离。但是将引力模型应用到经济学上，空间距离则无法体现城市之间引力关系。随着经济的发展尤其现代交通工具的发展，传统的距离概念正受到挑战，城市间距离已经异化为包括货币成本和时间成本在内的交易成本。将城市群汇总的经济距离选取为时间距离：交通方式所花费的时间。

经济距离定义为：

$$d_{ij} = \alpha \times R + \beta \times G \tag{4-3-3}$$

式中　　d_{ij}——城市间的经济距离；

R——两城市间铁路方式所花费的时间；

G——两城市间通过公路所花费的时间；

α 和 β——铁路运输和公路运输权重，$\alpha + \beta = 1$，忽略港口机场等经济往来。

α 和 β 采用《中国城市统计年鉴 2017》所统计的京津冀城市群铁路公路客运量和货运量来计算，其中，2017 年京津冀城市群铁路客运量总量为 22854 万人，公路客运量 118034 万人，公路货运量为 242089 万 t，则 $\alpha = 0.2$，$\beta = 0.8$。

对于采用我国铁道部现行铁路运行时刻表计算，如果两城市有多条运送时间不同的铁

路线，为使"时间距离"更具代表性，选取加权平均铁路运送时间作为标准值。通过两城市间的距离和行车速度来计算，其中两城市间的距离数据来源于最新版《北京天津河北公路里程地图册》，由于公路有高速公路、国道、省道及县乡公路等速度不同的路网，根据京津冀地区路况实际以及参照中国科学院陈洁（2008）的研究，将京津冀城市群城市间公路行车速度设定为65km/h。分别计算 R 和 G，如表4-3-9、表4-3-10所示。

京津冀城市群主副核心城市与其他城市铁路"时间距离"（h）　　　　　表4-3-9

	北京	天津	石家庄	承德	张家口	秦皇岛	唐山	廊坊	保定	沧州
北京	0	0.8	3.1	5.6	3.7	3.0	2.0	0.9	1.5	2.6
天津	0.8	0	5.7	7.4	5.4	2.5	1.6	0.8	3.7	1.7
石家庄	3.1	5.7	0	11	8.2	8.8	6.2	4.7	1.3	4.4
唐山	2.0	1.6	6.2	8.6	6.0	2.5	0	2.4	4.2	3.5

京津冀城市群主副核心城市与其他城市的公路里程表（km）　　　　　表4-3-10

	北京	天津	石家庄	承德	张家口	秦皇岛	唐山	廊坊	保定	沧州
北京	0	130	289	238	203	332	202	60	160	224
天津	130	0	315	358	328	318	156	82	186	96
石家庄	289	315	0	531	483	625	463	293	144	249
唐山	202	156	463	261	399	162	0	205	335	250

通过公路行车速度将其换算为"时间距离"，见表4-3-11。

京津冀城市群主副核心城市与其他城市公路"时间距离"（h）　　　　表4-3-11

	北京	天津	石家庄	承德	张家口	秦皇岛	唐山	廊坊	保定	沧州
北京	0	2.0	4.4	3.7	3.1	5.1	3.1	0.9	2.5	3.4
天津	2.0	0	4.8	5.5	5.0	4.9	2.4	1.3	2.9	1.5
石家庄	4.4	4.8	0	8.2	7.4	9.6	7.1	4.5	2.2	3.8
唐山	3.1	2.4	7.1	4.0	6.1	2.5	0	3.2	5.2	3.8

综合上述京津冀城市群主副核心城市与其他城市铁路和公路"时间距离"将其带入"经济距离"函数 $d_{ij} = \alpha \times R + \beta \times G$，得到京津冀城市群主副核心城市与其他城市经济距离如表4-3-12所示。

京津冀城市群主副核心城市与其他城市"经济距离"（h）　　　　　　表4-3-12

	北京	天津	石家庄	承德	张家口	秦皇岛	唐山	廊坊	保定	沧州
北京	0	1.8	4.1	4.1	3.2	4.7	2.9	0.9	2.3	3.2
天津	1.8	0	5.0	5.9	5.1	4.4	2.2	1.2	3.1	1.5
石家庄	4.1	5.0	0	8.8	7.6	9.4	6.9	4.5	2.0	3.9
唐山	2.9	2.2	6.9	4.9	6.1	2.5	0	3.0	5.0	3.7

四、京津冀协同视角下天津市空间结构联系

根据 $F_{ij}=\dfrac{M_i M_j}{d_{ij}}$，其中 F_{ij} 表示城市 i 与 j 之间相互吸引力；M_i 和 M_j 表示城市 i 与 j 的质量，d_{ij} 表示城市 i 与 j 之间距离，以及计算出来的城市质量和经济距离，计算京津冀城市群核心城市的经济引力如表4-3-13所示。

京津冀城市群核心城市的经济引力　　　　　表4-3-13

	北京市	天津市	石家庄市	唐山市
北京市				
天津市	5.743166			
石家庄市	0.743464	0.589779		
唐山市	1.101198	1.404287	0.132023	
秦皇岛市	0.350192	0.361881	0.499472	0.196752
保定市	0.855334	0.613928	0.280588	0.117584
张家口市	0.495681	0.300883	0.059535	0.07771
承德市	0.333813	0.224414	0.044365	0.083473
沧州市	0.553949	1.143257	0.129655	0.143177
廊坊市	1.717817	1.246389	0.098004	0.154011

从表4-3-13可以看出，由于京津冀城市群各城市间经济发展水平的差异以及不同的交通通达性所造成的"经济距离"的差异，导致京津两个主核心城市和石家庄、唐山两个副核心城市对周边城市的经济引力作用明显不同。

从表4-3-13可以看出，京津作为京津冀城市群的主核心城市，经济实力雄厚以及以京津为中心便捷的交通网络，使得京津两城市对周边城市的经济引力分列前两位，明显高于其他城市。承德、张家口、秦皇岛和廊坊等冀北城市以及与唐山同处渤海湾的沧州除了受京津影响较大外，受唐山辐射影响也较强，唐山市作为河北省域中心城市，中国北方一重要的对外门户，东北亚重要的国际航运中心，环渤海新型工业化基地和京津冀城市群的重要支点，与河北尤其是河北北部分城市经济联系密切，同时承德、张家口、秦皇岛和廊坊等河北北部城市虽与石家庄同属河北省，但是由于被京津两市行政区划所分割，导致河北北部城市与省会石家庄之间经济联系相对疏远，处于石家庄市的边缘辐射区。保定位于冀中地区，处于京津1小时经济圈内，受京津两个主核心城市影响较大，且保定又距石家庄不足千米，位于石家庄省会经济圈核心辐射区。

第五章

天津市交通一体化建设与互联互通

随着京津冀区域城镇化进程的不断推进及社会经济一体化的快速发展，城市群交通需求逐步呈现高密度、多样性、高增长、无缝化特征。提升天津市交通一体化建设与互联互通，促进要素在城市间的优化配置，进而提升天津市在"一带一路"倡议下的交通整体运行效率意义深远。因此，本章在梳理天津市交通体系建设现状的基础上，构建天津市交通一体化建设的框架，剖析天津市在交通一体化建设中的制约因素及基本思路，分析当前形势下天津市与京津冀交通的衔接匹配模式及天津市交通体系发展与"一带一路"倡议互动关系，并指出天津市交通一体化建设的实现路径，旨在为天津市在"一带一路"倡议背景下交通一体化建设与有效发挥区域辐射带动作用提供决策参考依据。

第一节 天津市交通体系建设现状

天津市是我国四个直辖市之一，是我国北方的经济中心、国际港口城市，也是我国综合运输体系的重要枢纽，经过近30年的建设，天津综合交通体系有了较大改观，已形成港口、铁路、机场等陆海空重要交通枢纽，以海港、空港、铁路、公路、管道为骨架的立体交通网络，同时市内也形成了以快速路、地铁、轻轨为主的快速立体化交通网络。

一、天津市交通体系发展状况

（一）市域交通体系发展概况

1. 道路现状

自2003年以来，天津市地铁、轻轨、快速路、海河两岸综合开发改造、旧路改造等工程逐年扩大，截至目前，共涉及市区800多条道路的1900多个路段、100余座立交桥、15座跨河桥梁，市中心区每年约30%的主要道路都在施工。随着道路、桥梁的大规模建设改造，城市路网发生了重大变化，中心城区"三环十四射"的骨架路网逐渐淡化，以快速路为骨架，新的天津市城市道路网结构正在初步形成。目前，天津市公路通车总里程突破16500km，初步建成布局合理、层次分明、干支协调、衔接顺畅的路网体系。高速公路覆盖成网，初步形成了"倒三角"的过境通道、京津通道、中心城区和滨海新区核心区对外辐射型通道网络骨架。为应对城市交通体系即将发生的变革，天津市开始规划建立机动车、非机动车、行人和公交车四大交通组织网络。交通组织四大网络通过快速路网，实行单向交通、机动车专用路等措施，建立快速、高效、系统的机动车交通组织网络。

2. 轨道现状

截至2018年年底,天津市在营城区地铁线路有M1、M2、M3、M6、M9共5条。全市轨道交通运营里程达到220km,全线网日均客流135万人次,最高日客流159万人次,有效提升了市民出行的便捷性,见表5-1-1。目前,天津市轨道交通网络化格局基本形成,运营线路基本为射线结构,呈"米"字形,线路有效串联了天津站、天津南站、天津西站、天津北站和天津滨海国际机场等交通枢纽,轨道交通与枢纽的连通度较高,有效缓解了城市中心区域的道路交通压力,有力支持了文化中心地区、老城厢地区以及西站副中心等城市主副中心的发展,并提前建设了外围地区的部分线路,加快了轨道交通带动沿线地区发展的以公共交通为导向的开发模式(TOD)的落地。

天津市轨道交通线路运营概况　　　　表 5-1-1

线路	起终点	长度(km)	车站数(座)	开通时间(年)
1号线	刘园 - 双林	26.2	21	2006
2号线	曹庄 - 滨海国际机场	27.2	20	2012
3号线	小淀 - 天津南站	33.6	26	2012
6号线(北段)	南孙庄 - 南翠屏	28.6	24	2016
9号线	天津站 - 东海路	52.3	21	2004

资料来源:参考文献。

近年来,天津市地铁建设已取得较大进展。其中,M4南段(东南角站到新兴村站,全长19.4km)、M10一期(屿东城站到梨园头站,全长21km),正在进行车站围护结构、土方开挖和主体结构施工;滨海新区B1线北段(黄港车辆段到于家堡站,全长22.5km)、Z4线海河以北段(汉蔡路站到金临道站,全长35km),正在加紧施工。M7(喜峰道站到广东会馆站,全长23km)、M11(水上公园西路站到东丽六经路站,全长22.6km)正在进行土地房屋征收工作;M6号线二期(梅林路站到咸水沽站,全长13km)、M8一期(绿水公园站到淇水道站,全长20km)、M4北段(小街站到东南角站,全长24km)正在积极创新投融资模式。在建线路投入运营后,将与M5、M6线形成组合环线,中心城区将形成"环形+放射"骨架线网结构,线网通达性提高,客流效益将有较大提升。

3. 公交现状

近年来,天津市拥有的公共交通车辆不断增多。截至2015年年底,天津市主城区开设公交线路共有707条,线路长度约为15866km,线网密度约为2.68km/km²。2011年以来,公共汽车行业共开辟新线192条,调整优化236条公共汽车线路,公共汽车线网更加趋于合理。新建大型居住区、大型商业区及产业园区均开通了公交线路,公共汽车线路四通八达,居民出行,不仅有车可乘,而且有线可选。同时为了配合地铁2号线、3号线、9号线开通地铁联网运营,进一步优化了地面公交线网,新辟地铁接驳线路64条。目前,公共交通不断完善,天津市的轨道交通系统也处于不断发展和完善过程中,但是公交和快速交通等交通方式之间,还没有形成交通网络。例如天津市的公交和地铁不能实现无缝对接，缺乏有效的换乘枢纽，出行成本比较高，换乘系数甚至高达 1.5 倍。同时，天津市周边区县公交车数量少且线网规划不够合理，市区公交线路绕行和重复路较多。

（二）京津冀交通一体化下天津交通体系发展概况

1. 高速公路现状

天津公路网长期以来呈现出"单中心、放射型"特点。截至 2018 年年底，天津已建成高速公路 1262km，"7、11、18"国家高速公路网天津境内路段，除津石高速公路在建，其他全部建成。天津市省级高速公路与国家高速公路共同形成"9 横 6 纵 5 条联络线"高速公路网，"9 横"自北向南分别为：京秦高速、京哈高速、唐廊高速、滨保高速、京津高速、京津塘高速、京津三通道高速（京台-京沪-荣乌-津晋高速）、津石高速、南港高速；"6 纵"自东向西分别为：海滨高速、塘承高速、滨海新区绕城高速（津汉-西外环高速）、长深高速、津承-津蓟-宁静-荣乌高速、京沪高速；"5 条联络线"为：津宁高速、津滨高速、津港高速、津沧高速、东疆联络线。高速公路已实现"1、3、8"快速通达目标，即京津之间 1h 内通达，3h 内到达河北省主要城市，8h 内到达环渤海主要城市。

2. 铁路现状

当前，天津市已开通运营的铁路总规模 1060km，其中设计标准为 350km/h 的铁路规模 230km，普速铁路为 830km，铁路网密度为 8.9km/100km^2，高于京津冀地区铁路网平均密度（4km/100km^2）。近年来，轨道上的京津冀正沿着高铁铁轨逐渐清晰，作为京津冀区域的标杆，2008 年开通的京津城际铁路将北京、天津两座城市之间的通勤时间大幅缩短至半小时左右。如今，细数天津市纵横交错的 1270 km 铁路线后不难发现，随着天津市铁路客运功能逐步向高速铁路转移，货运功能逐步向城市外围地区转移，以京津、京沪为纵向，津保、津秦为横向的"十字形"客运通道和"环放式"的"内客外货"的布局基本形成。据统计，5 年间，仅京津城际列车已累计运送了 2 亿多人次旅客，轨道上的京津冀未来可期，预计到 2020 年，将基本实现京津石中心城区与周边城镇"半小时至 1h 通勤圈"，京津保"半小时至 1h 交通圈"。

（三）"一带一路"背景下天津交通体系发展概况

1. 海运现状

从 1995 年滨海新区将总体规划定位于"以港口为中心的国际自由贸易区"之后，2006 年提出建设北方国际航运中心，经过这二十余年的不断积累，天津北方国际航运中心建设取得了一定成就。目前天津港已经是中国北方最大的综合性港口和关键的对外贸易港口。由于其位于京津冀城市带和环渤海经济圈的交叉之处，拥有与"一带一路"倡议紧密相关的得天独厚的地理优势，天津港已成为天津自由贸易试验区、京津冀协同发展的重要组成部分，天津滨海新区对外开放的门户，衔接中西亚和东北亚的纽带。目前，天津港已与全世界 180 多个国家和地区的 500 多个港口建立了贸易往来，集装箱班轮航线达 119 条，每月航班 500 余班，是天津以及京、冀地区参与"一带一路"和过境班列运输的重要保障。

天津港作为目前我国北方基础设施最完备、功能最为多样化的港口，同时也是世界等级最高的人工深水港的主要运营商，总共有173个不同种类泊位，其中超过万吨级有119个，30万吨级船舶在港口自由进出无障碍。2015年，天津港整体货物吞吐量超过5.4亿t，位居世界第四，中国第三，集装箱吞吐量突破1411万标准箱，位居世界第十，中国第六。天津港主要由南疆港区、北疆港区、东疆港区、临港经济区和大港港区等构成。南疆港区、临港经济区南部区域和大港港区东部区域以大宗散货运输、临港加工等产业为重点，发展大型专业化散货物流、散货贸易和装备制造等临港产业园；北疆港区以集装箱、滚装汽车为重点，发展大规模集装箱物流园、汽车物流园，同时加快老港区提升改造；东疆港区以集装箱运输、邮轮产业、高端服务业为重点，发展国际中转、国际采购、国际配送、国际转口贸易和出口加工等业务，发展京津冀产业园、电子商务产业园、汽车贸易产业园等园区。

2. 航空现状

天津滨海国际机场处于天津市中心城区与滨海新区之间的中心位置，该机场是国内为数不多的典型城市型机场，距离天津站13.3km，始建于1939年，先后经过6次扩建。1996年10月，被升格为国际定期航班机场，2002年12月加入首都机场集团公司。作为首都机场集团的重要成员机场，天津滨海国际机场近些年来一直处于高速发展阶段，现已经属于国内重要干线机场、国家一类航空口岸，并且是我国北方重要的航空物流中心。

天津滨海国际机场经过近些年来的快速发展，作为现代化综合区域交通枢纽的疏解功能愈加显著。2017年，天津机场旅客吞吐量突破2100万人次，货邮吞吐量达26.8万t，旅客吞吐量增速居全国第一。2017年共执行客运航线254条，客运通行城市达150个。不断打造空中快线，每天3班以上的准快线和5班以上的快线通航城市达34个。同时，与天津机场业务量快速发展相对应的是天津机场航空性业务和非航空性业务收入也在不断提高，整体经营规模在不断扩大。特别是近些年来，随着京津冀民航一体化建设步伐的深入推进，在首都新机场建成通航之前，天津机场将越来越多地承担着北京机场旅客疏解的外溢效应、担负着缓解北京机场压力的重任。加之天津机场近些年业务的不断发展，天津机场无论是旅客吞吐量抑或是货邮吞吐量都呈现出明显的井喷态势。

二、天津市交通一体化建设的制约因素

（一）综合交通运输方式布局有待进一步优化，城际铁路发展滞后

现状货物集疏运以公路为主，占比约70%，铁路运输比例偏低，占比约17%，其余为管道和水运。从货类来看，94%的集装箱、42%的煤炭和72%的矿石均通过公路运输，每天进出港公路车辆超过12.3万标准车，因此公路运输压力极大。而运量更大、成本更低的铁路、水运发展相对缓慢，和目前区域内人流、物流现状不匹配，难以满足客运、货运的需求。天津港口集疏运网络结构不合理，通港铁路大秦线、朔黄线为运煤专用通道，对河北大运量物流几乎毫无作用，反而对沿线交通产生阻隔，大部分港口货物运输需由公路完成，进一步加重了交通拥堵。其次，天津地区内高铁、客运专线等快速铁路里程和网络密度较高，但铁路运输基本以过路为多，面向中短途旅客的城际铁路建设严重滞后，与

区域中心城市铁路衔接发展缓慢，多城间的衔接仍然通过北京枢纽来实现，天津的枢纽没有得到很好的发挥。天津快速客运网络尚未形成，城市轨道亟须向周边延伸，城铁合作机制、建设制式等关键问题尚待破解，难以为首都功能向周边城市疏解提供大运力的交通保障。

（二）航空货运难以取得突破性增长，国际航运中心核心区建设的瓶颈制约依旧显著

环渤海港口间目前体现竞争态势，天津、青岛、大连等都提出了建设"国际航运中心"的发展目标，青岛港通过青银、青兰和荣乌高速，以及胶济、邯济和邯长铁路通道等腹地通道，争占了天津港在河北、河南、山西、陕西等腹地的大量货源。天津滨海机场的货运航班频次与首都机场相比有较大差距，受首都机场的"虹吸效应"明显。虽然天津滨海机场在区域航空客运市场占比在逐年增长，但是在京津冀区域内的航运比例依然很小，截至2015年年底，天津市航空客运量仅占京津冀区域总客运量的15.4%，航空客运发展水平落后于同等规模城市。

（三）综合交通枢纽建设滞后，"陆、海、空"立体交通网络有待进一步升级

交通枢纽功能过于集中，多年以来，由于政治、经济发展水平的不平衡和地理位置的特殊性，北京作为全国政治、经济中心的同时，也将交通枢纽功能集聚于自身，成为全国最大的交通枢纽中心。这不仅使北京承担了较大比例的客货中转，加重了区域内交通压力，还导致客货运分流不畅，中转缓慢。同时也极大地抑制了天津综合交通枢纽的形成，如天津至河北省南部地区与北部等地的铁路、公路运输大多需要在北京中转。铁路与公路有效衔接不足，港口、机场缺乏铁路和城市轨道交通的疏解，各种交通站场相距较远，公共交通班次时刻设置不合理等现象不同程度存在，导致了各种交通运输方式难以充分发挥自身功能，难以共同形成联动优势，大量时间被浪费在交通中转上，往往造成"快了中间，慢了两头"，影响了人流物流运输的效率，距离旅客运输"零距离换乘"、货物换装"无缝隙衔接"的交通运输一体化仍有较大差距。

（四）区域交通服务质量较低，运输现代化水平有待进一步提高

现代化管理服务水平不高，运输市场存在行政壁垒和市场分割，运输政策、标准缺乏有效对接，协调机制不完善。交通运输服务一体化合作程度不高，合作机制尚未建立，跨区域运输市场、管理、服务分割的问题较为突出，交通运输信息化、智能化水平还有很大的发展空间。各种运输方式之间至今没有一个信息共享机制和合作平台，各种信息难以及时整合、有效发布，无法满足旅客出行的联程联运需求。物流专业化程度不高，铁路运输服务有待加强，港口物流整体效益和服务能力较弱，物流公共信息平台尚未建成，物流企业规模化、集约化、组织化经营程度不够。重型货车、专用运输车辆数量仍显不足。公铁联运、小件快运、城市物流快速配送等网络化运输模式还处于起步阶段，货物运输的"一票到底"还无法实现。发展模式简单粗放，交通集约化发展程度不高。通道资源整合不足，土地、岸线等资源综合利用率低。运输发展方式不科学，运输系统的供给能力不足，能源消耗、生态环境等方面的问题较为突出，可持续发展水平亟须提高。

三、天津市交通一体化建设的基本思路

按照"核心带动、轴带发展、节点提升、对接周边"的布局要求,积极构建普惠均等、便捷高效、智能智慧的五大综合交通体系,加快公路、铁路、航运、海运、管道的互联式发展和深度融合,着力实现天津交通一体化发展,构建天津市交通一体化建设的分析框架(图5-1-1)。

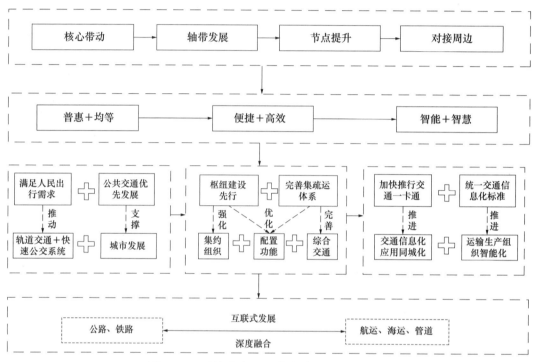

图 5-1-1 天津市交通一体化建设的分析框架
资料来源:作者自绘。

(一)构建普惠均等的一体化综合交通服务体系

以满足人民安全、便捷、舒适、个性化出行需求,切实提高综合运输服务水平,建立健全交通安全应急保障体系。大力发展公共交通服务,围绕实现全面小康的总体目标,不断提升综合交通服务能力和保障能力,涉及惠民利民的交通项目优先安排。深入落实天津公共交通优先发展战略,推动城市轨道交通和城市快速公交系统合理发展,提升城市公共交通引领和支撑城市发展的能力。

(二)构建便捷高效的一体化综合交通运输体系

坚持枢纽建设先行,加强与京津冀其他中心城市、环渤海地区、"一带一路"沿线城市的衔接,促进航空枢纽、铁路枢纽、公路枢纽一体化发展。有序推进各种运输方式节点体系建设,促进区域间、干支间、城乡间运输网络无缝衔接。推进综合运输通道内重点枢纽场站建设,完善集疏运体系,强化综合运输枢纽对各种运输线网的集约组织和优化配置功能,着力完善综合交通"最后一公里"。

(三)构建智能智慧的一体化综合交通信息体系

落实国家关于"互联网＋"便捷交通、"互联网＋"高效物流等部署要求,适应移动互联网时代"指尖消费"需求,充分利用社会力量和市场机制,着力构建智能智慧的一体化综合交通信息体系。重点加快推行交通一卡通,积极推进实现交通领域支付全覆盖,同时积极拓展服务功能,进入日常生活支付领域。推动实现客运"一票式"和货运"一单制"的联程服务。统一交通信息化标准,着力完善城际间交通信息化合作机制及多种运输方式间衔接机制,推进交通信息化应用、同城化和运输生产组织智能化。

本节对天津市交通体系发展状况进行分析,首先,从城市角度出发,描述天津市市域道路现状、轨道现状、公交现状;从区域角度出发,以京津冀交通一体化为背景,通过高速公路、铁路现状描述天津交通体系发展概况;从国家角度出发,以"一带一路"为背景,描述天津市海运和航空现状。其次,从综合交通运输方式、城际铁路、航空货运、区域交通服务质量等方面分析天津市交通一体化建设的制约因素,构建天津市交通一体化建设的框架,提出天津市交通一体化建设的基本思路。

第二节　京津冀协同背景下天津市交通衔接匹配研究

随着新型城镇化的推进和科技的不断发展,城市与区域交通衔接不仅受到区域政策、城市空间结构等传统因素的影响,"互联网＋"时代和高铁时代的到来也使交通的衔接匹配方式发生着巨大变化。天津正处于京津冀协同发展、"一带一路"、自贸试验区、滨海新区开发开放和国家自主创新示范区5大国家级战略叠加机遇期,是京津冀城市群乃至全国的重点发展城市,分析当前形势下天津市与京津冀区域交通的衔接匹配意义深远。

一、天津市与京津冀区域交通衔接匹配的影响因素分析

伴随着城市规划、区域政策、管理体制等传统因素,以及互联网和高铁等新兴因素的影响,京津冀交通一体化成为学者们研究的热点。选取互联网、高铁、区域政策和城市空间结构4个重要因素,分析当前形势下城市与区域交通的衔接匹配模式,从规划衔接、建设时序、技术革新和管理体制等方面探究交通衔接匹配机制,分析天津市与京津冀区域交通衔接匹配的影响因素(图5-2-1)。

(一)"互联网＋"时代下的城市与区域交通衔接

网络经济具有内生跨地域性、跨界融合性、大众参与性和产业颠覆性等特性,区域交通的发展要以信息化促进一体化,正是由于互联网和信息技术的发展,使区域交通一体化成为可能。在政府的决策管理方面,互联网技术的应用促使区域内各城市间的交通信息互通,打破了传统的行政管理边界和跨区域监管壁垒,有利于交通部门的跨区域管理和交通政策的统一。在居民出行方面,互联网的非排他性、非竞争性等准公共物品特性,使社会各阶层居民都能够享受到网络时代带来的交通便利化成果。首先,信息化交通技术不仅使

城市内各种交通方式之间的衔接更为密切，而且大大缩短了城市间的时间距离，节约了居民出行的时间成本；其次，互联网的消费具有非竞争性和较弱排他性的准公共产品特性，大大降低了交易成本，居民在使用过程中节约了出行的货币成本。在智能化、信息化交通方面，互联网可以实现多种交通方式在多地间的联通，一张一卡通可以在多个城市、多种交通方式通用，大大节约了居民转换乘的时间，提高了出行效率，极大地方便了居民出行，真正实现了区域内的同城化，使跨城市的居住-就业成为现实。此外，以信息化、智能化引领交通运输现代化、国际化使城市间的道路网、公交网、轨道网和物流配送网得以安全稳健运行的同时，也促进了智能交通发展，发挥了互联网在城市与区域交通衔接匹配方面的重要作用。

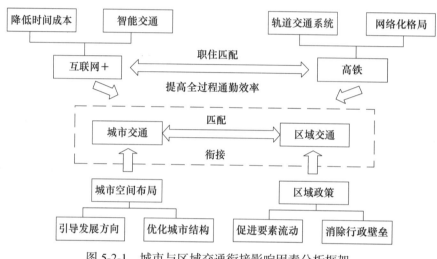

图 5-2-1　城市与区域交通衔接影响因素分析框架
资料来源：作者自绘。

（二）高铁时代下的城市与区域交通衔接

高铁时代下，交通一体化作为京津冀协同发展率先突破的重点领域，其核心是打造"轨道上的京津冀"。构建以城际铁路系统为骨架，多节点、网络状、全覆盖的一体化交通系统，对京津冀城市群协同发展具有基础性、支撑性和先导性作用。区域与城市轨道交通衔接作为交通一体化的重要课题，对于优化城市规模布局、引导产业转移与产业对接、激发地方经济活力产生着重要影响。以高铁为代表的城际轨道交通有效压缩了城市群各城市间的时空距离，强化了各城市间的经济联系，从整体上提高了城市间的交通可达性，大大节约了出行的时间成本，提高了出行效率，对区域交通一体化有重要作用。高铁的出现使城市间的联系更加紧密并表现出很强的空间聚集特征，是联系地理空间社会经济活动的纽带，是实现社会化分工的根本保证。要将高铁网络建设同城市内轨道交通建设有效衔接起来，形成城际铁路、市郊铁路和城市铁路"三网融合"，并通过综合交通枢纽的布局与整合带动周边土地的综合开发，引导城市群以中心城市为辐射节点、沿着轨道交通线路聚集，形成城镇密集发展走廊，促进城市群空间结构的发展和城市群网络的均衡分布。

(三)区域政策对城市与区域交通衔接的影响

区域政策是协调区域关系和区域宏观运行的一系列政策之和,在宏观层面影响着区域发展。以京津冀一体化政策为例,尽管京、津、冀三地在区位上相邻,但相互之间合作较少、交通关联度较低,直接造成了产业互补性差和资源流动不畅的问题,使经济差距逐渐拉大。京津冀一体化政策的实施从产业、交通和生态一体化等方面,使三地建立了有机联系,尤其是交通一体化的率先实施,直接促进了城市间快速联系的建立。交通一体化政策的实施也有利于交通基础设施建设和决策管理的相互配合,使城市与区域交通的衔接匹配程度增加,加速了要素流动和资源分配效率,进而促进了产业一体化和生态一体化的实现。

(四)城市空间布局对城市与区域交通衔接的影响

城市群空间结构是城市群交通系统空间布局的基础,而城市群交通系统作为城市的骨架,其空间布局又引导城市群空间演化、城市空间结构、土地利用和产业聚集。城市土地使用和产业聚集决定了居住和就业人口的空间分布,而居民与就业地点的通勤联系构成了交通主体,但过度的居民出行造成交通拥堵,降低了整体和局部可达性,从而影响该区域的用地布局。可以说城市交通与城市空间演化存在动态互馈的相互作用关系。一方面,城市空间演化对城市交通提出更高要求,影响城市交通的发展方向、发展规模和发展速度,为城市交通发展提供相应的基础条件;另一方面,交通可达性的提高和交通方式的变革又会对城市空间的进一步演化产生引导作用。随着区域一体化的发展,居民的通勤和出行活动已不仅限于城市内部,对城市间的交通需求日益增加,因此,便捷的区域交通与城市交通衔接成为引导城市群空间布局的首要因素,交通线往往起到引导城市发展方向、加强城市间经济联系和人员往来的重要作用,因而城市群空间布局与区域交通发展相互影响。

二、天津城市交通与京津冀区域交通衔接的制约因素

随着京津冀协同发展战略的推进,天津区域性交通枢纽地位进一步凸显,区域政策、城市空间布局、"互联网+"和高铁时代等因素深刻影响着交通衔接匹配方式的发展和变革趋势,区域综合交通运输体系面临重大发展机遇。然而,在规划制定、功能设计、建设时序和运营管理等方面仍存在着诸多制约因素,成为天津城市交通与京津冀区域交通衔接过程中亟待解决的关键问题。

(一)交通基础设施建设时序科学性有待提升

由于交通基础设施建设周期长、投资大,需要从长期发展考虑京津冀交通一体化的建设问题。既有规划着重于解决已发生的交通问题,未考虑城市交通发展的复杂性与动态性,且行政区划分割较强,各地政府为了自身利益在交通建设方面的博弈使一致的规划建设思路和建设时序难以形成,导致各城市多致力于城市内部交通基础设施的改善性建设和经济利益较大的项目建设,而忽略了城市间交通基础设施协同联动的重要性。另外,资金保证是交通一体化建设的重要条件。交通基础设施作为公共物品具有较强的公益性特征,其建设运营主要靠财政补贴支撑导致经营难以为继。然而,目前地方债负债率上升、银行

资金成本加大等，均造成资金紧张，很多"达成初步意向"的交通一体化项目不能如期开工，这也是区域内许多"断头路"形成的原因，给区域协同发展设置了重重障碍。

（二）区域交通管理协调机制亟须完善

交通一体化是京津冀协同发展的重要前提，但由于缺乏统一的区域交通管理标准，导致城市间的交通部门对接不畅，北京、天津与河北之间的区域联通仍有很大提升空间，交通一体化的进程仍需加速。一方面，各地交通管理部门各自为政，上一层次的规划难以在各地落实，各地交通错位发展，而且缺乏用以协调城市间交通运输管理的区域交通标准；另一方面，由于三地之间交通信息交流不畅，缺乏实现区域交通网络化、信息化、智能化的条件，各城市交通管理部门难以实现真正的一体化管理，从而阻碍了城市与区域交通的无缝衔接和一体化发展。

（三）区域交通枢纽功能有待加强

由于历史和长期规划的原因，以北京为中心的"单中心放射状"通道格局使北京承担了京津冀与区域外交通联系的大部分功能，天津的对外交通系统只是北京向外辐射的一个象限，并未发挥其独特的多样化交通优势。加上经过北京的外围联络性通道建设滞后，天津与京广、京九、京包等国家运输通道的衔接不畅，国家陆路交通运输枢纽功能与北京相比有较大差距。随着京津间城际轨道交通的建设日趋完善，双城间的交通联系较为便捷，但天津与区域其他城市间交通通道建设仍较为缓慢。冀中南与冀东城镇间铁路联系的中转组织功能仍主要由北京枢纽承担，天津的区域交通枢纽组织功能亟待加强。

（四）港航优势潜力尚未充分发挥

伴随京津冀协同发展战略的不断推进，天津面临着建设北方国际航运中心和国际物流中心的内涵升级要求。天津港虽然拥有发达航线、集疏运网络，但一方面缺乏航运服务和航运管理中枢职能，造成天津港口分工不明确、航运物流服务功能不强，京津国际贸易中心地位不够突出；另一方面港口缺乏直通西部的铁路集疏运通道，运输结构大都依赖公路，严重制约了天津港对远距离腹地的辐射能力。2013年，天津港货物吞吐总量、集装箱吞吐量增长率均略低于京津冀海港口平均值，而唐山港的迅速发展，使天津港面临更大压力和威胁（图5-2-2）。

图 5-2-2　天津港货运图
资料来源：实地拍摄。

（五）城市空间结构拓展不足

空间结构是影响城市与区域交通发展的重要因素之一，而交通作为城市空间结构的骨架，对于引导城市功能合理布局具有重要作用。天津目前是以中心城区为核心，缺乏面向区域的空间发展轴线，滨海新区则以工业产业为主，缺乏支撑其融入京津冀区域一体化发展的布局条件，中心辐射能力有待提升。此外，与天津关联密切的区域核心发展轴带包括京津主轴和沿海城镇带，由于京津轴线的区域拓展模式过于单一，面向冀中南的大尺度产业空间体系建设不足，津石、津保轴线的作用没有显现，从而导致区域城镇体系结构不完善，阻碍了天津区域空间组织能力的进一步提升。

本节综合考虑"互联网＋"、高铁等新兴因素和区域政策、城市空间布局等传统因素对交通一体化的影响，构建城市与区域交通衔接影响因素分析框架，分析当前形势下城市与区域交通的衔接匹配模式，从规划衔接、建设时序、技术革新和管理体制等方面研判交通衔接匹配机制。最后，深入剖析天津城市交通与京津冀区域交通在规划制定、功能设计、建设时序、运营管理等方面的制约因素，为天津市交通与京津冀交通衔接匹配提供理论参考。

第三节　"一带一路"倡议下天津市交通体系发展研究

2015 年 11 月，天津市出台《天津市参与丝绸之路经济带和 21 世纪海上丝绸之路建设实施方案》，方案指出，"一带一路"倡议是党中央、国务院根据全球形势深刻变化、统筹国内国际两个大局作出的重大决策，对于天津具有重要意义。要把以开放促改革，大力推进开放发展，作为全市"十三五"发展的重要用力方向，充分发挥"一带一路"交汇点、中蒙俄经济走廊东部起点、新亚欧大陆桥经济走廊重要节点优势，构建全方位、多层次、宽领域的开放型经济新体系。

一、天津市交通体系在"一带一路"倡议中的作用

长期以来，天津作为北方经济中心和重要的对外开放城市，在发展海上贸易、辐射我国三北地区、联系欧亚大陆桥区域方面积累了丰富的经验和深厚的经贸基础，特别是在融入"一带一路"倡议上拥有很大优势。近年来，天津市不断打通缺失路段、畅通瓶颈路段、推进骨干通道建设，加强铁路货场、港口、机场等综合货运枢纽建设，完善国际运输通道建设，以公路、铁路、航空、水运为主的综合运输大通道初步形成。天津市充分发挥和强化港口战略资源优势，利用"一带一路"交通枢纽的支点带动和辐射作用，以天津港为核心，结合铁路、公路、航空等通道建设综合大交通服务网络，提升作为国际港口城市和北方经济中心的现代物流水平，形成海陆空一体化交通网络建设的新格局。

（一）提升现代物流水平的"桥头堡"

天津市交通运输服务方式和服务功能不断创新。公路甩挂运输发展迅速，铁路货运改

革稳步推进，货场改造速度加快，服务方式不断创新，开行了京津冀货物快运列车、海铁联运班列、京津冀（天津新港－石家庄南站）海铁联运集装箱班列。天津港组织开展内贸班轮运输，推动区域营销中心建设，不断拓展服务功能，并与河北港口集团共同出资组建的渤海津冀港口投资发展有限公司，力促区域港口的合理分工与错位发展。天津机场多家航空公司涉足跨境电商货运业务，力促航空运输及航空物流实现转型升级。天津作为中蒙俄经济走廊主要节点、"海上丝绸之路"战略支点、"一带一路"交汇点、亚欧大陆桥最近的东部起点，充分发挥港航优势，完善综合枢纽功能，提升海陆空立体化通道的集聚力和辐射力，着力打造"一带一路"北方桥头堡。天津港目前正致力于打造北方国际航运中心和国际物流中心，是目前全球货物吞吐量第四大港口和全球集装箱吞吐量第十大港口，已同世界上180多个国家和地区的400多个港口有贸易往来，每月集装箱航班400余班，2014年货物吞吐量突破5.4亿t。

（二）助推对外经贸交流的"大动脉"

天津港的经济腹地以北京、华北、西北等地区为主，交通处于京津城市带和环渤海经济圈的交汇点上，占据海运、铁路和空运的枢纽地位。作为"一路"节点，天津港最贴近大陆，可直接延伸到哈萨克斯坦、土库曼斯坦、蒙古国等国家。在"一带"铁路运输方面的优势更加独特，同时拥有4条铁路通往欧洲陆桥港口的，国内唯有天津港。天津市与中西部地区在资源、技术、人才等方面优势互补，借助新丝绸之路经济带建设实现与中西部地区战略联盟，能够极大地促进对外经贸发展。一是世界经济格局正在发生深刻变化，全球区域经济一体化深入推进，生产要素在全球范围内加快流动和重组，有利于东部与西部地区联手参与国际分工，全面提升东部与内陆开放型经济发展水平。二是我国经济发展方式加快转变，扩大内需战略深入实施，经济结构深刻调整，有利于西部地区充分发挥战略资源丰富、市场潜力巨大的优势，积极承接东部地区产业转移，借助新丝绸之路扩大出口。三是西部地区投资环境和发展条件不断改善，有利于西部地区进一步解放生产力，加快推进工业化、城镇化进程，有能力与"新丝绸之路经济带"沿线国家开展进出口贸易，扩大贸易总量。

（三）释放贸易便利化红利的"黄金通道"

随着天津自贸试验区工作的开展，天津投资贸易便利化水平不断提升。国务院19号文件的出台促进了贸易环节的通关便利。商务部对全国进出口环节收费问题进行全面整顿，国务院对政策措施落实中存在的问题进行整改，都是在全方位优化贸易发展环境，全面提高贸易便利化水平，从而为天津服务腹地经济带来了新的机遇。天津港被称为内陆走向海洋的"黄金通道"，它开通了至西安、包头、新疆等15条海铁联运通道，连接港口与腹地。目前已辟建23个无水港，辐射内陆14个省区市。天津港的119条集装箱航线覆盖了世界主要地区和港口，年集装箱吞吐量突破1300万标准箱。西向内陆，3条过境铁路通道横跨亚欧大陆。华北、西北内陆腹地14个省市区是天津港的主要货源生成地，近60%的集装箱吞吐量和50%以上的贸易额来自这些腹地。腹地的外贸企业通过无水港可就近办理通关手续，货物直接发往天津港装船，货物离境后第一时间就地办理出口退税结关手续。无水港的建设，使当地企业极大地提升了通关效率，退税周期缩短，缓解企业的资金压力。无水港起到了服务、辐射、带动区域经济发展的载体作用，而且连接内陆"新丝绸之路经济带"，构成我国对外开放通道的大循环，扩大货物流通通道，提升了贸易的便利水平。

二、天津港建设发展与"一带一路"倡议关系

（一）天津港是"一带一路"倡议的核心

天津港是"一带一路"重点布局的15个港口之一，产业基础雄厚，配套设施完善，拥有众多优越条件。其所在地滨海新区，是天津发展战略的龙头和引擎，既是"一带一路"倡议的受益者，也是"一带一路"倡议的参与者，区位优势明显，发展潜力巨大。

1. 天津港地理位置优越

港口是位于水陆交通集合点进行物资集散的运输枢纽。如图 5-3-1 所示，天津港位于渤海湾西端，地处海河入海口处，是中国北方对外开放的门户和北京对外开放的海上门户，同时是环渤海综合性门户枢纽。在环渤海众多港口中，天津港到西北、华北等内陆地区的距离最短，是京津冀地区最重要的出海口和北方最重要的综合性港口，也是我国北方对外贸易的重要开放口岸。与天津港发展有紧密联系的交通干线有：京津塘高速公路、京津塘公路（103国道）、规划建设的津沽二线公路、海防公路、丹拉高速公路及京山、津浦干线铁路、津霸铁路联络线、李港地方铁路等，构成天津港四通八达的内陆集疏运网络（图 5-3-1）。

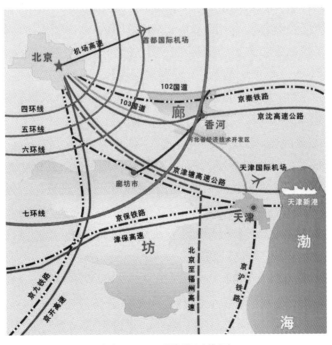

图 5-3-1　天津港区位图
资料来源：网络下载。

作为中国北方最大的综合性港口，天津港旨在发展建设成为高水平世界一流大港。近年来，天津港顺应国家改革的要求，积极参与"一带一路"倡议，针对解决制约港口发展的重要问题，形成服务功能完善，对内辐射能力强，对外联系广泛的现代化港口。天津港通过海上运输航线和陆上铁路、公路交通网，沿着海上丝绸之路经济带与21世纪海上丝绸之路，与中国-北美亚经济合作圈、中国-中亚经济合作圈、中国-东北亚经济合作圈、中国-欧盟经济合作圈、中国-东盟经济合作圈、东北-蒙东经济区、京津冀经济区、长江流域经济带紧密相联。

为了把港口装卸业务做强做好，天津港重点加大集装箱航线开发力度。对内，天津港与50多家船公司合作，开通了环渤海内覆盖河北各主要港口——秦皇岛港、曹妃甸港区、黄骅港等港口的多条集装箱航线，班期密度每周20航次。2016年环渤海内支线网络累计完成集装箱吞吐量80.4万标准箱，进一步巩固了天津港在环渤海地区的枢纽港地位。对外，天津港区域辐射带动能力强，同世界上180多个国家和地区有贸易往来，开辟了120条集装箱航线，每月航班550余班，联通世界各地500多个港口。其中，向南开辟30多条集装箱班轮航线，联通珠三角和长三角地区，挂靠东南亚、南亚、中东和非洲国家和港口，向东打造中日韩经贸合作平台，开辟了联通日韩的集装箱班轮航线。在2016年上半年，天津港又新开辟了6条连接东南亚的国际集装箱班轮航线，同时对通往西非、欧洲线和地中海等国家和地区的国际集装箱班轮航线，进行舱位扩容和运力升级，进一步优化了天津港"一带一路"航线布局。

天津港作为亚欧大陆桥的东端起点，还拥有四条联通亚欧大陆桥且运距相对较短的铁路。为了更好更快地发展国际物流产业，发挥海铁联运的运输优势，天津港利用现有的"无水港"、区域营销中心以及内陆铁路交通网，开发了"美国-中国-蒙古国"和"韩国-中国-蒙古国"的两条班列，将美国和韩国通过海铁联运的运输方式经由中国，与内陆国家蒙古国连接起来。天津港还与北京铁路局合作，开通从西安一站直达天津港的专门班列。2016上半年，天津港累计完成集装箱海铁联运量15.1万标准箱，同比增长22.5%，保持着较高的增长速度。

2. 天津港基础设施完善

天津港地处京津冀经济圈和环渤海经济圈的交汇处，是连接中西亚和东南亚的交通枢纽，是中国北方地区最大的综合性港口，通过填海造陆，挖泥建港，成为世界等级最高的人工深水港。主要航道水深达到22m，可以接卸当前世界上最大的集装箱船舶，满足30万吨级原油船舶进出港。2014年，天津港复式航道正式通航，实现航道通航能力在双向通航基础上的再次升级。

天津港水陆域面积广阔，达到336km^2，其中陆路面积131km^2，岸线资源丰富，码头长度38729m。现主要由北疆、东疆、南疆、大沽口、高沙岭、大港、北塘和海河港区8个区域组成。近年来，为了顺应"一带一路"的建设发展趋势，天津港不断投资建设基础设施，根据2016年《天津市统计年鉴》数据，天津港拥有77个货主码头，拥有集装箱、散杂货、原油及制品、件杂货、大型设备、滚装汽车、液化天然气、国际邮轮等各类泊位总数 176 个，其中万吨级以上泊位 122 个，铁路专用线长度 130172m，仓库总面积 412758m²，堆场总面积 1167m²，集装箱堆场堆存能力为 505208TEU，装卸机械 2951 台。除此之外，天津港为满足企业和客户不断增长的港口服务需求，还积极探索外省市货物来源，在 2002 年开始建设京津冀地区"8＋2"的无水港网络布局，目前，除邯郸外，北京朝阳、石家庄、张家口、保定、衡水等其他 9 个无水港均已投入运营。

天津港作为我国华北地区、西北地区和京津地区的重要水路交通枢纽，对外形成的立体交通集疏运体系主要包括公路、铁路、水运及管道等运输方式，通过京津塘高速公路和京津塘公路与京津冀地区联通，还拥有 4 条与欧洲陆桥相通且运距较短的铁路。在未来规划中，天津港将大力发展与唐山港、黄骅港之间的支线运输，进一步完善环渤海运输网络。天津港在南疆港区，沿着南疆路铺设输油管廊，可架设管道 45 条，现已建成 10 条，主要用于油气品运输，同时规划建设皮带长廊在南疆港区与散货物流中心之间运输煤炭、矿石等大宗散货。

天津港通过优化港口环境、建设基础设施来提升港口功能。东疆港区是天津自贸试验区的重要一部分，完工的东疆商务中心工程，主营航运、海运贸易、海事金融、融资租赁、跨境电商、邮轮等业务。北疆港区和南疆港区处于港口升级的转型发展阶段，南疆 27 号通用码头和散货物流中心搬迁，主营传统的大宗散货业务，同时发展代理、大宗产品交易、现代物流、工业配送、燃料供应、船舶服务等业务。临港经济区南部区域将逐步承接东疆港区和北疆港区内贸集装箱、滚装汽车、件杂货等码头装卸业务，并以高新技术产业为主导，开发新能源、高端制造业和综合物流业，北疆港区碱渣山搬迁治理。大港港区东部区域落实天津港"北集南散"港口布局，承接大宗散货转移，加快建设散货通用码头及后方堆场。

3. 天津港发展态势良好

天津港处于京津冀城市群和环渤海经济圈的交汇点上，具有便捷的集疏运运输条件，是集货物装卸、港口物流及其他相关服务为一体的大型综合服务性港口，紧密围绕服务京津冀协同发展、"一带一路"倡议规划，北方国际航运核心区建设，通过升级打造第四代港口，在北方沿海港口中独具区位优势和战略机遇，努力把自身建设成为国际高水平一流大港。

天津港是我国沿海港口中功能最完备的港口，得益于优越的地理位置和不断完善的基础设施，天津港不仅可以装卸集装箱、散杂货、液化天然气和原油等，还可以装卸滚装车辆、大型设备和杂货等，除此之外，天津港还可以停靠国际邮轮。天津港按照市场规律管理经营港口业务，积极参与市场竞争，拓展港口的服务功能。目前，天津港的主要货类为集装箱和散杂货，公司的主营业务为装卸业务和销售业务。同时，天津港坚持可持续发展的发展战略，还提供货物储存、中转联运、集装箱搬运、拆装箱及相关业务、货运代理、劳务、物资批发零售、商业咨询等服务。

近年来，世界贸易缓慢增长和航运经济持续低迷，市场环境萧条。天津港应对船舶大型化的发展趋势和腹地经济结构的调整，投资建设基础设施，拓展港口业务和服务功能，做强港口装卸、国际物流和邮轮产业，港口货物吞吐量逐年稳定增长，在国内沿海港口中名列前茅，稳居我国北方第一大港，突显天津港作为"一带一路"重要节点的作用和地位。

货运吞吐量是衡量港口发展状况的重要指标。从20世纪90年代开始，天津港一直保持着快速发展的态势，每年货物吞吐量都以千万吨级的速度在增长，是渤海湾港口群中货物吞吐量最大的港口（图5-3-2）。

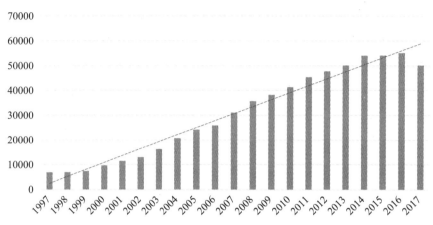

图5-3-2　1997～2017年天津港货物吞吐量
资料来源：《天津市统计年鉴》。

4. 天津港对"一带一路"倡议的贡献

据统计，2016年天津港通往"一带一路"沿线国家和地区的集装箱吞吐量超过500万TEU，占全港外贸集装箱吞吐量比重的60%左右，为区域经济的发展做出大贡献。近年来，随着经济水平的提高，"邮轮旅游"成为社会的新的消费点。天津港从中看到商机，依托港口优越的基础设施，通过完善休闲、娱乐、旅游等配套服务功能，大力发展邮轮产业，建设国际邮轮母港。作为"一带一路"海上邮轮游的重要聚集地，天津港开创了冬季邮轮正常运营的历史，成为世界各大邮轮公司争先辟建亚洲航线的重点港口之一，与美国皇家加勒比、意大利歌诗达邮轮、公主邮轮、银海邮轮、水晶邮轮、NYK邮轮、地中海邮轮等多家邮轮公司合作，吸引了"中华泰山"号、"黄金公主"号、"海洋赞礼"号等多艘著名国内外先进著名的豪华邮轮以天津港为邮轮母港开设航线，并进行首航，促进了天津港邮轮产业的发展，接待邮轮艘次及旅客人数不断增加。

据统计，2016上半年，天津港进出港国际豪华游轮共计52艘，出入境旅客超过20万人，2016年全年，天津邮轮母港进出港国际邮轮142艘次，进出港旅客71.5万人，比2015年同比增长超过200%，发展速度再创历史新高。

（二）天津港建设发展的SWOT分析

1. "一带一路"倡议背景下天津港建设发展的优势

在"一带一路"倡议背景下，天津港应该结合自身条件和未来发展方向，积极利用港口的优势条件，不断扩大优势，发挥更大作用，借势成为"一带一路"的交汇点和新支点。

(1) 天津港建设发展具有政策优势

进入21世纪之后，天津港不仅成为我国北方规模最大的综合型港口，也成为世界级的综合性枢纽港。目前，天津港面对五重发展战略，分别是跨国跨地区的"一带一路"国家倡议、区域的京津冀协同发展战略、"试点带面"的天津自贸试验区先行战略、滨海新区的开放和开发战略和国家自主创新示范区战略，这五重发展战略和倡议通过政策叠加的综合效应，将促进天津港取得更大的发展。

除"一带一路"倡议之外，京津冀协同发展等国家重大战略、天津自贸试验区成立、滨海新区开发开放等区域性政策，为天津的发展创造了前所未有的机遇。首先，天津港通过京津冀协同发展可以突破行政区划对经济发展的制约，快速整合并拉动北方腹地的经济增长，增强以天津为起点的大陆桥对外部国家的吸引力。天津港完善的基础设施资源在京津冀协同发展战略的指导下，形成以天津港为核心的京津冀港口群，促进临港产业聚集，为天津国际航运核心区发展的打下经济基础，创造良好的环境。其次，天津自贸试验区通过积极探索服务和贸易便利化、信息化，充分发挥融资租赁的优势，增加投资，成为帮助天津港融入"一带一路"国际合作贸易的最佳切入点。再次，滨海新区是全国综合配套改革试验区，集中创新政策，环渤海区域内的生产要素在滨海新区根据市场需求自由流动，在新的发展领域延伸出新的产业。最后，国家自主创新示范区在科技创新的基础上，深度交流科学技术，把科技创新作为企业生产的资源条件和产业基础，引导天津港提高服务和产品的科技含量，使港口服务效率更高，港口集疏运速度更快。

天津港以创新引领港口发展，在"一带一路"倡议背景下，把握京津冀协同发展、天津自贸试验区建设、滨海新区开发开放等多重政策实施的优势，着力打造以市场为导向的集约发展的道路。

(2) 天津港建设发展具有区位优势

天津港具有独特的区位优势，地处渤海湾西端与京津冀城市群的交汇点上，坐落于天津滨海新区，紧邻首都北京，是环渤海区域内重要的"水-陆"交通枢纽。天津港能够辐射和服务的腹地区域广阔，涉及京津冀与中西部地区的14个省市和自治区。目前，天津港是我国唯一拥有满洲里、二连浩特和阿拉山口3条大陆桥过境通道的港口，也是欧亚大陆桥距离最短的东部起点和中蒙俄经济走廊的东部起点。

天津港是京津冀对外开放的海上门户，辐射东北、华北、西北等内陆腹地，连接北方、沟通东西部，是天津建设北方国际航运核心区的重要基础支撑，也是连接东北亚与中西亚的重要通道，新亚欧大陆桥经济走廊重要节点，"21世纪海上丝绸之路"的重要战略支点。除此之外，天津港距离国家新设立的雄安新区仅有180km。2015年，天津港已与在保定建设的无水港实现通关一体化，对雄安新区的开发建设具有很大的区位优势。

天津港集疏运条件优良。在铁路方面，通往北京、哈尔滨和上海的三条铁路干线交汇于此，并外接广州、九龙、包头、承德、南通、龙海、兰州、新疆等干线，与全国铁路联网，南到华东、华南，西到西北部内陆地区，连通蒙古、俄罗斯及欧洲各国；在水运方面，天津港主动与河北港口集团、黄骅港、曹妃甸港区合作，实现资源共享，构建环渤海内支线网络，形成布局合理、分工明确的环渤海港口群，推进京津冀地区经济发展和港口的深度融合发展；在公路方面，天津港海滨大道、京津塘高速公路、京津塘高速公路二线等天津港周边内围合外围的高速公路，和港区与城区之间的城际交通网络，共同构成了天津港辐射状的公路网络，连接北京、华北、西北等各省市地区，为客运以及货运提供了便捷的运输服务。

（3）天津港建设发展具有基础设施优势

天津港作为中国北方最大的港口，是京津冀地区的海上门户，未来的发展定位是"一带一路"的战略支点，具有比较完善的功能、服务、航线、吞吐量和腹地等基础资源，拥有的码头、泊位和装卸设备等在全国都属于很高的规模，在环渤海湾港口中均位于前列。

天津港是中国西北地区和华北地区等经济腹地通向世界各地的主要港口，依托完善的硬件基础设施，加强优化海向物流网络体系，构建完善覆盖"一带一路"沿线的航线网络。目前开辟的120条集装箱航线中有30多条挂靠海上丝绸之路沿线国家和港口，不仅打通了天津港与东南部地区的通道，还向东南亚和南亚国家不断延伸，覆盖到这些国家和地区三十多个港口。天津港通过自贸试验区的建设，开通了众多连接日韩的航线，连接东北亚和中西亚。

立足京津冀协同发展的大局，天津港积极布局海测物流节点，与环渤海其他港口的50多家船公司开通了支线网络，并提高班期密度，通过每周20个航次连接秦皇岛港、曹妃甸港区等其他河北省各主要港口，打造海上物流绿色通道。在海铁联运方面，天津港与北京铁路局、神华集团等合作，开辟10多条海铁联运线路，打开西部通道。2016年，新港北集装箱中心站建成，天津港开始大力发展大陆桥运输。中国、蒙古国、俄罗斯三国同为"一带一路"沿线重要国家，天津港向北有"津蒙俄"和"中蒙俄"，向西有"津新欧"，围绕"一带一路"深度开展经贸合作，充分发挥了天津港在亚欧大陆桥通道上的过境口岸优势。

天津港现有25个内陆无水港和5个区域营销中心，实现了天津港对国内主要经济腹地的全覆盖。下一步，天津港将进一步增加建设4个区域营销中心，7个无水港，以及1个物流中心，优化无水港布局网络。天津国际贸易与航运服务中心已经建成并投入使用，通关模式为一次性申报、查验和放行，优化通关流程，是国内迄今最大的"一站式"航运服务中心。

2. "一带一路"倡议背景下天津港建设发展的劣势

（1）货物吞吐量增速放缓，港口地位下降

天津港近年来的港口货物吞吐量都在增长，但是增长速度一直在减慢，如果增速减慢持续且无法得到解决，势必会减弱天津港的竞争力，影响天津港未来的发展。近年来，天津港进出口港货物总量占全国港口进出港货物总量的比重一直下降，说明天津港在全国港口和世界港口中的地位在逐渐降低，最终可能会影响天津港枢纽港的地位。天津港在"一带一路"倡议背景下，不断投资建设基础设施，码头设施资源充沛，但若无法保障货源，港口货物吞吐量增长速度和基础设施建设的速度不匹配,将导致大量港口设施和码头资源的闲置,造成资源的浪费。

(2)港口机构业务整合存在薄弱环节

天津港发展所需的软件条件虽然在近年来的投资建设中获得了极大的提高,但是仍然未达到预期的水平。例如,一些配合机构,如卫生检疫、动植物检疫和商品检验等,进行机构整合后,大大提升了通关速度,但是如海关、外币汇率、港口业务等,通关的速度仍亟待提高,货物堆积、在港时间长。从天津港运出的内陆货物想要在当地报关放行,仍然需要海关一体化政策。在整个业务链上,众多部门的业务环节仍存在一些薄弱环节,会导致整体工作效率的降低。

(3)信息化、自动化水平较低

在"一带一路"倡议背景下,以通信技术为基础的信息平台的互联互通也是实现"五通"的一通。相对于国际上先进港口而言,天津港港口信息化、自动化水平仍然比较低,有待提升。虽然天津港已经在大力发展信息化和自动化平台的建设,进行基础网络建设和初级阶段的管理信息系统的应用,但是针对货物集中管理的大型化的计算机管理技术和操作设备、操作系统仍然应用较少,或应用较晚。另外,天津港的信息化建设缺少标准化的规划和指导,由于软件应用系统的基本架构不统一,数据交换和信息共享十分困难。在当今大数据时代,如果能够大力发展集装箱海铁联运 EDI 系统,打破信息系统相互独立封闭的模式,就能够实现数据和信息的共享。信息化水平的不足会阻碍天津港朝着国际化枢纽港口的方向发展。

(4)集疏运网络仍需优化

虽然天津港的陆测和海测的交通运输网络十分发达,但是仍存在网络结构不合理的地方,各种交通运输方式之间缺乏相互协调配合。天津港的集疏运结构仍以公路为主,铁路运输所占的比例很低,伴随着天津港货运吞吐量的不断增长,公路与铁路的集疏运差距越来越大。公路运输在短距离运输时具有经济性,但不适合长距离运输载重量大且低价值的货物,同时,公路运输比重的增大,会增加交通拥挤,产生更多大噪声和汽车尾气,污染环境。另外,天津港疏港道路主要是东西走向,城市交通与港口交通都在共同的运输通道上,这些通道运输能力基本接近或者达到饱和,在交通流高峰时期,客运和货运混行,不仅容易引起交通事故的发生,还会出现拥堵的状况,降低港口的运营服务效率。

(5)海铁联运发展存在瓶颈

海铁联运是国际多式联运的重要组成部分,可以实现港口和铁路两个交通节点的有效衔接。通过海铁联运,可以对内实现中国中西部与沿海城市的沟通交流,对外实现中国和"一带一路"沿线地区的贸易合作。天津港海铁联运运输价格偏高,运输的货种大部分是对运价敏感的低附加值的大宗货物,再加上集装箱空箱调转和闲置的成本,导致天津港海铁联运缺少低成本的竞争优势。同时,在管理体制上,港区铁路建设的所有权与运营管理的管理权相互独立,缺乏有效的运行协调机制,随着天津港海铁联运的逐步发展,相关部门和企业权责划分不明晰,企业有义务却不愿承担港区内铁路的建设与维护费用,铁路管理部门收缴费用困难。企业与管理部门信息不对称，沟通不及时，最终导致铁路的建设和维护出现问题，铁路资源闲置浪费，铁路运输服务质量下降。

3．"一带一路"倡议背景下天津港建设发展面临的机遇

（1）招商引资

天津港作为世界等级最高的人工深水港，需要投入巨大的资金用于建设和维护，港口和相关产业的升级转型也需要大量的资金支持。天津港是"一带一路"倡议下规划建设的重点港口，除了国家和地方政府，港口企业和航运企业也会抓住"一带一路"倡议带来的发展机遇，对天津港的建设进行投资，从而解决当前天津港资金短缺的发展瓶颈。

在面对政府和企业的各项投资时，根据天津港现有的资源和需求，选择适合天津港发展的战略合作项目，注重优化招商引资结构，从而形成项目之间的梯队联动发展效应，最大限度地发挥招商引资的作用，提高资金的利用率。2016年，天津港通过招商引资，引进注册了一批高质量的建设项目，注册资本规模在亿元以上的项目共计120余项。这些项目包括京津物流产业园、阿里巴巴菜鸟物流跨境电商平台、中铁装备集团盾构机再制造中心等。同时，天津港注重与央企、地方大型国企和知名民企之间的战略合作，一大批战略性合作项目落户天津港。

（2）产业升级转型

天津港作为京津冀的核心发展区域，在"一带一路"倡议背景下，天津港不断完善港口的规划体系，加快推进港口基础设施的建设，进一步优化航线布局，打造"一带一路"重要战略支点。

为了顺应国家供给侧改革的要求，抓住"一带一路"倡议实施的新机遇，破解制约港口发展的突出问题，天津港主动调整产业结构，延伸上下游产业链，实现经济的转型升级。全力建设物流网络，提升港口能级，并积极配合口岸单位创新监管模式，推进"港口一站通"和"线上无水港"项目，加快建设"绿色物流"，全面推进港口转型升级。同时，天津港增强与市区、临港经济区和周边地区的企业合作，通过延伸港口上下游相关产业，优化产业链，实现项目对接，推动港口贸易与国际金融、物流的业务融合，加快向全球资源配置枢纽转型升级。

（3）文化交流合作

文化融合是"一带一路"倡议实施的重要组成部分，沿线国家和地区在实现贸易合作进行经济交流的同时，也在进行文化交流，通过搭建区域人文交流平台，帮助消除沿线国家和地区之间的隔阂和误解，可以进一步促进经济的交流和发展。

天津港地处环渤海和京津冀地区，历史悠久，风景优美，名胜古迹众多，具有深厚的文化底蕴和丰富的旅游资源，与旅游业相关的产业发展存在着巨大的提升空间。近年来，天津港以建设"绿色港口"为发展理念，不断做优、做强、做大港口装卸和物流等主营业务，同时开始转向发展金融、商贸、旅游等高端高品质的产业。天津港看到国际邮轮市场在中国的巨大发展潜力，牢牢抓住"一带一路"倡议下天津港建设对外文化贸易基地的新机遇，着力发展"旅游文化"，通过建设邮轮母港，开通邮轮航线，拉近天津港与东南亚、

日韩的距离,通过提升天津港文化在国际的影响力,全面展现天津港的生态人文之美,彰显天津作为现代化国际港口城市的魅力,进一步深化文化交流与合作,促进"一带一路"国家地区对外文化贸易和文化交流合作的大发展、大繁荣。

4. "一带一路"倡议背景下天津港建设发展面临的挑战

(1) 资源环境约束要求产业绿色化

"一带一路"倡议在促进沿线国家和地区进行经济贸易合作时,涉及资源、能源的利用,基础设施的建设,制造业的转移等方面,不可避免要考虑生态环境保护的问题。"一带一路"沿线国家和地区涉及的人口众多,社会活动集中,其中一些国家生态环境非常脆弱,稍有不慎可能就会造成环境污染和生态破坏。因此,与"一带一路"沿线国家和地区进行金融投资和贸易合作时,可能面临巨大的生态环境风险。对于天津港来说,其处于京津冀雾霾最严重的区域,大气污染严重。港口生产活动需要进行产业结构升级改造,转变生产方式,更换科技含量高、对资源消耗更低的设备,提高港口生产活动的绿色化程度。在港口周边,大力发展绿色产业,并让这些产业沿着"一带一路"走出去,给天津港带来新的经济增长极。

(2) 周边港口同质化竞争

环渤海湾港口群是我国三大区域港口群之一,除天津港之外,拥有大连、营口、青岛、烟台、秦皇岛等六十多个的港口,十分密集。这些港口与天津港地理位置相近,都处于东北亚经济区的中心位置,拥有良好的自然资源条件,产业结构相似,相邻港口间功能趋同,为了自身利益拉拢货源、恶性的低价竞争时常会发生。不同港口所在城市的政府部门之间时常因为争夺腹地资源,缺乏沟通合作,无法统筹安排与管理,同时为了大而全地拓展港口服务功能,各地政府对港口的定位不明确,无序竞争,盲目投资建设,扩大规模、拓展岸线,造成大量基础设施的重复,破坏海域环境平衡,影响生态系统发展。不仅无法提高港口对腹地的吸引力,还导致环渤海港口群之间恶性竞争,缺乏合作,产生内耗,降低港群整体竞争力。

综上,我们可以得到"一带一路"倡议背景下天津港建设发展的SWOT矩阵(表5-3-1)。在"一带一路"倡议背景下,天津港要抢抓发展机遇,充分发挥优势资源,采取全方位多角度战略措施与发展对策,逐步消除制约港口发展的劣势条件,应对各项挑战和威胁,扩大天津港在"一带一路"倡议中的战略支点作用。

本节介绍天津市交通体系在"一带一路"倡议中的作用,系统分析天津港建设发展与"一带一路"倡议的关系。利用SWOT分析方法,从天津港内外部环境分析,总结"一带一路"倡议下天津港发展的优劣势、面对的机遇和挑战。从政策、区域和基础设施三方面分析天津港建设成为"一带一路"支点的优势;根据天津港近年来的发展现状,剖析制约港口发展的劣势因素;从经济、资源、文化、产业等角度探讨"一带一路"倡议给天津港发展带来的机遇和挑战,最后构建"一带一路"倡议下天津港建设发展的SWOT矩阵。

"一带一路"倡议背景下天津港建设发展的 SWOT 矩阵　　　表 5-3-1

SWOT 矩阵		优势（S） （1）多重战略政策支持； （2）区位优势独特； （3）基础设施相对完善； （4）资源条件良好	劣势（W） （1）发展速度放缓； （2）业务整合不畅； （3）信息化水平较低； （4）集疏运网络不够合理； （5）海铁联运发展进入瓶颈期
机会（O）	（1）招商引资； （2）产业升级转型； （3）文化交流	SO 战略 重点发展旅游业和邮轮产业；延伸上下游产业链，实现产业结构的升级转型	WO 战略 突出重点融资，完善并优化海陆交通网络；提高信息化水平，建设信息服务平台
威胁（T）	（1）环保约束； （2）周边港口的竞争	ST 战略 加快港口整合步伐，促进港口合作	WT 战略 加快发展海陆联运，开通新的贸易通道

资料来源：作者自绘。

第四节　"一带一路"倡议下天津市交通一体化建设与互联互通的实现路径

天津是国家"一带一路"倡议规划的沿海重要节点，北方国际航运中心建设是天津积极融入这一战略的必然举措。首先，丝绸之路经济带连接亚欧纵深，横贯中国东、中、西部，两端连接太平洋与地中海，而天津港是重要的国际中转港，是全球多式联运的重要节点，是国内唯一同时拥有四条铁路通往欧洲陆桥的港口。天津港通往满洲里、二连浩特、阿拉山口、霍尔果斯的运距分别为 2165km、976km、3966km、3912km，其中在国内较大的港口城市中，除去大连离满洲里较近外，天津港至其余三个口岸的运距全部最短。可见，在"一带一路"倡议中，天津作为亚欧大陆桥东部起点、中蒙俄经济走廊的主要节点和海上合作战略支点，桥头堡作用日益凸显。其次，21 世纪海上丝绸之路建设从中国沿海经东南亚，过马六甲、抵印度洋直至中亚、非洲甚至欧洲，范围覆盖了中国传统的国际商贸航线，有利于我国航运业实施"走出去"战略，有利于我国国际航运网络的布局。天津港是我国沿海的最重要的港口之一，21 世纪海上丝绸之路建设必将为天津建设国际航运中心发挥重要的推动作用。因此，加快北方国际航运中心建设是天津成为我国丝绸之路经济带沿海起点的决定性因素，有助于实现天津市交通一体化建设与互联互通。

一、天津市交通一体化建设发展与互联互通的定位分析

（一）总体目标定位

实现从以港口生产为基本功能的国际航运中心初级阶段向以服务经济为基本功能的国际航运中心高级阶段转型跨越。国际航运中心不仅是以国际航运为核心纽带，带动所在区域和相关区域经济协同发展，促进相关产业合理布局，实现相关资源最佳配置的港口城

市,还是所在城市成为国际经济、金融、贸易中心的重要前提,也是这些中心赖以存在的一个重要载体,根据目前天津港的港口基础设施和货物通过能力等要素发展数据来看,北方国际航运中心已经达到了初级阶段水平。在这个初级阶段,其基本功能主要以港口货物装卸、过驳、疏运为主,仍处于运输作业水平,未能发挥其贸易促进、资源整合、区域辐射等高级经济功能。显然,这种资本密集型的航运中心模式已经不能适应天津当前经济发展的客观要求。从上述国家战略机遇的分析来看,未来天津北方国际航运中心应当发展成为知识密集、信息技术先进、高端服务业发达的高级国际航运中心,这样的国际航运中心不仅拥有现代化、功能完善的港口以及航运硬件设施,还拥有发达的国际航运金融、保险、理算、结算、仲裁、调解、信息、科研等高端航运服务业。这种航运软实力是一个长期积累的结果,具有很强的稳定性和可持续性,而港口硬件设施可以在短时间内后来居上,是可轻易被超越的,不可持续的。

软实力的建设对天津来说虽然起步晚,但是经过多年滨海新区开发开放和东疆保税港区建设,也已具备可观的能力和基础,并已取得相当的成果。如前所述,在"一带一路"倡议的发展背景下,天津仍然处于全国深化改革开放的前沿阵地,稳增长、调结构将是天津未来一段时间的经济发展主基调和新常态。而不论是京津冀协同发展战略,还是"一带一路"倡议,抑或是自由贸易试验区等,都是依托和发挥天津港的既有优势,提升天津、环渤海、京津冀,甚至是整个"三北"地区的经济发展水平。也就是说天津的发展已经不仅仅是天津自身的发展问题,而应当更加关注并融入区域性整体协调发展中,同时还要配合国家新一轮整体改革开放发展的需要。因此,以天津港基础设施建设为标志的单纯的航运中转型港口功能已经退至次要地位,而以发展"国际港口城市"为标志的加工增值型港口建设也已经完成了攻坚阶段并接近尾声。不论是从我国当前面临的国际经济发展形势来看,还是从国内掀起新一轮改革开放和步入经济新常态的形势来看,建设一个以现代信息和全球化国际服务为基础的,以有形物流形态与无形高端服务形态相结合、以资源配置功能港口为基础的高级阶段国际航运中心,是新时期天津经济社会发展面临的诸多战略机遇的客观必然要求。

(二)"十三五"目标定位

"十三五"期间,北方国际航运中心应当实现环渤海国际航运资源配置中心的目标定位。北方国际航运中心转型发展是一项复杂而系统的工程,不可能一蹴而就,要遵循经济发展的客观规律,循序渐进,分步实施。在"一带一路"倡议的背景下,以及天津北方国际航运中心建设的现实基础,"十三五"期间,应当立足于配合京津冀协同发展、"一带一路"倡议等国家战略的有效实施,将北方国际航运中心建设成为整个环渤海国际航运资源配置中心,以促进环渤海区域经济一体化发展。

珠江三角洲地区、长江三角洲地区和环渤海地区是我国三大对外开放重点领域。然而,相比前二者,环渤海区域一体化进程相对缓慢。2006年,天津滨海新区经国务院批准为全国综合配套改革试验区,希望其发挥"环渤海"区域中心的优势,担当起我国北方对外开放的"龙头"作用。随后,国家港口布局规划亦将天津港规划为综合性枢纽港,并定位为北方国际航运中心，而将唐山港定位为能源原材料集疏中心，秦皇岛港、黄骅港定位为能源输出港。从国家规划层面来看，作为北方国际航运中心核心载体的滨海新区是天津参与环渤海区域合作的重要阵地，国务院批准实施的《全国主体功能区规划》中提到，要"重点开发天津滨海新区，增强辐射带动区域发展的能力"。因此，整合环渤海港口资源，建设功能强大的北方国际航运中心，是天津义不容辞的时代发展要求。"十三五"期间，天津市应当利用天津港等核心资源，充分发挥其配置环渤海国际航运资源的功能，配合"一带一路"倡议的发展，为最终建成高级阶段的北方国际航运中心奠定坚实的基础。

二、天津市交通一体化建设与互联互通的具体路径

（一）整合环渤海港口资源，增强国际航运资源配置能力

港口群协调发展成为现代化国际港口城市发展的一种常见模式，是国际航运中心转型升级的必要条件。要想实现"环渤海国际航运资源配置中心"的"十三五"目标定位，必须以天津港为中心整合环渤海沿海港口资源，以完善的港航服务、物流集成服务，引领和支撑环渤海经济带建设。

1. 建立环渤海组合港体系

当前应当充分利用天津在"一带一路"倡议中的发展机遇，利用滨海新区在国家区域布局中的独特位置，以天津港为中心，以河北、山东、辽宁三省的沿海主要港口为副中心，建设分工合理、规划科学，建设协调，功能完善，集疏运畅通的组合港体系，充分发挥市场调节的决定性作用，以市场机制为主调节各港口利益分配，实现环渤海沿海各港口协调发展，发挥组合港的综合效益。

2. 引进"地主港"发展模式

发展"地主港"，整合港口资源，避免行政分割所造成的区域恶性竞争，是提升环渤海港口资源配置能力的有效途径。"地主港"模式，就是指政府委托特许经营机构代表国家拥有港区及后方一定范围的土地、岸线及基础设施的产权，对该范围内的土地、岸线、航道等进行统一开发，并以租赁方式把港口码头租给国内外港口经营企业或船舶公司经营，实行产权和经营权分离，特许经营机构收取一定租金，用于港口建设的滚动发展。"地主港"模式强调政府对岸线、港口及后方一定范围内土地资源的所有权、开发权和规划权等进行有效控制的同时，又在港口开发与运作上，统筹考虑港区建设、临港产业规划、物流园区布局以及综合集疏运体系完善等方面。该模式的优点在于：第一，政府保留对港口、岸线及周边土地资源所有权、开发权和规划权的控制，负责港口的总体统筹规划，实施港口法规，进行适当的市场监督和调控，保证港口作业安全，通过市场进行各种港航资源的整合和优化，避免重复投资；第二，"地主港"模式下，港口经营者不必考虑港区的规划和投资，可在相对自由的业务环境中以企业经营为中心，集中精力提高服务质量和港口效率；第三，政府可降低对港口的投入，减轻财政负担，减少顾虑。目前，天津港的各个港区分别由三家独立的港口经营公司经营，由于各港口经营公司之间缺少统一的规划和协调，使得港区间存在一定程度的相互竞争。这固然有利于提升港口的服务质量，

但却也带来了各经营主体之间因争揽货源而大打价格战,甚至导致重复、过度投资开发同质项目的负面影响。因此,引入地主港发展模式,既有利于促进港口经营的市场化,又有利于港口基础设施建设的良性滚动发展。在此基础上,利用天津港强大的实力优势,借鉴国际先进经验,进一步通过资本嫁接、企业兼并、合资合作、投资参股、收购等市场化方式,最终达到对环渤海港口群的资源配置目的。

3. 成立专门机构统一经营管理

为实现"十三五"北方国际航运中心配置环渤海航运资源的功能目标,需要整合三个港务集团的口岸资源,统归天津市政府成立的专门机构统一管理,按照统一规划,提供统一的口岸服务,统一向全社会发包港区经营权,吸引包括河北省属企业在内的港务公司参与天津港各港区的经营管理,提升港区的经济业态和经济效益。以天津港集团为主,依托天津航运交易所,开展天津港口资源、航运资源、大宗散货、航运金融交易,提供港航信息服务,以此平台配置环渤海港航资源,为天津争得环渤海港航发展的话语权和定价权。

(二)对接"一带一路"倡议,提升区域经济发展水平

功能完善的北方国际航运中心是天津自由贸易试验区建设的重要环节,是天津积极参与"一带一路"倡议的基本条件,是天津落实京津冀协同发展的关键点。将北方国际航运中心建设与"一带一路"倡议有机地结合起来,发挥其在天津经济社会发展中的独特优势,是实现北方国际航运中心转型发展的重要路径之一。

1. 对接"一带一路"倡议,建立工作协调机制

为了切实做好有关北方国际航运中心与"一带一路"倡议的对接和协调工作,需要建立一个稳定、高效的协调机制。第一,在建设、经营跨省域港口集疏运铁路通道、对接"一带一路"倡议方面,建议成立北方国际航运中心海铁联运协调中心,协调相关地区的海铁联运集疏运体系建设和运营管理问题。第二,在增强环渤海航运资源配置能力建设方面,充分借鉴上海组合港管理委员会的模式,根据天津港和环渤海区域港口群的布局,成立由国家交通运输部,京津冀、辽宁、山东等省(市)交通运输主管部门参加的北方国际航运中心环渤海港口群管理委员会,协调以天津港为中心的环渤海港口群的建设和发展规划中的相关问题。第三,在统筹滨海新区参与环渤海区域合作方面,建议成立由天津港、交通委、自贸试验区、机场等航运实务界参加的天津国际航运委员会,委员会负责决策有关区域合作的各类事宜,政府协助制定和实施有关参与区域合作的各项政策。天津国际航运委员会一体承接天津港航、口岸对接六大机遇的发展任务。借鉴香港港口航运委员会的管理模式,依托港航企业进行统一规划,报政府发展规划部门批准,由该国际航运委员会执行。吸取上海没有国际航运统一管理部门,使得上海国际航运软环境建设、升级裹足不前的教训。

2. 开通日津欧大通道,延伸丝绸之路经济带

天津港可以充分发挥口岸、铁路、企业联合优势,顺应东亚、中亚,以及欧洲地区国际经贸往来的发展形势,构建与日本、韩国贸易交往快速通道,打造"一带一路"双向开放桥头堡,开通日津欧大通道,推动丝绸之路经济带向北方沿海拓展,促进海上丝绸之路

向中西部地区延伸，形成贯穿东中西的天然的物流走廊。这不仅有利于中日韩、中亚地区和欧洲开放与共同发展，实现中日韩、中亚地区和欧洲的经济互补，也有利于拓宽泛渤海区域国际物流运输合作的领域，加快推进我国"丝绸之路经济带"健康发展。

3. 大力开展海空联运，建设丝路空中走廊

长期以来，天津空港事实上承担着为首都机场分流的功能。然而，随着首都第二机场建成，天津与北京机场之间的现有平衡势必将被打破，天津机场作为进出北京的第二空中通道的空间和可能性被大大压缩。在此情况下，应当充分利用其临靠海港的地理位置优势，大力发展邮轮母港，开展海空联运，打造以天津为枢纽港的空中丝绸之路，从而将天津空港与首都机场距离过近的劣势转化为优势，形成与首都机场错位竞争、互补发展的态势。随着天津邮轮母港二期工程的竣工和使用，邮轮母港的国际业务将与国内客轮业务实现资源整合，整体年接待能力达92万人次。然而目前的实际情况是，邮轮旅客在天津入境后，由于缺少海空联运的限制，多数旅客没有进行深度游，迫切需要构建以天津为核心的丝路空中走廊。一方面，通过支持旅行社设计、开发日韩精细化、体验型旅游线路等方式，吸引内地旅客选择在天津进行中转，着力发展天津与日、韩等国家支线城市之间的航班；另一方面，加强与非母港邮轮合作，争取境外旅行社安排游客经天津机场到西安等中西部深度旅游。

（三）加快培育航运高端服务业，实现功能转型升级

基于港口硬件发展物流运输中转，只是国际航运中心的初级阶段，其社会经济效益、外部效应较低；而以发展航运高端服务业、实现国际航运资源集聚和配置，才是国际航运中心的高级阶段。国际航运中心高端功能的发挥，不仅需要依靠货物装卸、中转以及工商业的集聚，更需要建立在完善基础设施基础上的发达的国际航运高端服务产业，纵观国际著名港口城市，如荷兰的鹿特丹、德国的汉堡、美国的纽约和我国的上海、香港，无不体现了这一发展规律。当前，以天津港为基础的北方国际航运中心硬件建设已经取得了巨大成就，但是，以整个天津市为依托，以高端航运服务业态为纽带，与国民经济其他产业深度融合，实现各项经济战略效益叠加的航运服务软件建设还十分欠缺，这是北方国际航运中心面临的最大短板。因此，加快航运高端服务业态培育，是北方国际航运中心实现功能转型升级，实现由初级的加工增值型的国际航运中心迈向高级的资源配置型的国际航运中心的必要条件。

1. 打造航运高端服务商务区，增强航运综合服务功能

大力开展航运服务体系建设，增强航运综合服务功能，是实现北方国际航运中心从初级阶段向高级阶段转型的重要标志。国际航运中心建设需要有相关的金融、保险、商业、信息、代理与口岸服务等现代服务体系的支持，它是衡量港口竞争能力的主要标志之一。因此除了继续以"滨海新区中央商务区航运服务集聚区"为依托以外，应当充分发挥东疆第二港岛的区位优势，携手推进现代航运服务体系及天津国际航运中心建设。重点建设各有侧重的两个航运服务商务区：一是于家堡-北疆-新港航运服务商务区，依托滨海新区中央商务区于家堡的金融服务体系和新港现有国际贸易、国际航运发展优势，发展船舶租

赁、船舶保险、航运信息、海事仲裁、航运金融衍生品等高端航运服务业；二是东疆航运服务产业区，即在目前东疆航运服务区基础上，结合将来东疆第二港岛的开发，围绕建设自由贸易试验区，重点发展船舶注册、船舶经纪、航运咨询、船舶代理、海事服务、航运管理、海损理赔等辅助性航运服务业。

2. 创新游轮产业政策，打造邮轮特色产业

发达的邮轮产业是国际航运中心发展的重要组成部分。天津邮轮产业具有一定的基础和发展潜力，特别是在北方地区具有一定的区位优势，但是还应从以下几个方面创新产业政策：第一，鉴于邮轮产业是新兴产业且牵涉面广，应当由市政府建立邮轮产业促进协调机制，统一指导、协调相关合作和营销推广工作，促进天津邮轮经济快速健康发展。第二，出台相关支持政策，鼓励依托天津邮轮母港组建邮轮公司，成立专业邮轮旅行社，开拓我国北方地区广大邮轮旅游市场，开发邮轮旅游产品。第三，创新政府口岸管理便利化措施，简化邮轮通关手续，提高邮轮通关效率，以优良的政策环境吸引更多邮轮停靠天津。第四，在全国率先探索建立邮轮防扣押机制。邮轮防扣机制的建立是推动游轮发展的重要举措，因为邮轮不是简单的运输船舶，一旦由于经济纠纷导致邮轮被扣，除了邮轮公司本身可能遭受的损失外，也会影响到邮船上旅客的安全和合法权益。天津可以率先探索设立以邮轮公司或第三人提供担保形式的邮轮防扣押机制。

3. 优化航运服务环境，增强城市资源凝聚力

国际航运中心必须具备良好的通关和口岸服务环境以保证运输效率；必须具备良好的金融、贸易、信息、生活等服务体系，保证相关经济活动的便利开展；必须具有良好的法律环境、公正的执法及政务管理体系，以保证各种纠纷能够得到及时、有效和合理的解决，维持和保护船东、货主及投资者对参与本地运输和经济活动的信心等。因此，政策水平、口岸制度、法治环境、人文历史、文化底蕴等因素同样是北方国际航运中心实现转型发展的必要因素。针对北方国际航运中心定位目标，应当着重做好以下几个方面：一是深化口岸服务等行政管理体制改革，加快转变政府职能，推进口岸监管制度创新，形成与国际惯例接轨、独具特色的口岸管理体系。二是优化航运政策法律环境，保护和鼓励创新。航运法律环境和法律服务构成国际航运中心软环境的重要一环。在立法方面，建议制定《天津市国际航运发展条例》《天津市航运金融衍生品交易管理办法》等地方性法规，固定已取得的改革成果并引导进一步的改革创新。在司法方面，应当加强航运仲裁、调解机构职能作用，实现审判、仲裁、调解协调发展。在法律服务方面，由于航运所具有的国际性和特殊性，使该领域的法律服务远远滞后于传统民商事法律服务，天津应当利用自由贸易试验区试点的政策优势，先行先试进一步开放国内航运法律服务市场，吸引高水平的国际航运法律服务。在航运法律环境方面，可以在税收方面给予认真遵守航运法律和国际公约的航运企业优惠，支持营造天津良好的航运法律环境。三是发掘地域航运文化，加深航运文化底蕴。天津具有悠久的航运历史文化，尤其是海河航运历史文化，应该积极发扬光大。建设天津航运文化博物馆，宣传和凝固天津航海文化；申报海河航运文化世界非物质遗产，展示海河的历史演变和天津悠久的开埠历史；投拍天津航运历史文化影片，营造北

方国际航运中心的良好氛围；实施海河两岸的综合开发改造，在打造现代化城市滨水景观的同时，挖掘天津航运与对外开放的历史文化内涵，提升天津城市历史文化品位，提高天津国际港口城市的吸引力和竞争力。

4. 建设航运信息平台，增强智能化发展水平

现代信息化建设是保障国际航运中心服务功能得以有效实现的重要条件之一，天津应进一步加快推进电子口岸与信息平台建设，发挥航运信息平台在实现货物贸易、船舶进出、资金结算和税务处理等全方位便捷化方面重要功能。现代社会是一个信息的社会，航运业的综合性特性更需要信息的完整性、准确性和同步性，所以建立先进的航运信息平台，不仅能更好地服务于航运企业，而且能增强国际航运中心的地位。通过构建统一的北方国际航运中心公共信息平台，同时连接码头、货代、港口、铁路、海关等航运相关单位，传输与航运有关的各种业务资讯，处理与航运有关的各种电子单证。一方面可以实现与公路、铁路、海关、检验检疫、贸易等部门的数据和信息的共享和沟通；另一方面，也可协调各相关行政部门，简化各种手续，缩短查验时间，降低企业成本，实现多式联运无缝衔接。

5. 加强航运人才引进与培养，增强创新支撑

适应天津北方国际航运中心战略转型的另一个重要举措就是吸引大量的综合型高级国际航运人才。初级阶段的北方国际航运中心是以资金密集型和劳动力密集型的产业为支撑的，而建设未来高级阶段的国际航运中心，需要大力发展高端航运服务业，此外，随着天津自由贸易实验区、京津冀协同发展战略以及"一带一路"倡议的实施，航运相关产业成为经济发展的重要推动力量，与之相应地，需要引进大量的具有国际视野地各种复合型高端航运人才。因此，应当积极出台航运特殊人才引进配套措施，吸引国际化高端航运人才集聚天津；整合天津现有的涉及国际航运的教育资源，着力高端航运人才培养，为新时期北方国际航运中心战略转型提供智力保障。

本节对"一带一路"倡议下天津市交通一体化建设及互联互通的实现路径进行探究，首先，从总体目标和"十三五"目标定位出发，点明天津市交通一体化建设中建设北方国际航运中心的发展定位；最后，从增强国际航运资源配置能力、提升区域经济发展水平、实现功能转型升级等方面提出天津市交通一体化建设与互联互通的具体路径。

第六章

天津市生态体系建设与绿色发展

21世纪以来,在资源承载力和生态环境容量的制约下,在一系列全球性环境问题的冲击和挑战下,促进绿色经济发展、实现绿色转型已成为世界性的潮流和趋势。不同国家和区域纷纷制定绿色经济的发展战略、政策和行动,加快了全球绿色转型的步伐。中国提出推进绿色"一带一路"建设,这是突出生态文明理念的内在要求,是推动绿色发展的具体实践,也是加强生态环境保护的重要举措。作为"美丽中国"理念的实践单元,天津市结合《美丽天津建设纲要》,破解制约城市发展和影响居民生活的环境问题,但可持续发展水平整体仍较低,探索符合天津地区特点和实际的绿色发展推进机制及发展模式迫在眉睫。为此,本章基于"一带一路"倡议下城市绿色发展的内在逻辑,给出了天津市生态基础设施互联互通的优化路径,总结了天津市绿色发展驱动模式及实现路径,旨在为天津市生态体系建设与绿色发展等提供决策参考。

第一节 "一带一路"倡议下天津市绿色发展的内在逻辑

一、绿色发展与"一带一路"倡议的关系

天津市实现绿色发展与贯彻"一带一路"倡议是一个硬币的两个方面,统一为绿色发展与"一带一路"倡议的实践。绿色发展助推深化改革,"一带一路"建设扩大开放;绿色发展优化产业结构,"一带一路"建设优化外贸结构;绿色发展促进天津市可持续发展,"一带一路"建设促进世界共赢发展;绿色发展完善天津市社会治理体系,"一带一路"建设完善全球治理体系。

(一)绿色发展与"一带一路"是全面深化改革与扩大开放的关系

十八大以来,中央各项深化改革措施全面展开,一批具有标志性、关键性的重大改革方案出台实施,一批重要领域和关键环节改革举措取得重大突破,一批重要理论创新、制度创新、实践创新成果正在形成,全面深化改革的主体框架基本确立。中央提出的许多新理念、新思想、新战略打破了旧的体制和发展理念,释放发展红利。"五大发展理念"中的绿色发展,为打破"唯GDP"的政绩观,扫清急功近利的思想"雾霾",建设天蓝、地绿、水净的美丽中国,是中华民族伟大复兴中国梦的重要组成部分。天津市贯彻落实绿色发展理念,既承担"一带一路"建设重要责任,树立"一带一路"建设先锋标兵形象,也为城市地方品质营造、经济转型升级提供实践探索。

"一带一路"倡议一定程度上可以打破以美国为首的对华不平等贸易谈判,寻求更大

范围资源和市场合作,特别是在世界经济增长乏力、发达经济体国内需求不足、对外扩大与新兴经济体合作的时代。"一带一路"这一开放型合作平台,维护和发展了开放型世界经济,创造有利于开放发展的环境,推动构建公正、合理、透明的国际经贸投资规则体系。"一带一路"建设能有助于天津扩大对外开放格局,对天津的经济、社会发展产生深远的影响。

(二)绿色发展与"一带一路"是产业结构优化与贸易结构优化的关系

当前中国经济发展面临的最大问题是结构性问题。绿色发展就是优化产业结构的重要路径,升级传统产业生产技术,实现清洁生产,拉动国内需求,实现国民经济各部门均衡发展。中国华北和东北地区应把优化产业结构摆在尤为重要的位置,这些地区传统重工业较为发达,因此调整结构难度更大,产业结构调整对经济发展的阵痛也相对更强,像珠三角轻工业相对发达地区,这几年结构调整基本完成,并没有带来大的影响,相反东北等地区产业结构对经济发展短期负面影响已经显现。这些地区的调整难度虽然大,但不调整更难走出低谷,无法向好发展。天津市应利用好构建"一带一路"的契机,加快绿色发展,实现新旧动能的转换,加快走出困境,实现经济又好又快发展。

构建"一带一路"有助于外贸结构的优化。内部结构调整与外部结构调整是相辅相成的,经济要实现投资、消费和出口协调发展,中国经济发展离不开国际贸易的贡献,2017年天津市进出口贸易总值依然高达7646亿元,同比增长12.8%。目前在国际市场上,我国出口劳动密集型产品的优势正在消失,对外贸易对发达国家依赖度也较大。"一带一路"国家市场广阔,沿线国家的经济总量约占世界的29%,人口占全球人口的63%,发展与"一带一路"沿线国家的经济贸易将优化中国国际贸易环境,改善进出口产品和地区结构,带动天津市的外贸发展,实现内需与外需的结构优化,进而保障供给侧结构性改革顺利实施。

(三)绿色发展与"一带一路"是可持续发展与世界共赢发展的关系

中国城镇化的快速发展,资源环境问题日益突出,越来越成为制约经济社会发展的关键问题。在过去的几十年中,天津市大力发展以制造业为主的第二产业,遗留下的严重环境问题,对城市居民的健康产生严重的危害。天津市要实现的绿色发展是要以节约资源和保护环境为核心,实现全人类的可持续发展。

习近平总书记提出各国应构建人类命运共同体,人类命运共同体这一全球价值观包含相互依存的国际权力观、共同利益观、可持续发展观和全球治理观。和平和发展是人类发展的最高利益,和平与发展相互促进、相辅相成。倡导人类命运共同体意识就是要实现世界共赢发展,"一带一路"国家高峰论坛主题是"加强国际合作,共建'一带一路',实现共赢发展",充分体现了和平合作、开放包容、互学互鉴、互利共赢为核心的丝路精神。"一带一路"倡议聚焦发展这个根本性问题,释放各国发展潜力,实现经济大融合、发展大联动、成果大共享。"一带一路"倡议有助于解决发展失衡、治理困境、数字鸿沟、分配差距等问题,建设开放、包容、普惠、平衡、共赢的经济全球化。

（四）绿色发展与"一带一路"是完善天津市社会治理与全球治理的关系

天津市的社会治理正在形成以绿色发展为导向的生态文明发展观，包括绿色发展观、绿色政绩观、绿色生产方式、绿色生活方式等内涵，构建绿色"一带一路"，是当前提高城市治理水平的有效措施。建成以人为本的全面小康社会，要解决区域发展不平衡问题和脱贫问题。绿色"一带一路"建设，为贫困人口提供了更多的就业机会，增加居民收入，让居民尽快脱贫致富。消除贫困，有助于社会稳定。天津市的社会治理正走向生态文明新时代，发展绿色经济，实现人民共同富裕，建设美丽大津，有助于推动天津市经济发展。构建绿色"一带一路"推动全球化朝着均衡、普惠、共赢方向发展。"一带一路"合作平台就是全球治理的有效模式，而非地缘博弈的旧模式，它以文明交流、文明互鉴、文明共存为理念，解决发展失衡、治理困境、数字鸿沟、分配差距等问题，缓解地区冲突和动荡，消除沿线国家贫困和社会不公。

二、"一带一路"倡议下城市绿色发展的关键问题

2017年5月，环境保护部、外交部、国家发展和改革委员会、商务部联合发布了《关于推进绿色"一带一路"建设的指导意见》，再一次表明中国实施"一带一路"倡议绝不是输出落后过剩产能，也绝不是把本国的环境污染转移到别国，而是输出先进优势产能和搭建环保合作平台，自愿接受全面监督，自愿引领绿色发展，着力构建绿色丝绸之路。追求绿色时尚、崇尚绿色文明，已成为当今时代的又一主旋律。在实现绿色发展的道路上，需要践行绿色发展理念、构建绿色合作机制、推进绿色项目建设三个关键问题，推进天蓝地绿水净的美好家园建设。

（一）践行绿色发展理念，推进生态文明建设

针对中国面临的生态环境污染、生态系统破坏、资源要素紧张等一系列严峻问题，党的十八大提出要加快推进生态文明建设。党的十八届五中全会强调要实现"十三五"发展目标，必须贯彻落实创新、协调、绿色、开放、共享的新发展理念。2017年5月，习近平总书记在"一带一路"国际合作高峰论坛上发表题为《携手推进"一带一路"建设》的主旨演讲，强调要践行绿色发展新理念，共同实现2030年可持续发展目标。坚持创新发展，要积极实施创新驱动战略，依靠科技进步促进经济社会健康发展；坚持协调发展，要推动人与自然和谐相处，坚持生态优先原则，实现生态效益、社会效益和经济效益相统一；坚持绿色发展，必须坚持节约资源和保护环境的基本国策，积极推进美丽中国建设；坚持开放发展，要在推进"一带一路"建设的过程中，将绿色发展理念融入其中，加强对外合作，共同保护生态环境；坚持共享发展，要让国内人民群众和"一带一路"沿线国家人民群众共享中国改革开放取得的成果，共享美好生态环境。习近平总书记强调，要着力深化环保合作，践行绿色发展理念，加大生态环境保护力度，携手打造绿色丝绸之路。"一带一路"沿线大多为发展中国家和新兴经济体，生态环境状况较为复杂，经济发展很大程度上依然依赖资源要素，普遍面临着经济社会发展与生态环境破坏的矛盾，因此加快经济结构转型升级、加强生态环境保护、推进绿色发展的意愿不断增强。

（二）构建绿色合作机制，打造绿色合作平台

首先，要坚持机制保障。重点加强环境保护合作机制和平台建设，完善国际环境治理体系。充分发挥现有环境保护国际合作机制，根据发展需要适时完善相关合作机制，大胆探索合作新模式，努力建设政府部门、智库机构、社会组织等共同参与的多元化环境保护国际合作平台，强化金砖国家、上海合作组织、中非合作论坛等合作机制的作用，推动"一带一路"六大经济走廊的环境保护合作平台建设。其次，要坚持标准引领。适时更新生态环境保护标准和规范，融入绿色发展理念，引领绿色发展；推动建设绿色技术银行，鼓励环境保护部门和相关行业协会研究制定与国际环境保护标准接轨的生态环境保护标准和规范，加强相关企业的合作和交流，共同研发先进的生态环境保护技术；完善环境保护从业人员的激励机制，为他们提供更加广阔的发展空间；推动环境保护企业、科研机构和智库联合构建环保科技研发平台。最后，要坚持信息披露，主动接受国际社会监督。在"一带一路"建设过程中，要及时公开和共享相关建设项目的环境保护信息，接受所在国的监督；帮助完善"一带一路"沿线国家的信息基础设施，共同建设"一带一路"生态环境保护大数据服务平台；加强与"一带一路"沿线国家在环境保护法律法规、政策制定、技术标准、技术指南等方面的交流与合作，提升对境外项目生态环境风险评估与防范的咨询服务能力，推动生态环境保护信息产品、技术和服务合作。

（三）推进绿色项目建设，严格落实主体责任

首先，在"一带一路"建设过程中，以环境保护、污染治理、环保设施、环境保护人员培训与交流等为重点，优先开展生态环境保护基础设施及能力建设项目。探索在"一带一路"沿线国家设立生态环境保护国际合作中心，加强环境保护的国际合作与交流，宣传绿色发展理念，推动绿色发展。支持相关社会组织开展生态环境保护项目。其次，要鼓励企业采用绿色技术，建设绿色项目，加大环境保护研究投入力度。鼓励中国的环境保护跨国企业积极开拓"一带一路"沿线国家的环境保护市场，鼓励优势环境保护产业集群走出去，采用国际先进标准，借鉴中国建设生态产业园区的成功经验，探索与"一带一路"沿线国家共同建设生态环境保护产业园区。严格落实商务部、环境保护部联合发布的《对外投资合作环境保护指南》，推动中国企业自觉遵守对外建设项目所在国的环境保护法律法规、技术标准和技术规范。再次，要正确处理政府和市场的关系，切实发挥市场的主体作用。通过完善相关管理制度，不断规范跨国企业在"一带一路"沿线国家建设项目的环境行为，提高其社会责任意识。

第二节　天津市生态基础设施互联互通优化研究

一、生态基础设施的内涵界定

为应对城市无序蔓延，早期的规划师通常运用绿化隔离带来组织城市形态，这种手法

极大影响了中国的城市规划，宽道路、宽绿隔让一些小城市的建筑界面间距达到百米以上，城市土地浪费严重。多数"装饰性"的绿化隔离带，也缺乏对防洪蓄涝、生物多样性保护等生态系统服务的整合。为应对快速城市化进程中的生态问题，"生态基础设施"的概念被提出，它强调开放空间和绿色空间在保护和管制生态系统方面的重要作用。

生态基础设施本质上讲是城市的可持续发展所依赖的自然系统，是城市及其居民能持续获得自然服务的基础，这些生态服务包括提供新鲜空气、食物、体育、游憩、安全庇护以及审美和教育等，它包括城市绿地系统的概念，更广泛地包含一切能够提供上述自然服务的城市绿地系统、林业及农业系统、自然保护地系统，并进一步可以扩展到以自然为背景的文化遗产网络生态基础设施建设的核心在于建设具有基础性支持功能的自然生态系统及其自然服务，这种新的城市规划方法对于我国当前面临的诸如高度城市化、国土及城乡生态安全等问题具有非常重要的意义。

二、天津市生态基础设施建设现状

2018年3月，天津市第十一次党代会提出"滨海新区与中心城区要严格中间地带规划管控，形成绿色森林屏障"的决策部署。加强滨海新区与中心城区中间地带规划管控、建设绿色生态屏障，是天津市贯彻落实党和国家生态文明建设决策部署，积极着眼京津冀协同发展的大环境，实施生态系统保护和修复，优化生态安全屏障，构建相互连通的生态廊道，提升生态系统质量和稳定性的重要举措，也是加快建设生态宜居的现代化天津、推动天津高质量发展的实际行动。近年来，天津从实施"蓝天""碧水""污染防治""安静""生态保护"和"创模细胞"工程，创建"国家环境保护模范城市"到构建"生态城市"的目标，这些目标无论从定位、规划还是实施层面，均包含着生态基础设施建设的理念和特征，可以说为生态基础设施建设奠定了基础。但天津城市化进程中出现的资源约束趋紧、环境污染严重、生态系统退化等问题，使生态基础设施建设仍然面临生态环境治理压力大、生态需求空间大、生态功能脆弱等严峻的形势和挑战。

（一）生态基础设施建设空间规模缩减

近年来，生态基础设施建设空间规模呈现数量减少、宽度缩减的现象，城市化建设对绿地的侵占较为明显。从2007~2017年天津市土地利用情况看，建设用地每年都在增加，然而，耕地和生态用地面积在不断减少（表6-2-1）。按照城市总体规划，到2020年，天津中心城区和滨海新区核心区城市建设用地规模将达到57758hm^2，比现状用地增加15544hm^2，建设用地总量增加必然导致用于生态基础设施建设空间的缩减，从而降低生态服务功能。同时，天津城市绿化率不断提升，人均绿地面积也在增加。但天津老城区绿地变化不明显，数量少且面积小；中环至外环之间多为中大型绿地斑块，以公园为主；沿外环以环形绿化带为主。因此，如何合理控制建设用地无序扩张，提高土地利用效率，保证生态空间规模、提高生态服务功能，是生态基础设施体系建设面临的严峻挑战。

（二）湿地生产力与生态功能较为落后

天津的生产功能位居全国十大城市的第三位，而生态功能的地位则比较落后。一方面，

2007～2013年天津市土地利用情况（hm²）　　　　表6-2-1

年份（年）	建设用地	生态用地	耕地
2007	346268	399961	455502
2008	360294	387761	443676
2009	268188	382453	441089.7
2010	376175	374670	440886
2011	384152	366874	440705
2012	391110	260098	440523
2013	399925	253372	440098
2014	405941	262646	438310
2015	409333	261047	437182
2016	414387	257410	436924
2017	417339	255384	436755

资料来源：《天津市统计年鉴（2010～2018）》。

城市化进程中城市的外围不断向外延伸，相应地减少了森林系统、绿地系统、农田系统及水域系统等生态基础设施建设的面积，给城市及其周边生态环境带来不利影响，具体表现为大地景观破碎化、自然水系和湿地系统严重破坏、生物栖息地和迁徙廊道大量丧失。另一方面，天津第三产业比重较低，仅占52%，与北京（75.5%）、上海（60%）仍有较大差距。部分高耗能、高污染企业没有退出，石化、化工、冶炼等所占比重较大，能源消耗较多。所有这些都直接对生态基础设施造成破坏，导致整个都市区范围产生"温室效应"，继而形成"热岛"。此外，天津是我国水资源最短缺的城市之一，人均水资源占有量不足全国的1/7。随着水资源的开发，海河入海量不断下降，导致全市生态补水不足，湿地生产力和生态功能日益萎缩。因此，有效地进行生态基础设施建设，减轻污染、改善环境质量变得尤为重要。

（三）绿色生态屏障区环境治理压力大

首先，生态屏障区结构性污染问题突出，具有产业结构偏重、能源结构偏煤、空间结构偏散的特点。该区域的先进制造业比例极低，传统制造业仍是支柱产业。屏障区内还有多个电厂及焦化厂，皆为高耗燃煤产业，部分农村居民未完全使用清洁能源。各类工业园区分散在屏障区内，缺乏统一的治理机制，污染处理设施不健全，严重危害生态环境。其次，生态系统服务功能有待提升。屏障区自身自然禀赋、生态立地条件较差，除湿地资源较为丰富外，林地类型自然生态系统也较为匮乏。植被绿度的分布以低值绿度覆盖为主，植被覆盖在多样性、质量和规模等方面亟待整体提升。

三、天津市生态基础设施建设互联互通优化路径

（一）牢固树立正确的生态环保意识

生态基础设施建设强调注重生态平衡的作用、生态网络格局的优化和调控、生态功能和生态效益的发挥。因此，要树立正确的生态意识，努力提高生态基础设施体系建设的科学性和系统性。生态基础设施建设项目初期首先要关注其生态功能和生态效益，同时对已建成的生态基础设施，适时进行生态环境评估和生态建设的受益分析，以进一步改进和完善现有相关生态基础设施，提高其生态功能和生态效益。比如，适时改造和优化以河流、铁路、公路、农田防护林为载体建立的连续的生态廊道网络，以使其能够发挥应有的生态效应。

（二）合理规划与建设生态基础设施

西方国家走过的"先破坏后治理（修复）"道路，充分说明，规划是生态基础设施建设的先导。首先，应明确生态基础设施的战略地位和发展目标，描绘出天津市生态基础设施建设的规划图，将其纳入城市总体规划和土地利用总体规划，确保现存的生态用地免受发展的不利影响，最终实现经济发展和生态保护的和谐统一。其次，应开展生态基础设施建设的连通性研究。着重考虑绿地系统、水文系统、大气系统等生态基础设施内部的协调性和连通性，生态基础设施与道路、桥梁、建筑等传统基础设施之间的衔接性和整体性，并以此为依据开展生态基础设施与传统基础设施的复合规划。最后，要注意与现有各项规划之间的衔接。比如生态基础设施和绿地系统规划存在一定的相互扶持关系。前者给后者提供了生态层面的思路和技术支持，而后者则为前者的实现提供了一个有依据的平台和绿地资源。

（三）加大生态基础设施的扶持力度

鉴于生态基础设施是人类与自然和谐发展的基础性条件，是一项至关重要的公共性投资，应该被放到首要位置。所以，加大对天津生态基础设施体系的建设资金投入力度，应继续坚持以政府投入为主，切实保障生态基础设施建设投入。国外经验表明，仅靠政府的力量去建设、管理和维护生态基础设施体系显然是不够的，因此，要逐步拓展融资渠道，提高管理和维护水平。一方面，要加大对生态基础设施产业的信贷投放，扩大林业、森林等的生态补偿多元化融资渠道。另一方面，要积极探索投资主体多元化途径，重点突破，形成全社会共同参与的良性格局。吸引非政府组织和民众参与实施生态基础设施规划，鼓励其从事有利于山林、水体、绿色植被的资源保护和生态修复的产业，并根据实际情况为他们提供生态补偿、税费津贴或签署协议等。

（四）制定生态基础设施体系建设的法律法规

随着城市化进程加速所导致的人与自然矛盾的不断加剧，许多国家法律"生态化"趋势明显。因此，天津生态基础设施建设要逐步制定和完善法律法规体系。此外，在制定规划计划与拟定重大项目的过程中，充分发挥政府综合决策的作用，用宏观调控手段引导生态基础设施建设的积极性。包括：引导生态基础设施项目开发的扶持性政策，如实行资源

回收奖励制度，鼓励开发生态产品、综合利用自然资源、对投资生态产品的企业给予支持和鼓励。倡导生态生活方式，节约用电、用水，增强垃圾自觉分类和循环利用意识，鼓励节能灯、太阳能热水器等节能产品的使用，遏制消费，引导合理消费，逐步减少一次性用品的使用等。

（五）提高公众参与意识，建立公众参与机制

生态基础设施是一个新的知识领域，需要大力宣传倡导，增强全民生态意识。通过利用现代信息传播技术和其他有效方式，宣传国家和天津发展生态基础设施的各项方针政策，提高全社会对生态基础设施建设的认识。通过各种媒体宣传普及生态基础设施建设的知识，邀请专家或权威人士就生态基础设施对社会公众进行生态基础设施方面的教育和培训，努力提高全社会的生态意识。推进生态基础设施体系建设，关乎公众的直接利益。公众参与的广度和深度，直接影响生态基础设施建设的进程和效果。因此，要建立公众参与生态基础设施建设的社会制衡机制。

第三节　天津市绿色发展驱动模式及实现路径研究

全球合作共建绿色"一带一路"，已成为国际社会的共识，共建绿色"一带一路"不仅可以推动沿线国家生态环境保护进程，克服"一带一路"建设中的环境风险，而且也使沿线国家和民众对"一带一路"的获得感不断增强。因此，天津市应当积极构建和完善全球合作、绿色"一带一路"的发展框架，推动全球范围内经济社会的可持续发展，以及迈入全球生态环境治理和恢复的新阶段。

一、天津市绿色发展的驱动模式

党的十八届五中全会明确提出，把绿色作为永续发展的必要条件。坚持绿色发展，必须坚持节约资源和保护环境的基本国策，坚持可持续发展，坚定走生产发展、生活富裕、生态良好的文明发展道路，加快建设资源节约型、环境友好型社会，形成人与自然和谐发展的现代化建设新格局，推进美丽中国建设。这里至少涵盖了两个方面的内容。一是经济要环保。任何经济行为都必须以节约资源、保护环境和生态健康为基本前提，它要求任何经济活动不仅不能以牺牲环境为代价，而且要有利于环境的保护和生态的健康。二是环保要经济，即从环境保护的活动中获取经济效益，将维系生态健康作为新的经济增长点，实现"从绿掘金"，破除生态贫困的魔咒。因而，坚持绿色发展是新常态下，天津市解决因发展而破坏环境、因保护环境而限制发展等尖锐矛盾的必然选择。

坚持绿色发展，就是坚持绿色富城，推动形成绿色发展方式，这要求天津市充分发挥天津全国先进制造业研发基地的支撑作用，主动融入京津冀协同发展，协同北京市、河北省各城市共同建设产业转型升级试验区。努力做好先进制造的"加法"，节能降耗的"减法"，转型升级的"乘法"，集约节约的"除法"。推动建立绿色低碳循环发展的产业体系，

推动产业结构从过度依赖资源、环境消耗的中低端向更多依靠技术和服务的中高端提升；推广科技含量高、资源消耗低、环境污染少的清洁型生产方式；推动能源结构向清洁、低碳、安全、高效方向转化。因而，天津市应针对"因发展而破坏环境"和"因保护环境而限制发展"两类突出问题，主动融入京津冀协同发展，从环保大数据平台建设、供应链体系建设、融资体系建设等方面探寻绿色发展模式。

（一）以环保大数据平台建设加快绿色发展模式

生态环保大数据服务平台，需要各方共建、相互包容，为各方互学互鉴提供技术支持。第一，以"一带一路"合作机制和经济走廊为依托，引入大数据、云服务等先进信息技术，实现信息实时采集，建立适用于该平台建设的基本设施保障，确保平台建设的安全性、稳定性和畅通性。第二，调查和研究沿线地区的经济发展与生态环境基本状况，整理分析沿线国家的环境建设、绿色贸易投资等相关的环保信息，共建综合环保数据库，为生态环保国际合作提供服务支撑。第三，参照国际通行的环保政策及技术，考虑天津市实际情况，创建并严格执行环保标准体系，确保沿线各国的项目合作在统一、科学的环保标准下稳步推进。

（二）以供应链体系建设推进绿色发展模式

在绿色"一带一路"建设中，沿线各国和地区应从政策规划、法律法规制定、绿色生产、绿色采购、绿色消费、绿色指标体系构建、企业环境责任和品牌影响等方面多管齐下，积极推进绿色供应链合作网络建设，在国际贸易中推行绿色供应链管理，促进"一带一路"产业链条及产品服务的绿色化。第一，积极制定绿色供应链环境政策。根据天津的实际情况，就原材料供应、产品制造、运输等多环节制定相应的环境政策，杜绝任何环境违规行为。第二，将绿色供应链与环境信息公开相结合。收集沿线国家和地区污染排放和能源消耗方面的数据，搭建信息服务和共享平台。第三，推广政府绿色采购制度，对供应商及其产品进行调查研究，对政府采购的产品类型和供应商代表予以明确，并对绿色采购的范围和价值进行评估，根据评估结果制定详细的采购明细表。

（三）以投融资体系建设加强绿色发展模式

当前，全球经济的发展更加注重绿色、低碳以及生态资源的可持续性，在绿色"一带一路"中构建完备的绿色金融体系，可以为推动全球经济的绿色发展提供充分的资金支持。第一，促进绿色金融政策的制定。倡导并制定"一带一路"绿色公约，重点围绕环境责任、跨境河流、森林与草原生态系统保护等方面，根据实际需要制定促进绿色发展的国际性公约。第二，设立绿色发展基金。发挥"亚投行""丝路基金"等"一带一路"金融机构的资金优势，设立专门的绿色"一带一路"环保基金，重点支持沿线国家和地区绿色能源、环境治理、生态修复、绿色基础设施等绿色产业发展项目，吸引更多金融资源流向绿色"一带一路"。第三，引导投资决策绿色化。加强对绿色"一带一路"投资项目的信息披露和监管，对从事绿色产业的企业资质要严格审核，严禁企业从事污染、破坏当地生态环境的投资活动，定期向社会公布投资项目的完成进度和环保指标情况。

二、天津市绿色发展的实现路径

天津市为贯彻绿色"一带一路"建设,实现自身绿色发展,要加快建设全国先进制造研发基地、北方国际航运中心、金融创新运营示范区、改革开放先行区。与此同时,绿色发展要与天津自身"一基地三区"建设相结合,在进行绿色发展的同时,也要建设相应的保障措施,保障硬件建设也要搞好软件建设。

(一)加快规划绿色发展示范区,着力弥补绿色环境短板

首先,加强绿色发展示范区战略顶层设计。加快低碳、可持续发展、绿色发展示范区的城市规划、设计与建设工作,构建和完善城市绿色发展竞争力的评价模型与指标体系,为规范智慧、生态、绿色城市建设提供科学的理论内容与清晰的战略指导。其次,深化示范区"四清一绿"建设行动。以天津产业经济转型升级为根本治理雾霾与污水问题,以"五控"治理措施为辅助落实清新空气、清水河道行动;设计并建设绿色建筑,优先打造宜居、宜商的绿色发展示范区,再以区域绿色发展带动城市绿色发展,深入展开全城清洁社区、商区与村落行动;大力开展区域工业防尘、公路绿化的造林活动,扩张城市绿色空间整体规模,提高城市森林覆盖率,筑牢城市生态安全屏障。

(二)优化产城融合发展战略,打造智慧生态绿色城市

天津经济迅猛发展,为打造智慧生态绿色城市,其城市未来发展趋势更应重视产业经济与城市质量融合发展问题。首先,应优先突出发展智慧产业,加快产业转型。基于资源基础理论,利用天津海盐、地热等丰富的自然资源与港口、京畿重地的区位优势,发挥资源比较优势,着重发展绿色生物制造产业、新能源产业等;将信息技术、知识管理与生态理念相融合,培育智慧新优势。如建立高新区企业信息库,加强信息基础设施建设,为提高科技成果转化率注入新动力。其次,注重人才支撑与全民发展,促进城市升级。集合城市高校人才优势,把握"大众创新、万众创新"的产业创新驱动,提升城市产业创新能力,营造人、产、城协调持续、绿色发展的城市氛围。改善城市生态环境,提高居住、教育、交通等公共服务质量,增强人民生产、生活的满意度,提升天津宜居、宜商的绿色发展竞争力整体水平。

(三)宣传绿色发展城市理念,鼓励公众参与绿色行为

首先,以思想转变为前提宣传绿色行为。注重宣传绿色发展城市理念,加强绿色消费、绿色生活等绿色行为的城市文化建设。如组织绿色教育进校园、进社区、进乡镇活动,编制宣传教育手册,借助报纸、广播电视与互联网等媒介平台设立城市绿色专栏来倡导绿色文化,通过加强理论宣传激发公众生态道德意识,积极鼓励公众参与绿色行为。其次,以开展活动为载体落实绿色行为。广泛组织开展公众能参与的绿色行为志愿活动,如绿色出行"无车日"活动、绿色节能"关灯一小时"活动、绿色保护"我是环保监督员"活动等。最后,以引导为激励推动公众的绿色行为。加强公众参与绿色行为的激励制度与社会监督机制建设,推广碳点制度或"绿色"信用卡,将绿色行为与碳点、信用额度挂钩,积累到一定额度可免费兑换奖品或享受城市某些公共服务的优惠政策,从而充分发挥和利

用公众参与绿色行为的辐射效应。

　　天津市的绿色发展是一个复杂的系统工程,包含了城市发展的众多方面。天津在一些领域有较为雄厚的基础,在一些领域的基础还很薄弱,需要政府和社会各界的共同努力。因此,天津应充分把握绿色"一带一路"建设的重大机遇,积极追赶发展潮流,与沿线城市、国家协调解决发展与保护难题,响应绿色"一带一路"建设,共同实现绿色发展。

第七章

天津市城市符号的演变与重塑

随着城市进入高质量发展阶段,提高"文化软实力"、培育"城市符号"成为增强城市竞争力的新要义。近年来,天津市面临创新能力和城市活力有待提高、产业结构与经济发展亟待转型等困境。为此,本章在厘清城市符号内涵的基础上,基于历史演进视角梳理天津市城市符号载体,运用百度指数可视化表达天津市城市符号演变特征并剖析其内在动因,依据天津市的港口区位优势、文化资源禀赋等,提出精神符号、经济符号及品牌符号三种模式并探讨了天津市城市符号培育路径,旨在为重塑天津市城市符号与提升城市竞争力等相关政府决策提供参考依据。

第一节 城市符号的理论基础与发展框架

一、城市符号的相关理论

(一)城市文化资本理论

城市文化资本论指出城市内的精神文化、物质文化、制度文化都具有财富的"资本性",城市各种资源的调配在城市形象塑造的过程中得到优化,最终促进城市的可持续发展(张鸿雁,2002)。城市文化资本集合了一个城市经由文明历练所积累而成的精神文化、物质文化、制度文化、行为文化及其象征符号,拥有丰富的城市文化可以使城市走向世界,进而引导城市企业、产品和旅游资源向外辐射。城市形象是城市各种优势资源要素结合而成的,其塑造可与城市的人才战略、企业发展、人文与自然景观开发与民俗传统保护相结合,既可以创造新的城市经济、社会和文化资源,又可以使这些资源转化成城市政治、经济、文化和社会效益,并形成新的城市文化资本。城市符号作为城市形象的载体与组成部分,其提炼与塑造是城市文化资本的价值体现,对城市文化的保护、利用及发展起着至关重要的作用。

(二)集聚经济理论

集聚经济主要表现为全球范围的"核心-边缘"结构和城市专业化和多样化方面,其包括整体空间经济的一般均衡模型、收益递增、可以改变区域空间重要性的运输成本、生产要素和消费者的空间位置移动四个核心内容。由城市符号带动地区内的文化产业、创新产业集聚,产生规模经济效应、提升专业化水平、促进生产率的提高。特定产业部门中企业的集中带来了相应的企业人才集聚,使得有关就业信息的传播更加迅速,直接降低劳动力成本。相应的信息在业内的传播和扩散更为容易,专业人才之间的交流刺激了各种创新的产生。而城市符号能够促进地区内产业企业的转型与升级，引起地区间的产业集聚、带动区域产业结构优化升级。

（三）消费集聚理论

消费集聚是指相互依赖的消费行为通过特定的消费工具和消费制度在一定时间和空间的集中。工业化后期，由于城市地租上升、环境污染等问题，工业开始远离城市，向农村和落后地区转移，城市主要作为居民生活、消费、享受公共服务的空间，城市集聚效应从工业生产集聚效应转向消费集聚效应，城市的作用也转型为消费型服务城市（郑国中，2015）。消费集聚可以扩大城市居民消费品选择的空间边界，可以通过消费品生产和消费上的规模经济降低生产和交易成本，通过减少消费者信息搜寻的经济付出和时间成本降低购买成本，通过增加消费品的竞争程度，带来消费品的质量改善和结构升级。消费集聚是后工业化时代城市发展的新动力，消费的集中可能引发集聚与增长，集聚反过来也会强化消费。消费集聚的外部效应和网络效应，不仅会提高消费效率，导致消费集聚的自我强化，也会促进城市经济的持续发展，成为城市经济发展的内在动力。而富有城市文化和符号的城市，对于人们的消费有着直接的促进作用。类似于"网红经济"的打卡效应（孙婧、王新新，2019），具有较高辨识度和认同感的城市符号，增强对当地居民、外来游客的吸引力，进一步促进城市经济的发展。

（四）场景理论

场景理论认为，当城市发展进入后工业时期后，市民文化艺术参与对城市增长发展开始变得至关重要。场景的构成是"生活娱乐设施"组合。这些组合不仅蕴含了功能，也传递着文化和价值观。文化和价值观蕴含在城市生活娱乐设施的构成和分布中，并形成抽象的符号感和信息传递给不同的人群。以便利设施为导向公共产品与多样性人群等元素集合形成了场景，不同的场景可以聚集不同人群，场景中蕴含着多样的文化价值观、生活方式，对生活质量和城市品质发挥着重要作用。正是这种不同文化与价值观的场景吸引着高级人力资本聚集，催生新兴产业，推动城市更新与转型。该理论以消费为导向，以生活娱乐设施为载体，以文化实践为表现形式，重塑后工业城市更新与转型路径。利用城市符号来设计富有主题的城市场景，才能更有效发挥场景对于城市发展的支撑作用，激发城市活力和市民参与积极性、促进城市品质的提升。

二、不同视域下的城市符号发展形态

城市符号作为城市文化的内容与重要载体，具有城市经济效益和文化信息传播的双重属性，并在城市规划领域也发挥着重要作用。国内外学者大多围绕产业符号、文化符号以及城市设计符号等多维视域对城市符号的发展形态进行了系统性和学科性研究。

（一）产业符号

在城市符号向经济产业的转移方面，张鸿雁（2002）在对城市形象的含义进行系统解释的基础上，将城市形象作为文化资本来进行发展，为城市符号的产业化转移提供了理论支撑。刘溢海（2008）则直接对城市符号进行了详述与分类，提出了符号经济的概念，并进一步阐释了城市发展符号经济的意义。陈亚民（2009）阐明了文化在符号价值生成和消费过程的介入及传递方式，同时解释了符号消费与品牌形象、文化体验与品牌联想的相互联系，提出了基于符号价值体系的品牌构建的文化战略及具体路径。叶舒宪（2012）立足于实体经济向符号经济的转型大趋势，通过对典型案例成功经验的理论总结，提出传统文化资源向生产力转化的方略。闫红霞（2012）从旅游产业的角度入手，指出旅游产业也要注重消费者的内在需求，提炼出旅游符号，挖掘符号价值的意义。已有文献对于城市符号本体研究相对充分，也为城市符号的经济发展奠定了比较系统的理论体系，对城市符号的经济含义、表现形式、培育方式都有了相对完整的阐释。

（二）文化符号

城市符号的本质是城市文化和信息的系统表现，学者们针对符号的传播也做了较充分的研究。孙湘明（2009）从城市符号本质表现形象的角度出发，描述了什么是城市符号以及文化借助城市符号传播的方式。宋玉书、刘学军（2016）以传播学的视角，阐释了建构一个发展、开放、创新的中国文化形象的重要性，强调了符号文化在传播中的独特作用。吴惠凡（2017）指出要找准城市文化的核心价值元素，明确城市文化定位，提炼城市符号，发挥各类传播媒介在城市文化传播中的作用。姚静（2017）则通过登封少林寺的例子说明了城市符号在传播中文化增值作用。冯易（2018）将城市形象设计看作连接城市管理者和城市使用者的重要媒介，提出利用城市符号的转播来开展城市文化资源的开发与改进工作。学者们通过对文化传播的提炼和城市形象的深化，阐释了城市符号作为一种文化和信息在传播中有着其他信息不具备的优势和感染力，进一步丰富了城市符号的框架和逻辑体系。

（三）城市设计符号

通过经济学和传播学对符号本身的意义进行的研究，虽然能很好地描述符号的作用和表现形式，但城市符号的研究无法脱离城市载体。Ulises（2014）分析了城市景观符号与城市文化形象的关系，从景观符号的形式、构成和文化三个方面阐述了加强城市话语权对城市文化形象塑造的重要性。此后有学者提炼出城市公园的象征符号，并运用于城市设计的工作中（Kidd&Sophia，2019）。王卫东（2009）从打造城市品牌、提升城市地位的角度说明了利用城市符号塑造城市品牌的方式。朱一文（2010）认为符号是区别动物（生物）与人的关键因子，同时从建筑的角度区分了城市符号的不同类型，从符号空间来理解城市。黄盛耀（2016）则强调了如何在城市设计中体现出对城市文化的挖掘和城市符号的利用。学者们的研究很好地将城市文化与城市符号进行了串联，较为系统地分析了城市符号在城市中发挥的作用，但对于如何解决城市符号凝聚的现实问题、如何培育城市符号仍缺少较具体的阐释。

三、国外城市符号的形成与演变

（一）纽约：以金融为导向的城市符号

19世纪，在贸易的持续发展和欧洲移民的推动下，纽约发生了巨大的变化，建立了全美国第一个景观公园——中央公园；19世纪末，景观地标自由女神像是法国为纪念美国独立战争期间的美法联盟赠送给美国的礼物，象征着自由、挣脱暴政的约束；20世纪上半叶，因地铁系统运作，纽约成为世界工业、商业和通信业的中心；第二次世界大战后，华尔街成为美国经济霸权的龙头，联合国总部的建设奠定了纽约的政治影响，抽象表现主义艺术的崛起使纽约超越巴黎成为世界艺术的中心。城市符号具有时代性，在不同时期代表不同的含义。如纽约世贸大楼曾象征着世界金融中心，"9·11"恐怖事件的发生改变了其象征意义。有学者从城市文化景观、居住环境、异质空间和交通符号四个方面研究纽约的城市符号。其中，作为城市文化景观的街区连接着一座座见证历史与记忆的建筑，回应市民对时间的感受、对生命的体验。经过几百年变迁，赫斯特街作为犹太移民来到纽约后最早集聚的一条商业街，至今仍保留了许多传统的商业形式，成为早期移民文化和犹太人历史的象征。

（二）伦敦：以创新为特色的城市符号

19世纪中期到20世纪初，借助英国大量的国际贸易和汇兑需求，伦敦成了第一个世界金融中心；相比较于世界各地发达的城市地铁网，深邃的地铁通道是伦敦地铁的特征，伦敦地铁保持了其独特的文化符号。如今的伦敦已经是全球的创意产业中心，是创意人才汇集、创意产业勃兴、以知识和创意带动城市发展的世界城市，"创意"成为伦敦新的城市符号。伦敦将停止运作的河畔发电站改造成闻名于世的泰特现代艺术馆，并使老工业区泰晤士河南岸成长为著名的创意产业集聚区，不仅使老工业区得以再生，还成功地延续了城市的文脉。伦敦在电影、广播、出版、音乐和时装等创意领域都居世界领先地位，增强了伦敦的文化活力，提升了伦敦的国际形象以及国际信息沟通力。据伦敦外商投资局等政府部门公布的数据显示，伦敦是世界第三大电影制作中心，平均每天有27个摄制组在伦敦街头取景拍摄；每10个外国游客中，有7个游客在做旅游决策时，会将伦敦文化作为重要考虑因素。

（三）巴黎：以艺术为核心的城市符号

作为文化艺术之都的巴黎，有着千年的历史文化底蕴，重视传统文化与古建筑保护，追求现代城市建设的和谐与统一，强调时尚、浪漫、服装等艺术性元素。凭借法国政府的文化支持与资金资助，巴黎的时装、电影等文化艺术产业很好地实现了传统文化与现代文化、法国本土文化与世界文化的融合，赢得了广泛的世界审美认同。巴黎的美术馆和博物馆多达百座，其中卢浮宫美术馆、奥赛美术馆和蓬皮杜文化艺术中心最具代表性。据统计，巴黎有75个有规模的图书馆、50个剧场、200个电影院、15个音乐厅，巴黎歌剧院是世界上面积最大的歌剧院。此外，巴黎的教育、科研及艺术创新力强，艺术国际化程度高、影响力大。巴黎大学、国家科学研究中心等为文化创业产业提供智力保障支持；联合国教科文组织、经济合作与发展组织的总部均设在巴黎，足见巴黎之文化艺术魅力、国际影响力和吸引力。

四、城市符号的形成与发展框架

（一）城市符号的概念界定

皮尔士符号学理论的"能指""所指"及"释读"三要素，为城市符号内涵"三角形"（媒介、所指对象及解释项）提供理论基础。媒介是指具有文字属性的城市符号关键词，在符号化过程中主要具有表述功能；对象是指城市特定发展阶段积累的物质与精神要素，是在城市多元主体参与下形成的地方特色元素，是引起符号表述的发轫端；解释项是指人们对城市符号的关注与认同，是联系媒介与对象的中间过程态（图7-1-1）。

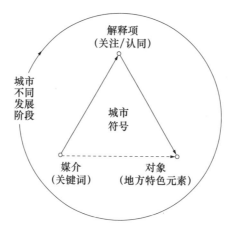

图 7-1-1　城市符号内涵"三角形"
资料来源：作者自绘。

因此，城市符号是由地方政府、企业及居民等多元主体共同参与，由不同发展阶段城市政治、经济、文化价值整合而成的、能赢得人们关注与认同的综合性符号，其外在表征为知名景点、特色产业、饮食特产、民间技艺及人物性格等。作为一个有机体，城市符号在自然选择与人工选择的双重作用下，以新陈代谢机制不断筛选出可代表不同发展阶段特征的要素，既是旧时代社会场景的再现，也是新时代发展需求的体现。

（二）城市符号的构成要素

城市符号作为一种具有累积效应城市文化资本，形成于城市特定历史时期，被赋予政治、经济、社会、历史的属性及意义。城市符号构成要素主要包括视觉经济、主体行为、文化观念三种类型。其中，城市景观地标、知名景点以物质形态而存在，能更加直观地反映出城市的历史文化沿袭和风土人情等文化内涵，以极具特点的外在形象给人以强烈的感观印象，带来视觉经济；政策规划、特色产业、饮食方言分别属于城市中政府、企业、居民三类主体行为；民间技艺、城市著称则属于城市深层次文化观念、意识形态类表现形式，具有持久生命力、传承力。城市符号构成了城市经济社会、历史文化、行为观念等内在理念的外在表征（任世忠，2015），具有丰富的文化内涵，需要首先通过视觉感官来接受城市符号，然后根据符号学原理来解读其中蕴含的意义。城市符号的表层意义使我们看到城市的历史与表象，而深层意义则使我们深入理解城市的特点。不是城市的各种要素都能被称为城市符号,能根植于城市居民的生活习惯中,让居民产生较强归属感和荣誉感的城市要素才有可能被提炼成城市符号。因此,城市符号都是经由漫长的城市发展和选择过程,凝练出能代表城市特色和地位的要素。

(三)城市符号的演变

城市符号是城市经济社会变迁的阶段性产物,随城镇化进程推进、社会结构变迁等不断演变或被重新培育,逐渐分为"变"与"不变"两种类型,其演变特征实质上是我国城市发展的缩影。符号学中,"符号圈"(符号、文字、文化等系统在现实运作中不是孤立地存在,而是进入到某种符号的连续体)的"核心-中间-边缘"三层次的形成逻辑解释了城市符号"变"与"不变"的内在联系(曹晔,2011)。"核心层"指最内核的、不宜变更的城市文化符号表征内容,逐渐产生越来越厚重的文化价值,并进一步形成该城市特有的文化再生产场域,影响大众深层次文化心理、进而赢得广泛认同和信任(吴青熹、陈云松,2015),如上海金融、北京政治、天津工业。"中间层"是变更的经济、社会与不易变更的文化同时存在的圈层,是对核心层的展示与支撑,更加可观可感可记忆,如上海东方明珠、北京故宫、天津之眼等。"边缘"最为活跃,易随城市政策、重大事件等外部影响发生变更而形成一些新兴符号,因新旧矛盾而出现向内层转移的趋势,如新的地标性建筑、旅游景点等。

(四)城市符号的发展框架

随着社会进入知识经济时代,生活因素正在取代生产因素成为个人和家庭行为的第一性因素(杨开忠,2018),厘清城市符号形成、演变及培育过程,构建新时期城市符号发展框架(图7-1-2)。首先,城市符号作为一种城市文化资本,以自然景观、建筑风貌、人文特色、社会历史文化等为载体,形成视觉经济、主体行为、文化观念三种类型构成要素,对城市内外的人们产生积极影响,使其对这个城市产生良好印象,是城市独特性的体现。同时,城市符号是整个城市的一种软实力、重要的生产资料和战略资本(张鸿雁,2002),其良好运作甚至能够为城市的发展带来质的变化,提供新的经济增长点、提高居民生活质量,甚至对国家形象也会产生深远影响(王晓丹,2012)。其次,城市符号随城市化进程推进、社会结构变迁等而不断演变或进行重构,进而形成历史的、现在的城市符号,人们可以在城市符号所蕴含的故事里寻找到、感知到城市的过去和现在。最后,以城市符号构成要素为基础的城市符号培育途径主要包括场景营造和重大事件影响。一方面,在城市规划、城市设计等政府行为引导下,以便利设施为导向的公共物品、多样人群的集合场景以及场景中蕴藏的价值观念、生活方式与质量,影响着诸如创意阶层等人力资本流动与消费集聚,推动着经济增长和社会发展(吴军,2017)。另一方面,体育赛事、国际会议等城市重大事件可以催生一个新的城市空间,因溢出效应的存在而塑造良好的城市形象、加速城市化进程、延长经济饱和与衰退周期等(林初升,2017)。因此,培育与城市发展相适应的城市符号,可以营造良好的发展条件、文化场景来吸引居民、投资者、旅游者等城市消费集聚,同时对城市边缘区域产生辐射力,最终以其吸引力与辐射力提升城市知名度、城市竞争力。

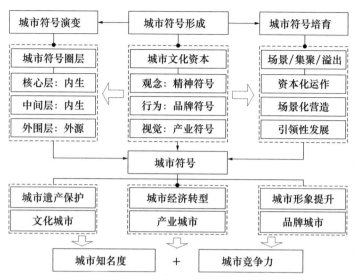

图 7-1-2　城市符号的发展框架
资料来源：作者自绘。

第二节　天津市城市符号演变的特征与动因

一、天津市城市符号的历史考察

从历史演进视角看，天津城市发展历程大致经历了"军事主导下的边防重镇——文化冲击下的万国博览园——经济恢复下的工业重镇——创新驱动下的智能之城"四个阶段。天津1404年筑城设卫，揭开了城市发展的新篇章（表7-2-1）。

天津城市发展各历史阶段比较　　表 7-2-1

历史阶段	社会背景	城市性质产业导向	运作主体	城市符号载体
军事主导下的边防重镇	封建社会时期	漕运、对内贸易城市	政治、军事	军事重镇、鼓楼、天后宫、天津话、漕运文化
文化冲击下的万国博览苑	近代史时期	近代港口贸易、近代工商业城市	政治、外力	天津劝业场、五大道、意式风情街、天津大学、南开大学、天津相声
经济恢复下的工业重镇	改革开放发展期	国际贸易物流中心、综合性工业城市	政治、经济	天津泰达、周邓纪念馆、天津港集团
创新驱动下的智能之城	新世纪	北方国际航运核心区、金融创新运营示范区、改革开放先行区	政治、创新	滨海新区、天津生态城、夏季达沃斯、天河一号、天津之眼

资料来源：参考已有文献整理获得。

（一）军事主导下的边防重镇

1404年至19世纪中叶，天津卫的形成与发展主要源于统治者在政治军事上对其地理位置的重视。一方面，天津卫在建立之初具有浓厚的军事色彩，如以军事基地建设为初衷的鼓楼、因充实卫城从皖、苏迁移来的军籍人口所带来的方言。另一方面，老天津"九河下梢"带来的冲积扇平原给处于运河枢纽站的天津带来了丰富的鱼盐资源，沟通皇城与江南漕运、海运的独特区位也促使天津商业快速发展，与此同时，天津人口流动性逐年增大，人口结构也日渐呈现多元化。"天津卫""军事重镇""鼓楼""天后宫""天津话""漕运文化"等成为该阶段天津城市特色元素（图 7-2-1、图 7-2-2）。

图 7-2-1　鼓楼
资料来源：网络下载。

图 7-2-2　天后宫
资料来源：网络下载。

（二）文化冲击下的万国博览苑

19 世纪 60 年代至中华人民共和国成立，西方列强侵华带来的被迫开埠是天津租界地产生、欧式建筑出现、现代化市政建设、对外贸易发展及"津派"文化形成的主要缘由。老城开始面临经济、社会与文化的全面竞争，租界区成为天津经济文化中心，尤其劝业场及其辐射周边也因地处法国租界而成为重要组成部分；英意两国租界（现五大道、意式风情街）形成了民居建筑、市政园林相统一的西式建筑群体景观，留存了众多文艺复兴式、古典式、折衷主义、巴洛克式以及中西合璧式的建筑，体现出天津的多元文化包容性。此外，教育救国思想也在民族救亡图存思潮中孕育而生，北洋大学（现天津大学）、私立南开大学（现南开大学）也由此建立。"天津劝业场""五大道""天津意式风情街""天津大学""南开大学""天津滨江道""天津相声"等成为该时代的"旧烙印"（图 7-2-3、图 7-2-4）。

图 7-2-3　意式风情街
资料来源：实地拍摄。

图 7-2-4　南开大学
资料来源：实地拍摄。

（三）经济恢复下的工业重镇

中华人民共和国成立至20世纪90年代末，随着新中国的成立和改革开放政策的提出，天津城市规划由粗略式建设进入系统性规划，社会经济发展进入工业城市化约束发展。一方面，政府颁布了《天津市城市总体规划方案（1986）》《天津市城市总体规划（1999）》等规划，形成了"一条扁担挑两头"的空间形态。另一方面，城市政府以商业贸易、金融业、综合型工业为重点产业并以天津港建设为契机打造国际贸易中心、物流中心综合性工业城市。"天津泰达""周邓纪念馆""天津港集团"等成为该阶段天津城市经济发展的表征，反映了城市工业化进程的加快（图7-2-5、图7-2-6）。

图7-2-5　周恩来邓颖超纪念馆　　　　　　　图7-2-6　天津港
资料来源：网络下载。　　　　　　　　　　　资料来源：实地拍摄。

（四）创新驱动下的智能之城

进入21世纪，随着改革开放和社会主义市场经济的深入发展，天津城市发展由市场主导下的商业化快速发展转向创新驱动下的城市高质量发展，注重以文化创意产业为主的创意城市建设和生态化、知识化、服务化、全球化新区建设。在京津冀协同发展战略、"一带一路"倡议下，天津贯彻五大发展理念，全面构建对外、对内双向开放格局，旨在建设全球门户、创新之都、区域中枢和生态城市。滨海新区"津沽棒"的建立，意在营造优质营商环境、构建独角兽企业聚集态势、力争发展成为京津冀地区独角兽企业快速成长地之一，形成特色鲜明的产业地标。"滨海新区"、"中新天津生态城"、"夏季达沃斯"、"天河一号"、"天津之眼"等成为该阶段天津提升城市知名度的重要载体（图7-2-7）。

图7-2-7　中新天津生态城图
资料来源：网络下载。

二、天津市城市符号演变特征的实证分析

关注度是个体基于兴趣与意愿而产生的搜索行为。城市符号关注度可理解为个体因对某个城市符号（关键词）有偏好，且愿意为之付出诸如时间或注意力等稀缺资源所产生的搜索行为。互联网搜索行为是在线大数据中较有代表性的信息，基于搜索行为而获得的百度指数是网民在特定时间段内对某关键词的主观探索和注意力分配的典型体现，若两种数据同时存在，则在一定意义上说明了人们对该关键词的认同。尽管搜索引擎具有大数据分析的局限性，如搜索样本存在非随机性、指数算法具有不稳定性等问题，但网络搜索行为能反映人们对某关键词的关注与认可。简言之，如果我们认为人们如何以及何时搜索城市符号能够一定程度地反映出个体关注模式，那么以个体主动搜索行为的集合来测度城市符号关注度就是合理的。

由此，基于百度指数的时间特征性，城市符号关注度可在时间轴上较为客观地刻画出人们经济和社会行为特征，进而映射一座城市的发展历程。

（一）城市符号国内知名度测度

百度指数中的用户关注度数据来源于百度网页和百度新闻日搜索量，用以反映关键词在过去特定时间段内受关注程度的变化趋势。以百度搜索引擎的官方数据库"百度指数"最新版（2011年01月～2019年04月）的全部搜索记录作为语料库，将天津市城市符号体系中的30个城市符号名称设定为关键词，以这些关键词在百度指数中每周出现的频率作为测量指标，绘制天津市城市符号在近10年时间跨度内的国内关注度的变化曲线，用以探索天津市国内知名度的历史演变特征及其微观影响机制。具体计算公式为：

$$R_{iw} = \frac{F_{iw_d=1} + F_{iw_d=2} + \cdots + F_{iw_d=7}}{7} \quad (7\text{-}2\text{-}1)$$

其中 R_{iw} 为城市符号 i 在2011～2019年第 w 周百度搜索引擎用户关注度，$F_{iw_d=1\cdots7}$ 表示城市符号 i 第 w 周内每天的用户搜索数量。用定量分析方法可降低理论研究方法在个案选择方面的样本偏误，在城市符号关注度的测量数据采用方面作了进一步探索。

（二）天津市城市符号体系构建

以上述历史考察与天津百度百科信息为基准，综合参考多类型官方网站信息、文献资料，分类别搜集天津代表性地方特色元素，具体包括：视觉要素综合参考途牛（推荐景点）、马蜂窝（蜂评）、大众点评（智能排序）官方网址信息排名获得；行为要素、观念要素主要选取自中商情报网公开发布的"2018中国企业500强排行榜——天津篇"、天津政务网官方推介资料及文献资料。厘清不同经济社会背景下天津市城市符号载体及其形成动因，从视觉、行为和观念三方面构建天津市城市符号体系（包含7个类别、38个关键，表7-2-2）。

天津市城市符号体系　　　　　　表 7-2-2

要素体系	类别	载体（关键词）	形成动因	形成时间（年）
视觉要素体系	景观地标	天津劝业场	文化冲击	1928
		天津天后宫	政治军事、历史典故	1326
		天津鼓楼	政治、军事	1493
		天津之眼	城市规划、城市设计	2009
		天津五大道	政治、文化冲击	1860
	知名景点	津门故里	政治、军事、历史典故	1986
		天津意式风情街	政治、文化冲击、租界	1998
		天津滨江道	政治、经济	1946
		石家大院	政治、历史典故	1875
		周邓纪念馆	政治、文化	1976
		平津战役纪念馆	政治、文化	1997
		天津海河	自然地理	—
		天津盘山	自然地理、历史典故	—
行为要素体系	城市规划	滨海新区	城市政策、国家战略	2005
		中新天津生态城	城市政策、国际交流	2007
		世界智能大会	国际环境、国家战略、产业	2017
		夏季达沃斯	全球一体化、经济	2008
		天津文化中心	城市政策、文化	2012
		南开大学	政治文化冲击	1919
		天津大学	政治文化冲击	1895
		天津站	城市规划、城市设计、经济	1886
		天津滨海机场	城市规划、城市设计、经济	1950
		天津月季花	城市政策	1984
	特色产业	天津泰达	国家政策、城市政策	1956
		天津港集团	城市政策、经济	1998
		天津一汽	经济	2000
		天河一号	国家政策	2009
		天津佛罗伦萨小镇	经济	2011
	饮食方言	狗不理包子	文化饮食、历史典故	1858
		耳朵眼炸糕	文化饮食、历史典故	1900

续表

要素体系	类别	载体（关键词）	形成动因	形成时间（年）
行为要素体系	饮食方言	天津大麻花	文化饮食、历史典故	1996
		天津冬菜	文化饮食	1965
		天津话（哏儿）	军事文化	1949
观念要素体系	民间技艺	杨柳青年画	社会文化	1950
		泥人张彩塑	历史典故、文化	1826
		天津相声	文化积淀	1940
	城市著称	天津卫	政治、军事	1652
		津门	政治	1840

资料来源：作者整理。

（三）天津市城市符号的演变特征

1. 视觉要素体系：现代设计性景观更受消费者关注

在景观地标类别中，5个关键词的百度指数呈现出明显的梯度特征，且可分为三个梯度。一是"天津之眼"的百度指数最高，受到比传统纪念性景观更高的关注度，其变化趋势整体呈现先大幅上升后小幅回落态势，且随季节出现较为明显的波动；二是"天后宫""天津五大道"变化趋势基本呈现相同态势；三是"天津劝业场""天津鼓楼"表现为"趋同——分离——趋同"特征（图7-2-8）。在知名景点类别中，不同时间段内搜索指数最高的关键词各不相同，2013年之前为"天津滨江道"，2013~2017年间是"天津意式风情街"，2017年后各知名景点的受关注度则基本无差别；"天津海河""天津盘山"的历年指数基本处于最低位，说明人们对天津市自然地理方面景观不太关注（图7-2-9）。

图7-2-8　2011~2019年天津景观地标类关键词百度指数

资料来源：百度指数官网。

图 7-2-9　2011～2019 年天津城市知名景点类关键词百度指数
资料来源：百度指数官网。

2. 行为要素体系：政府主导性教育设施知名度更高

首先，在政府行为方面表现出两类特征，一是"南开大学""天津大学"文化教育类城市符号受关注较高，且明显随时间变化而呈现周期性变动的特征，呈现"峰状"；二是以城市政府行为主导演变的城市符号具有稳定性，但会受突发事件影响而出现脉冲式变动。其中，"滨海新区"的指数较高，说明了天津城市进入以创意化新区发展为导向的阶段；几乎每年 1 月或 12 月出现搜索指数最低值，该现象可能与该时间段内人口流出相关；在 2015 年、2017 年出现两个高峰值是由于滨海新区爆炸事件促使网民关注度出现脉冲式增长（图 7-2-10）。

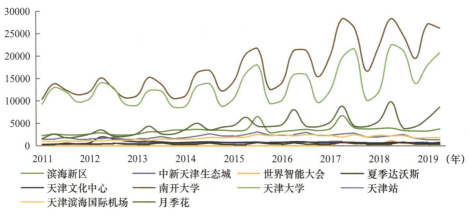

图 7-2-10　2011～2019 年天津城市政府行为方面关键词百度指数
资料来源：百度指数官网。

其次，在企业行为方面，5 个关键词的变化可分为两个阶段，以 2015 年为时间节点，百度指数最高的关键词由"天津一汽"转为"天津佛罗伦萨小镇"，说明了天津佛罗伦萨小镇——京津名品奥特莱斯凭借意式建筑风格以及以奢侈品、国际名品、户外运动、休闲四大特色购物主题吸引了更多人的关注，同时反映出消费者多层次品牌偏好。此外，部分关键词的变化也会受突发事件的影响，呈现脉冲式增长（图 7-2-11）。

图 7-2-11　2011～2019 年天津企业行为关键词百度指数
资料来源：百度指数官网。

最后，居民行为方面，2013 年前"狗不理包子"、"天津话"受关注程度基本相同，说明在该阶段人们对天津物质文化遗产和非物质文化遗产的关注基本相同，且更关注非物质文化遗产。2013 年后，"狗不理包子"一直是受关注最高的关键词，基本保持逐年稳步上升态势，且在 2014 年出现高峰值，究其原因是狗不理集团股份有限公司发布消息将积极谋求经营转型，说明相对于非物质文化遗产，网民近些年更关注天津的物质文化遗产，尤其是具有历史典故的民间饮食。由此看来，企业大众化、社区化、日常生活的消费定位容易走向市场化（图 7-2-12）。

图 7-2-12　2011～2019 年天津居民行为关键词百度指数
资料来源：百度指数官网。

3. 观念要素体系：重大事件使城市别称受关注度增高

观念要素主要包括民间技艺、城市著称。以时间演进视角分析，2015 年前，5 个关键词的变动趋势均不明显；2015 年后，"杨柳青年画""津门"2 个关键词呈现大幅变动，多次出现峰值，究其原因是体育赛事带来的外部效应。从子类别来看，相比较民间艺术，城市著称更能给人们留下深刻印象。"天津卫"存在"天津卫视"的数据干扰，因此，在下述综合因素分析时将其剔除（图7-2-13）。

图7-2-13　2011～2019年观念因素关键词百度指数
资料来源：百度指数官网。

4. 综合要素体系：行为比视觉、观念要素作用更明显

综合视觉、行为、观念三个要素体系来看："滨海新区""天津滨江道""天津之眼""天津意式风情街""天津一汽""天津佛罗伦萨小镇""狗不理包子""南开大学""天津月季花"9个关键词百度指数较高，进而进行纵向比较（图7-2-14、表7-2-3）。结论为：关键词搜索指数变化趋势存在梯度特征，且随着时间推移发生小幅度转移。"南开大学""滨海新区""天津意式风情街""天津滨江道""天津月季花"均无发生梯度变化，说明了由政治、历史文化因素主导产生的关键词其受关注度变化不明显。其次，"天津一汽"经历了"二梯度——三梯度"转移，"天津之眼""狗不理包子"则与之相反，"天津佛罗伦萨小镇"经历了"三——二——三"转移，说明了相比于第二产业，网民更关注天津的第三产业。

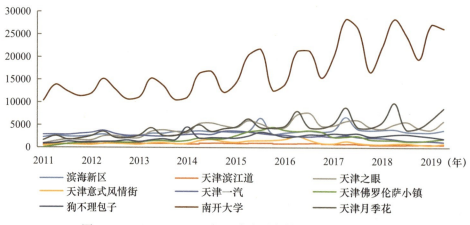

图7-2-14　2011～2019年天津市城市符号关键词百度指数
资料来源：百度指数官网。

天津市城市符号梯度转移 表 7-2-3

时间（年）	第一梯度	第二梯度	第三梯度
2011~2013	南开大学	天津一汽、滨海新区、天津月季花	天津之眼、狗不理包子、天津意式风情街、天津滨江道、天津佛罗伦萨小镇
2013~2017	南开大学	天津之眼、滨海新区、天津一汽、天津月季花、天津佛罗伦萨小镇、狗不理包子	天津意式风情街、天津滨江道
2017~2019	南开大学	天津之眼、滨海新区、天津月季花、狗不理包子	天津佛罗伦萨小镇、天津一汽、天津意式风情街、天津滨江道

资料来源：作者整理。

综合分析横向比较与纵向比较的结果，得出如下结论：（1）从历史演进视角看，天津市城市符号演变特征遵循"政治军事主导——西方思想推动——政治经济协同——政治引领文化驱动"，与天津城市变迁历程相统一，政治因素贯穿于演变的全过程。（2）从分要素类别来看，由行为要素主导形成的城市符号的演变具有稳定性，但受媒体事件的脉冲式影响。其中，特色产业子类别城市符号具有梯度转移特征、会发生"二——三"的梯度转移；由视觉要素构成的城市符号的演变具有明显季节性特征，趋势图呈现"锯齿状"；由观念类要素构成的城市符号演变具有相对稳定性，且受关注度较小。（3）多要素类别综合来看，近十年内，天津市城市符号演变具有明显梯度特征，随时间变化发生小幅度梯度转移；"南开大学"一直位于第一梯度，表明教育文化影响力较为明显。

三、天津市城市符号的演变动因

基于天津城市符号演变特征的分析，从内生动因与外源动因两方面，将驱动城市符号演变的动因概括为城镇化进程、经济发展逻辑、社会结构变迁、历史文化演变、政府行为引导和其他外部影响六类（图 7-2-15）。

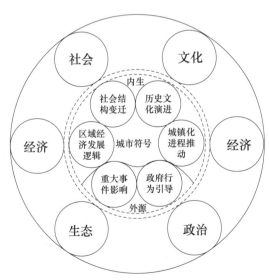

图 7-2-15 城市符号的演变动因
资料来源：作者自绘。

(一)内生动因

1. 城镇化进程推进

景观地标、特色产业等城市符号是产业城镇化、人口城镇化和景观城镇化阶段的历史产物。继传统工业在国民经济中的比重下降之后,由先进制造业主导的工业继续推动天津市产业结构的演变,进而驱动特色产业型城市符号演变。此外,人口城镇化提高居民收入、景观城镇化催生景观地标都是城市视觉经济形成与发展的重要组成元素,进而驱动城市符号演变。天津劝业场建成于1928年,曾是天津当时最繁华的地段。随着天津城市化进程的推进,劝业场从之前的固定商厦变成了代表天津民国时期商业的象征,在继承原有商业功能的基础上,演变成天津的城市精神符号,为天津市吸引了全国各地的游客(图7-2-16、图7-2-17)。

图7-2-16 天津劝业场
资料来源:网络下载。

图7-2-17 天津五大道
资料来源:网络下载。

2. 经济发展逻辑

随着区域经济发展逻辑经历"要素驱动阶段——投资驱动阶段——创新驱动阶段"的演变,创新活动成为经济发展的主要驱动力。不同的区域经济发展逻辑衍生不同的经济增长方式,形成不同阶段城市经济发展的动力机制,进而影响以经济主导型城市形成不同城市符号。在自然资源总量储备与环境承受能力的双重限制下,旧的经济增长方式难以为继,而符号经济的最大特点是基本不消耗自然资源、高度节能和高度环保,驱动新阶段新类型城市符号的形成。始建于1991年的天塔以415.2m的高度成为天津最显眼的地标建筑,其建成代表了天津传播与通信业的发展,也是改革开放初天津经济结构转型的标志(图7-2-18、图7-2-19)。

3. 社会结构变迁

社会结构变迁所带来的自由流动的资源、自由活动的空间以及多元利益主体的社会观念、生活方式、文化习俗等非物质文化构成了城市符号的精神载体。从制度变迁所引起的国家——社会两者关系变更的角度考察中国社会结构的演变过程,可概括为"乡土模式——单位模式——公民社会模式"三个阶段。每个阶段都形成差异化社会观念、交往方式等,并成为城市文化资本的建构性要素与建构的力量,为城市符号的形成与演变提供重要来源。位于滨江道商业街最南端的西开教堂是天津市最大的罗马式建筑,也是天主教天津教区的主教堂，在建设的初期也是标志了天津被侵略的屈辱历史。而随着中国国家经济的不断发展和国家地位的不断提高，西开教堂因为其独特的建筑风格，成了天津新的城市符号（图7-2-20）。

图 7-2-18　天塔
资料来源：实地拍摄。

图 7-2-19　天津站
资料来源：实地拍摄。

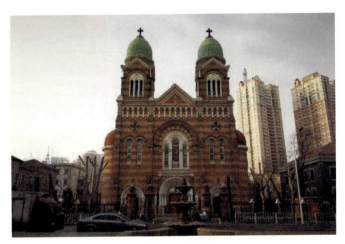

图 7-2-20　西开教堂
资料来源：网络下载。

4. 历史文化演变

城市历史文化进步衍生的文化符号是城市符号的重要组成元素，是城市符号形态性、表意性的重要来源，反过来城市符号的更新发展也能引导城市文化演变。一方面，城市特定历史时期的文化民俗、名人故居、民间工艺等文化资源，可内化为各种城市文化载体并形成可视、可读或可触摸的文化资本要素，进而成为城市符号形成与演变的动因，使城市符号在不同阶段呈现不同的特点。另一方面，城市文化就是在创造和使用城市符号的过程中丰富、更新、发展和完善，某种意义上城市文化发展的实质就是城市的创造、更替、更新和重释。在天津老人的眼里，海河岸"津门故里"就是天津卫的发祥地，是天津气质的根。正是来源于海河的码头文化，才给天津带来了幽默、洒脱、豪迈的城市精神，也是天津不可或缺的城市地标（图7-2-21、图7-2-22）。

图 7-2-21　津门故里
资料来源：网络下载。

图 7-2-22　杨柳青古镇
资料来源：实地拍摄。

（二）外源动因

1. 政府行为引导

城市符号营造受到较强的政策指向作用，国家发展战略、地方政府行为是其演变的重要外部动力。一方面，天津因具有重要区位特征和地缘优势，在不同发展阶段承载了不同的国家级战略、倡议，如"沿海开放城市设定""滨海新区建设""一带一路""京津冀协同发展"等，这些战略和倡议在引领城市发展的同时也推动城市符号不断演变。另一方面，城市规划、城市设计等地方政府行为通过合理配置生产、生活、生态空间，积极推进社会交往环境、建筑和生态环境等不同类型地方享乐设施建设，为城市符号演变提供了制度引力。天津意式风情区和五大道风景区是迄今天津乃至中国保留最为完整的洋楼建筑群，被称为万国建筑博览苑，在 2011 年，被天津市规划局确定为五大道历史文化街区。不仅浓缩了天津的悠久历史，同时也体现了天津市的发展过程。

2. 其他外部影响

城市竞争压力、重大事件的影响力等其他外部影响力，通过影响城市经济、人文环境、发展战略等，进而推动城市符号的演进。一方面，在中国大陆，各地纷纷开展营造城市符号的实践，西安古都、杭州休闲之都等成为颇有竞争力的城市符号，这些建设实践所带来的压力驱动了城市符号的演变。另一方面，重要会议、国际展览等事件，作为一种优质的城市符号传播载体，可以催生一个新的城市空间、加速城市化进程，在改善城市形象、提升城市知名度方面作用显著。天津作为相声的发源地，也是中国相声最兴盛的地方之一。据不完全统计，如今在天津市区内大小相声社不下 50 家，来天津听相声成了最受欢迎的旅游方式之一，相声也成了天津广为人知的城市符号。

第三节　天津市城市符号的重塑路径

城市符号随着城市经济社会发展阶段的不同而处于不断更新的动态过程中。考虑到城市自身禀赋与发展需求的异质性，一个城市不能仅停留在固有的发展模式上，这样无疑会导致城市经济的日益衰落。在当前以人力资本为导向的现代经济体系中,培育和重塑城市符号则成为城市发展模式更新的突破口。就天津市而言,需要充分发挥天津独特的地理区位、"津派"文化资源等优势,发扬"一带一路"差异化协同发展精神,探索适合天津市城市符号培育的发展模式以提升城市品质、城市知名度、城市竞争力,实现天津市在国内城市的引领作用。

一、天津市城市符号的模式选择

(一)以视觉经济为依托的产业符号

以符号经济为基础发展文化产业是城市复兴的重要战略选择,需要城市政府、规划人员与居民共同参与。首先在城市政府监督、引导下,规划人员整合城市景观地标、知名景点、饮食特产、民间技艺等资源,营造文化场景氛围。其次,融合社会主体对城市场景营造的建议,开发本土文化中的独特资源、提高文化附加值,多角度、宽领域、深层次地开挖地方文化产业,并创造相关的衍生产业。在此基础上,一方面实现符号资源的商业开发,形成业态集聚、激发旅游经济、培育文化产业;另一方面实现符号资源的保护传承,提升环境质量、积累旅游资源等。因此,要促进天津市以视觉经济为依托的产业符号培育,为城市符号的产业化发展提供了支撑和引导,开发独具特色的文化产品,吸引当地居民、外来旅游者的消费集聚(图7-3-1)。

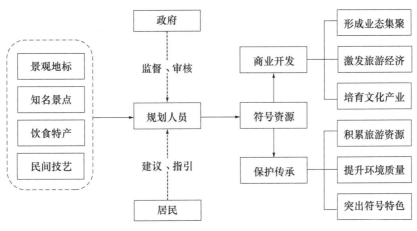

图 7-3-1 产业符号发展模式

资料来源:作者自绘。

(二)以主体行为为导向的品牌符号

城市品牌具有不可替代的经济文化内涵和不可交易性,由政府政策、企业引才等行为主导,以城市品质、城市特色、城市精神、城市优势为依托,通过吸引、融合培育城市品牌符号。品牌符号的意义在消费者对产品和营销的认可中逐步积累,一方面消费者通过接触营销信息、亲自体验产品或服务与相关群体沟通等方式,逐步积累起对品牌的认识。另一方面,消费者从自己的价值观念出发,对企业传递的品牌信息进行重新解释,形成了新的意义。能够受到消费者认同的城市品牌符号能够为城市提供新的经济增长点、激发城市经济、改善生活品质，为城市居民生活质量的提升提供了内生、外源动力。相反，如果品牌符号不能让消费者产生信任感和满足感，消费者就会立即中断与品牌的关系（图7-3-2）。

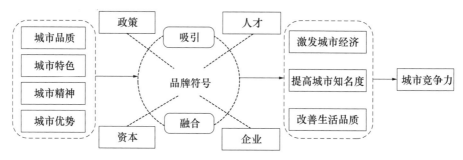

图 7-3-2　品牌符号发展模式
资料来源：作者自绘。

（三）以文化观念为依托的精神符号

文化和城乡规划是城市空间建设中的两个有机参与部分，以文化为主导的城市精神符号是融合文化与规划的重要桥梁。在对精神符号进行开发时，一方面提炼出城市符号中关于城市精神的主要因素，通过政府主持的市政工程的保护和规划工作者的设计开发，形成更加完善、更具规模的城市特色与城市街区。另一方面加深城市精神和城市文化在居民心中的地位和作用，满足居民对城市的内在需求和精神寄托，配合城市特色的形成去促进文化产业和地方化经济的发展，并且对城市传统文化和精神进行传承与发扬。重点发展津门故里、劝业场等蕴含着天津居民感情寄托的物质空间，提炼出富有天津特色的"码头符号"，充分利用天津城市精神和居民的感情倾向，激发天津文化的内生动力（图7-3-3）。

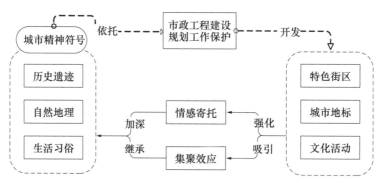

图 7-3-3　精神符号发展模式
资料来源：作者自绘。

二、天津市城市符号的路径探析

当今城市发展步入创新经济时代，以便利设施为导向的公共物品、多样人群的集合场景来促进人力资本流动与聚集，可以进一步驱动城市创新发展。天津作为北方开放最早的城市、近代工业发源地，蕴含着丰富的城市文化资本，营造与天津社会经济发展相适应的城市符号是天津转型发展的迫切要求，也是天津提升城市知名度、城市竞争力的有效途径。

（一）深度激发内生动力，实现城市文化资本化运作

深度激发城市符号演变的内生动力，通过深入发掘城市文化、激发城市内生动力，进一步实现城市文化资本的转化、建构和运营，塑造城市文化品质、提升城市文化竞争力。首先，转化城市文化到城市文化资本。对构成城市空间的资源、功能载体的自然资本、人力资本及相关延伸资本等进行集聚、重组与运营从而获得收益。其次，构建城市文化资本体系。寻找城市发展理念、塑造城市文化景观、推广城市形象建设，将其贯穿于城市建设、城市运营、城市治理的全过程。选择既能展现城市文化精神、传达城市文化内涵、烙印城市感知和记忆的景观要素类城市符号开发，协同挖掘行为要素、文化观念要素等城市特色，构建多要素协同发展的城市文化资本体系。最后，实现城市文化资本化运作。充分发挥地域景观地标、历史街区、民风民俗等文化资源的优势作用，合理利用网络媒体进行营销传播来招商引资、旅游推介、城市文化产业等市场化运作，将城市文化资源存量积极地转化为资本存量，扩大区域发展中的资本投入总量，推动城市与区域发展。

（二）合理利用外源动力，推动地方品质场景化营造

合理利用外源动力，通过高层公共政策、本土公共政策，强调不同文化要素的协同性和在地化以获得更大的协同效应，推动地方品质场景化营造，将进而实现城市符号的传播。天津市需要应对城市品牌进行全方位、立体式、持续性的有效传播，充分发挥媒体的力量，通过制定统一的框架来协调传播计划。在高层公共政策方面，一是强调便利设施与社区、文化实践活动、人群的协同和互动，最大限度地实现其价值。二是在城市设计过程中，注重现有设施的保护与再利用，并将其设施、服务整合到新建设设施服务中去，形成文化场景。以天津市文化创意产业已经形成的集群化发展格局为基础，进一步整合和优化已有的各类文化创意产业集群和集聚区的资源，加快推进具有国际化程度的城市文化创意产业集聚区与示范区建设，实现文化创意产业场景化营造，提升文化创意产业园区集群发展的核心竞争力。在本土公共政策方面，一是天津文化特色，比如传统相声或者传统文化习俗，构造具有特色的休闲娱乐空间；二是关注创意阶层等需求，结合现代文化元素和技术手段，增强公共文化空间的吸引力。

（三）综合发挥演变动力，塑造城市符号引领性发展

综合发挥城市符号化演变的内生动力与外源动力，将城市文化资本融入新旧场景的整合，培育与天津社会经济发展相适应的城市符号以引领城市发展。一方面，城市符号培育可以与城市的人才战略、企业发展、资源创新、人文与自然景观开发、城市文化传统特色开发等相结合。既可以创造新的城市经济、社会和文化资源，又可以直接使这些资源转化成城市的政治、经济、文化和社会效益，并形成新的城市经济资本、社会资本和文化资本，形成新产业发展资源、旅游经济资源和整体发展资源。另一方面，通过一系列的符号化运作展现天津城市的旧城新貌。南开大学、意式风情街、天津文化中心等这些新老地标建筑向世界宣告着天津既是一座有着悠久历史的商埠城市，又是世界智能大会、中国国际矿业大会举办地，拥有众多国家和部委级实验室、工程技术研究中心等，是一座开放包容之城、科教资源雄厚之城。

第八章

天津市城市网络体系与合作机制建构

第一节 自贸试验区建设与"一带一路"倡议的内在联系

2015年4月,中国(天津)自由贸易试验区正式挂牌(图8-1-1),这个中国长江以北唯一的自贸试验区成了全国改革开放和制度创新的试验田,在京津冀协同发展的背景下,为提升天津城市质量、创造区域开放新格局、推动"一带一路"倡议实施形成了强有力的支撑服务。天津自贸试验区的建立助力推动天津城市网络的构建,借助"一带一路"契机服务由点到线、由线到面推动自贸试验区建设,辅助天津城市升级。

图8-1-1 中国(天津)自由贸易试验区
资料来源:实地拍摄。

一、天津自贸试验区与"一带一路"的战略价值

自贸试验区是"一带一路"计划下实现区域长效合作的核心载体,自贸试验区以实现"市场渗透""市场自由化"为愿景,而"一带一路"则辅助给出了相应的市场条件。经济融合与文化包容是自贸试验区与"一带一路"建设携手共进的法宝,"一带一路"秉承了古丝绸之路开放包容、兼收并蓄的精神,同时也赋予了新时代的特质,利用国际市场的拓展与开发辅助自贸区经济、文化双升级,将经济、文化连成一条新型发展路线,这为构建自贸试验区发展面以及形成天津市城市网络奠定基础。

从经济融合的角度来看,主要体现在经济结构与经济发展空间上。天津作为老牌直辖市,人力资源丰富、成本较低且煤电资源丰富,但是天津市产业结构严重失衡,新动能增长点青黄不接,计划经济观念根深蒂固,市场自由化程度不高。2017年,天津市国内生产总值为1.86万亿元,同比增长3.6%,增速大跌。横向来看,天津市被重庆市(GDP为1.95万亿元,同比增长9.3%超越)让出"准一线城市老大哥"的宝座,且被苏州市(GDP为1.7

万亿元，同比增长7%）等城市紧追；纵向来看，在2003~2012年的10年周期中，天津经济基本都保持了每年两位数的增长速度，从中不难看出市场渗透率程度较低。而"一带一路"倡议的提出给了天津市一个重要的机遇。结合天津市自身优越的地理环境——北方重要的航运中心、北方最重要的开放港口以及丰富的资源环境，天津市不仅具备"走出去""引进来"并举的港口条件，同时给动能转换的种子提供了优渥的土壤，精准对接了"一带一路"倡议的目标，致力于增加各方实实在在的合作红利，共建新动能、新平台，有利于提高天津市供给结构的适应性和灵活性，为结构优化注入了新活力，打破了天津"市场渗透""市场自由化"的僵局；有利于加强天津位于中国乃至世界的重要地位，同时扩大天津市辐射带动周边区域共同发展的趋势。天津作为京津冀经济区联动发展的新引擎，对内将有效吸引北京的产业外溢，对外能够强有力的对接日韩东北亚的经济圈。

从文化包容的角度来看，以文化交流助力经济发展，为传统文化赋予时代内涵，凸显"一带一路"人文精神，是天津市文化推广与发展的重要战略形式。天津市文化底蕴丰厚，是全国有名旅游城市之一。在产业融合助力经济转型发展的背景下，文化、商贸、旅游融合发展与"一带一路"倡议的实施形成动力系统，不断增强天津市经济增长活力与质量。文化产业的不断发展，将会催生新产业、新业态的产生和集聚，2017年8月，天津推出国内首个自贸试验区内较为详细的影视文化扶持政策，全力打造影视文化产业链。为支持文化产业链的发展，天津市政府围绕财政扶持力度、设立产业发展专项资金与补贴、鼓励落户与人才支撑、设立产业引导基金、全面落实"一带一路"支持重点项目等方面，对接"一带一路"，吸引大量外来影视文化企业与游客并吸引本地人才落户，实力推进了天津市经济增长。

二、天津自贸试验区与"一带一路"的战略挑战

（一）政治风险

尽管"一带一路"沿线国家与天津自贸试验区实行战略伙伴关系有助于双方的红利获取，但不可否认这之间存在一定风险。在合作过程中，有可能出现不同程度的政治安全风险，这种小概率的"黑天鹅"事件无人能够预测，但又不可否认它的存在。中美贸易战的打响，给中国带来一定的影响，这种影响会加重天津港的"贸易逆差"，影响港口经济。此外，如遇沿线国家换届选举、民族矛盾、地区战争等政治冲突，都会影响"一带一路"对口城市的经济状况。这些困境不可避免又难以预料，但仍需尽可能多的分析合作国家基础状况，尽量将损失降到最小。

（二）新业态风险

新业态在开始推行时期由于自身条件不足本就脆弱，加上"一带一路"倡议的影响，容易导致风险的加剧。以天津自贸试验区内跨境电子商务为例，自贸试验区的成立让诸多电商企业落户天津，依靠京津冀一体化战略与"一带一路"倡议与开放的外资转入限制，外资电商企业顺利进入中国市场，这些跨境电商平台的发展，一方面为市民淘到便宜海外商品创造得天独厚的条件，另一方面繁荣了国内市场。但问题在于，"一带一路"沿线国

家大多是发展中国家或者转型经济体,这就为跨境电商行业在无形中增添了一道鸿沟,主要在于这些国家的基础设施不完善,与中国的跨境电商发展之间存在对接问题;此外,各国的文化意识形态不同,在消费观念和消费习惯上存在差异,跨境电商的虚拟性将给彼此之间的信任程度大打折扣;最后,跨境电商所涉及的大多是新兴行业,各个国家的准入条件不同,支付技术水平也不尽相同,这让虚拟的电商行业在安全执行中徒增风险。

因此,结合天津自贸试验区发展与"一带一路"合作的战略价值与战略挑战,关注天津市经济、文化、政治以及新业态的发展,构建"点-线-面"动力转换系统,优化产业结构,提升安全指数,推动产业发展,构建城市网络体系,完善合作机制。

第二节 基于创新城市建设视角的自贸试验区优化发展

一、自贸试验区动力系统的原理

自贸试验区内经济、文化、政治与新业态的产生之间相互作用形成"点-线-面"动力系统,四者之间互相渗透,推动新业态的快速产生和发展。首先,马克思政治经济学认为经济基础决定上层建筑,上层建筑反作用于经济基础。本书将"经济"的概念进行了广义拓展,认为经济、文化、政治相对于新业态来说均属于"经济"基础,而新业态属于"上层建筑",前三者与后者之间存在明显的作用与反作用的关系。其次,马克思主义政治哲学认为社会存在决定社会意识,社会意识是社会存在的反映,社会存在的性质和变化决定社会意识的性质和变化。社会意识对社会存在具有能动作用。同样,本书将"社会存在"与"社会意识"做出了广义的推广,认为经济、文化、政治属于自贸试验区内的"社会存在",新业态属于"社会意识",前三者的性质和变化决定了后者的性质和变化,并且新业态的产生和发展对于经济、文化、政治具有能动作用。最后,马克思主义哲学指出新事物的产生符合事物发展的必然趋势,具有强大的生命力和发展前途,新业态的产生与发展正是符合这一发展趋势,在经济、文化、政治之间互动的同时,既符合新时代宏观经济环境,又能产生一定的推力,促使自贸试验区内新业态不断发生改变。经济、文化、政治与新业态之间的作用关系将形成动力环,推动自贸试验区优化发展。

经济要素仍然是牵动后三者联动的助推器。在建立"点-线-面"动力系统的基础上,依托京津冀协同发展战略,天津自贸试验区在经济、文化、政治上要把握好新型关系,在提升经济数量的同时注意经济质量的提升,将新业态推向更优的发展道路上。2018年7月17日,《人民日报》发布了上半年宏观经济形式,国家统计局新闻发言人毛盛勇根据统计数据与分析得出:中国经济运行平稳、结构优化、质量效益向好。在这样的宏观经济背景下,天津自贸试验区该如何提升自身的经济质量,优化产业结构形成新业态?

新业态的产生离不开经济、文化、政治的影响,但是后三者过分的投入可能会适得其反。新业态的发展在理论上同经济、文化、政治之间并非只是简单地线性关系。大量新业态涌入之后，除了对于监管造成不小的压力，也会大大降低产出的质量，冲击传统行业。一个最容易理解的例子就是，目前我国实体经济发展并不景气，实体经济是虚拟经济发展的基础，虚拟经济对于实体经济具有反作用，正如新业态作为上层建筑对于经济、文化、政治具有反作用一样，在投入得当的基础上，新业态是区域经济、文化、政治的助推器，可以有效促进生产和流通，成为自贸试验区发展的动力，而如果新业态的投入过多，其过度膨胀、发展速度远远高于"经济"基础的发展速度，这就会产生对于"经济"基础的不利影响。本书中的"上层建筑"对于"经济"基础发展过程中是否存在发展阶段，理论上新业态与"经济"基础之间存在的拐点关系，实际上是否存在，这将有利于制定自贸试验区优化发展战略，本节将利用实证进行检验说明。

二、构建指标体系

本节将利用宏观数据根据指标体系DSR（Driving Force-State-Response）关系模型构建门槛模型。该模型驱动力、状态、影响为关系纽带，驱动力表示各指标之间形成的驱动作用；状态指标描述了经济、文化、政治与新业态之间达到的状态；影响指标表示在宏观经济环境发展的过程中经济、文化、政治与新业态发展的系统性影响。四者之间存在作用与反作用的机制、存在一定的激励与反馈作用。根据四者之间的关系建立城市创新指标体系（图8-2-1）。

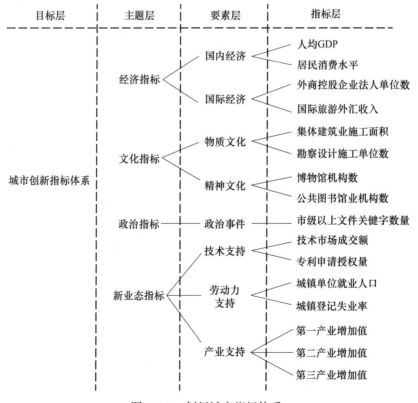

图 8-2-1 创新城市指标体系

经济指标主要采取国内和国际分项指标表示，其中国内经济指标以人均GDP（X_1）、居民消费水平（X_2）表示；国际经济指标以外商控股企业法人单位数（X_3）、国际旅游外汇收入（X_4）来表示；文化指标采取物质文化分项指标来表示，物质文化主要指为了满足人类生存和发展需要所创造的物质产品及其所表现的文化，包括饮食、服饰、建筑、交通、生产工具以及乡村、城市等，本书主要指建筑与交通方向的指标，分别以集体建筑业房屋施工面积（X_5）、勘察设计单位数（X_6）表示；新业态指基于不同产业间的组合、企业内部价值链和外部产业链环节的分化、融合、行业跨界整合以及嫁接信息及互联网技术所形成的新型企业、商业乃至产业的组织形态，以技术支持、劳动力支持和产业支持分项表示，技术支持以技术市场成交额（X_7）、专利申请授权量（X_8）表示；劳动力支持以城镇单位就业人员（X_9）表示；产业支持以第一产业增加值（X_{10}）、第二产业增加值（X_{11}）和第三产业增加值（X_{12}）表示；政治指标以政治事件数量表示，通过统计国家、天津市出台的文件中包含"自贸试验区""天津自贸试验区""天津"的数量（X_{13}）表示。

三、实证分析

本书数据来源于国家统计局、中央政府、国家发展与改革委员会，其中指标区间为天津市2004~2016十年间的数据。

依据指标体系及数据的可获得性，首先对原始数据进行标准化处理；其次进行主成分分析确定权重，进行指标归一化；再次检验数据之间是否存在门槛效应；最后进行门槛效应分析。

（一）数据标准化

在进行主成分分析之前，由于指标的量纲不同，为了消除指标间的量纲关系，采取无量纲化处理，得到无量纲数值X^*，X^*为0~1的数值。具体公式为：

$$X^* = \frac{X_J - X_{\min}}{X_{\max} - X_{\min}} \tag{8-2-1}$$

（二）确定指标权重

本书主要利用主成分分析确定指标权重，分为三部分：（1）确定指标在各主成分中线性组合的系数；（2）确定主成分的方差贡献率；（3）指标权重归一化。

主成分的线性组合系数为：

$$\text{主成分的线性组合系数} = \frac{\text{第}n\text{主成分系数}}{\sqrt{\text{第}n\text{主成分特征根}}}, \quad n=1, 2 \tag{8-2-2}$$

指标系数为：

$$\text{指标系数} = \frac{\sum_{i=1}^{n}\text{线性组合系数}\times\text{方差贡献率}}{\sum_{i=1}^{n}\text{方差贡献率}}, \quad n=1, 2 \tag{8-2-3}$$

根据上述公式计算出各指标权重，具体数据如表8-2-1。

指标权重　　　　　　　　　表 8-2-1

指标层指标	指标层指标权重	要素层指标	要素层指标权重	主题层指标	目标层权重
X_1	0.092	国内经济	0.163	经济指标	0.289
X_2	0.071				
X_3	0.049	国际经济	0.126		
X_4	0.077				
X_5	0.131	物质文化	0.227	文化指标	0.227
X_6	0.096				
X_7	0.054	技术支持	0.119	新业态指标	0.486
X_8	0.065				
X_9	0.108	劳动力支持	0.108		
X_{10}	0.083	产业支持	0.259		
X_{11}	0.101				
X_{12}	0.075				
X_{13}	0.001	政治支持	0.001	政治指标	0.001

（三）门槛效应检验

（1）模型构建

本书围绕天津市经济、文化、政治指标与新业态指标之间的关系构建，主要运用面板回归的方法验证变量之间是否存在门槛关系。将经济、文化、政治作为核心解释变量引入模型之中，构建模型为：

$$NP_i = EC_i + CU_i + PO_i + \varepsilon_i \tag{8-2-4}$$

式中　i——年份；

NP_i——第 i 年新业态指标数据；

EC_i——第 i 年经济指标数据；

CU_i——第 i 年文化指标数据；

PO_i——第 i 年政治指标数据；

ε_i——误差项。

（2）结果分析

在进行面板数据回归之前，先进行豪斯曼（Hausman）检验，其结果显示 P 值为 0.000，F 值为 133.741，因此，拒绝原假设，采用固定效应模型，回归结果见表 8-2-2。

回归结果　　　　　　　　　表 8-2-2

解释变量	参数估计值	T 统计量	P 值
EC	3.352	5.979	0.001
CU	0.532	0.477	0.307
PO	−0.707	−0.175	0.867

回归结果显示：经济指标与新业态指标之间存在回归关系且较为显著。当经济指标每提升1%，新业态指标上升幅度较大为335.2%，这充分说明经济的发展对新业态的发展具有强大的促进推动作用，经济发展与新业态发展之间存在门槛效应。产生促进的原因在于，经济的不断增长，为新业态的产生提供了良好的环境条件，经济增长必然带动上层建筑的建设与发展，大力发展了各个产业，带动了一部分技术和劳动力，资本的不断累积推动技术向前发展，技术的发展降低了劳动力成本，这一系列的连锁反应给新业态的发展提供了物质和技术基础。大力发展新业态虽然有利于推动天津市向高端制造业发展，打破原有的"二一三"产业组合，但物极必反，新业态不断的冲击原有的传统行业，导致实体经济不振，这也是目前天津市面临的重要问题。自贸试验区主要以高端技术产业为主，这里集结了京津冀得天独厚的经济资源，港口经济、便利的交通、庞大的商务区，加上政策的倾斜，经济发展与业态发展之间形成了博弈。文化指标和政治指标均为通过检验，其中文化对新业态的发展产生正向作用，政治指标对新业态的发展产生了负向抑制作用，但是两者在对于新业态的发展之中只产生了较为微小的作用，缺乏数据的有效性。

（四）门槛效应分析

（1）门槛模型的建立

在上述的分析中，确定了经济发展与新业态发展之间存在强大的促进关系，同时也验证了门槛效应的存在性，那么是否经济越发展，新业态发展的越稳定呢？由于前人多集中在理论方向上的考察，较少涉及实证计量，本书将创新建立面板门槛模型，实证检验两者之间的确切关系。门槛模型为：

$$NP_i = a_0 + a_1 EC_i \times d(q \leq \mu_i) + a_2 EC_i \times d(q \geq \mu_i) + a_3 CU_i + a_4 PO_i + \varepsilon_i \quad (8\text{-}2\text{-}5)$$

式中 $d(x)$——示性函数；

q——门槛变量；

μ_i——特定门槛值；

a_1 和 a_2——表示在 $q \leq \mu_i$ 和 $q \geq \mu_i$ 情况下经济指标的弹性系数；

其余符号的意义同式（8-2-4）。

（2）门槛回归结果分析

本部分通过对上门槛变量的检验，实证得出其是否为单门槛、双门槛、三门槛变量（表8-2-3）。

门槛检验结果　　　　　　　　　　表8-2-3

门槛变量	双门槛			
	SSR	P值	参数估计值	置信区间
EC	0	0.0000	−0.045	[−0.0580, 0.0390]
			0.039	[−0.0580, 0.0390]

利用MATLAB运行Hansen面板模型的程序显示，经济在新业态发展的过程中存在双门槛效应。其中残差平方和为0，P值为0，在95%的置信水平上显著。根据程序所得

数据，门槛值为 -0.0450 亿元和 0.039 亿元，置信区间为 [-0.0580, 0.0390]，这表示在 [-0.0580, -0.0450] 之间，当经济值低于 -0.045 时，经济的不断增长会缓慢促进新业态的发展，经济指标高于 0.039 之后高速推动新业态的高质量发展。

基于此，天津市自贸试验区发展的关注点应该在于经济创新的不断发展，也是经济基础改造上层建筑的先行点，但是这并不意味着文化和政治方面的发展就可以忽视。从创新城市的角度看，自贸试验区经济已不满足于平稳运行，而是向高质量经济发展看齐。根据评价指标权重（表 8-2-1），在经济指标与新业态指标中国内经济与产业指标两个分项所占权重最大，分比为 0.163 和 0.259，这意味着在改进方向上，应该着重关注自贸试验区产业与经济的互动关系，大力发展新业态，同时关注新业态给传统行业带来的冲击。

首先，发展新兴技术和智能产业，积极推动前沿新兴技术和产业孵化。建设人工智能产业研发、制造、检测、应用中心，探索设立人工智能产业领域社会组织，开展人工智能重大问题研究、标准研制、试点示范、产业推进和国际合作。建设先进通信技术创新基地，探索建设基因诊断技术应用示范中心，开展出生缺陷疾病、肿瘤等重大疾病防治应用。创新医药产业监管模式，优化生物医药全球协同研发的试验特殊物品准入许可。对符合国家有关规定的药品实行优先审评审批。支持药品研发机构参与药品上市许可人制度试点。允许自贸试验区内医疗器械注册申请人委托天津市医疗器械生产企业生产产品。试点实施进口非特殊用途化妆品备案管理，管理权限下放至天津市。支持自贸试验区内医疗机构开展国际合作，引进国际多中心临床试验，与国外机构同步开展重大疾病新药临床试验。

其次，发展产业金融。天津港保税区的金融业主要涉及银行、保险、基金、小额贷款等项目。经济发展在推动新业态发展的同时也给产业发展带来新的契合点。天津融资租赁行业起步早，发展稳定，在国内享有重要的地位，自贸试验区在发展产业金融的前提下，要着重发展融资租赁业。在本身具有一定优势的前提下，继续发展优势项目，不仅准入门槛降低，发展稳定性提高，同时有利于质量的长远提升。顺应改革发展创新的政策，自贸试验区内租赁行业开创了一个崭新的国际化舞台，进一步的发展将带动金融行业整体向前，在服务实体经济的基础上，高质量发展，提升城市的创新能力，推动天津市经济、业态不断向前发展。

最后，产业与新业态融合。创新跨境服务贸易管理模式。在风险可控的前提下，加快推进金融保险、文化旅游、教育卫生等高端服务领域的贸易便利化。拓展货物暂准进口单证册制度适用范围，延长单证册有效期。探索兼顾安全和效率的数字产品贸易监管模式。在合适领域分层次逐步放宽或取消对跨境交付、自然人移动等模式服务贸易限制措施。支持服务实体经济的金融业务健康发展。加快国际租赁业务创新发展，推动装备、技术、资本和管理"走出去"。支持海关、外汇等部门开展数据交换合作，鼓励自贸试验区内符合资质要求的保理企业开展离岸、跨境、跨省市国际保理业务。

第三节 京津冀协同发展和"一带一路"倡议的必然联系

一、京津冀协同发展与"一带一路"的战略联系

"一带一路"的建设重点是处理国家之间的合作关系，而京津冀协同发展战略是解决国内区域发展不平衡和京津冀区域开发问题的制度性安排，京津冀协同发展是将国内相邻区域串联起来，而"一带一路"是将中国和世界联系起来。两者同为国家战略，都是以促进国家经济发展为目标，具有一定的关联性；此外，两者具有相同的理论基础，均为"点-轴"空间理论。

京津冀协同发展战略与"一带一路"倡议互为依托、互为支撑。一方面，"一带一路"倡议的提出无疑为京津冀协同发展提供了良好的机遇和契机，一旦能通过技术实现京津冀协同发展融入"一带一路"发展之中，将大大降低交易成本，以高效率获取全国甚至全球高质量商品、服务、技术等发展要素，这将进一步推动京津冀区域产品的流通速度并拓宽市场；另一方面，京津冀协同发展战略为"一带一路"倡议提供了良好的支撑，京津冀地区具备全国内较为先进的技术、优质的人力资本、充足的物质资本等要素，发展基础和条件较其他地区有优势，这些要素一旦被合理地运用到"一带一路"发展中，将强有力的推动促进"一带一路"的建设。因此，京津冀协同发展和"一带一路"倡议之间相互依托、相互补充、相互支撑、相互促进。

二、天津与"一带一路"的对接条件

（一）区位联系

天津港作为北方重要的港口，具有区位、政策、产业、服务等要素叠加优势。天津港处于京津城市带和环渤海经济圈的交汇点上，占据海运、铁路、空运的枢纽位置。天津港的经济腹地以北京、华北、西北等地区为主。作为节点城市，天津港最贴近大陆，可延伸至多个国家。在铁路运输方面，天津港是国内唯一同时拥有四条铁路通往亚欧路桥的港口，进一步加强天津作为国际港口城市和北方经济中心的地位。一方面，天津在丝绸之路经济带交汇点处的支撑优势更加突出，有利于北京和河北的金融、物流等相关功能向天津集聚；另一方面，天津、北京、河北的紧密协同，将进一步增强辐射带动中西部的发展。

（二）政策优势

天津滨海新区和天津自贸试验区的先行先试与国家赋予天津海洋经济示范区建设的特殊政策，使天津成为拥有优惠政策最多的城市之一。"一带一路"倡议中各个节点的产业、人才、投融资、技术、物流等经济活动，在政策优势的引导下将最大力度的进行区域集聚，为天津在提升"一带一路"倡议中的地位提供了明显的政策优势。在航运、物流、贸易、金融等方面，充分的制造业发展基础条件促进了高端临港产业的发展，提升了航运商

品的附加值,形成了价值创造和增值。

(三)产业支撑

天津市拥有雄厚的工业基础和突出的科技产业,先进的制造业基地和深厚的商业文化底蕴使天津能够充分利用制造优势扩展市场。天津市在医药制造行业尤其在生物医药关键技术领域不断领先;在航空、航天器及设备制造业方面,天津市积极打造具有国际影响力的超大型航天器研制基地,构建衍生航空航天制造业的产业链,确立武安市航空产业在国内及国外的影响力,并推向生产力水平相对落后的"一带一路"沿线国家,实现经济上的合作、互补及互惠,提升天津的国际品牌效应。

第四节 "一带一路"倡议下城市间合作机制构建

"一带一路"给天津市带来了巨大的商机和创新力,京津冀协同发展在推动"一带一路"的进行中起到了摆渡人的作用,城市之间合作创新迎来新的"春天"。

天津市拥有良好的城市资源环境。从战略角度来看,天津市作为"一带一路"节点城市具有发达的交通运输网络,能够快速实现铁路、航空、航海之间运行方式的高效率转换。此外,天津港政策自由、监管严格、海关以及边检向无障碍检测过渡,在融资、租赁、仓储、加工、财务等方面正努力完善服务体系。从资源角度看,天津位于北方重要的经济重心,处于南北货运的交通枢纽,距离北京市中心、北京通州、河北雄安新区距离较近,在京津冀都市发展圈中处于重要的地位。具体来说,天津具有以下优势:在货物运输方面,来自欧亚内陆的货物可以通过途经中国新疆的新欧亚大陆桥,也可以经蒙古国到我国内蒙古,还可以利用从东北入境的俄罗斯欧亚运输走廊在天津出海。在基础设施方面,拥有各类泊位160个,其中万吨级以上泊位103个,同世界上500多个港口有贸易往来,涉及180多个国家与地区,每月集装箱航班500余班。天津铁路通道京九线、津浦线、津霸线、津蓟线、京山线经过北京、霸州、蓟县、山海关分别与西北、华北、东北等腹地连接。天津滨海国际机场与北京机场已经实现错位发展、分工明确,朝向建成华北地区的航空货运中心迈进。在管道运输方面,天津石油管道与全国石油管道网相连,为港口石油、天然气进出提供方便的通道。在仓储物流建设和加工配套方面,天津已经具备较好基础,形成了稳定的发展路径。

自贸试验区的建立再次提升天津的经济、文化实力,建立更为完善的物流服务和高新技术产业发展示范区,推动物流、贸易、加工、金融行业的快速高质量发展,提升国际货物中转的实力,扩大国际航运规模与数量,全面提升城市质量,加快天津市及周边城市之间的合作关系。然而,目前天津发展还有一些弊端。这些弊端影响了城市间的合作关系,阻碍了"一带一路"城市节点的发展速度。首先,天津市的运输结构不合理。在"一带一路"的背景下,天津市的中转能力有待提升,这种能力的提升同时要求城市的国际视野要更加宽阔,尽管天津市位于较好的地理位置,在国内能够处理京津冀以及北方甚至全国的货物中转，但是在国际上能力稍显不足。以新加坡为例，新加坡港的吞吐能力在世界上名列前茅，各环节畅通无阻从而提升运转效率。政策和海运网络共同作用于新加坡港的中转业务，这是天津目前未能达到的。其次，天津的产业结构不合理，仍然以传统的"二一三"结构支撑，这样既不利于城市间合作，也不利于"一带一路"国际上的合作发展。现代服务业发展水平滞后导致不能充分与国际城市交流，国际伙伴较少且交流的深度不够，严重影响国际港口城市作用的发挥。最后，天津与周边城市的关系有待理顺。天津与北京同在京津冀一体化的战略背景下，但是天津与北京的资源相差甚远，不能更好地匹敌资源力量，政策虽有一部分的倾斜，但与天津市自身发展也不无关系。天津与北京协调不顺利，导致无法充分利用北京的相关资源，加上雄安新区的建立，天津市未来面对的不仅仅是北京，还有河北的资源力量，如果无法协调好三地的资源，将会打击城市间合作的能力与效率。

未来，要加强与高校、研究院所和企业的合作，推进创新平台和转化平台建设；加快建设一批重点实验室、企业技术中心、孵化器等创新机构；打造科技小巨人升级版，着力推进能力、规模、服务升级；加快推动大众创业、万众创新，鼓励发展众创、众包、众扶、众筹，建设众创空间，深入推进"双创特区"建设，以此推动天津加快提升科技创新能力，高水平建设国家自主创新示范区。

第九章

"一带一路"倡议下天津城市发展新动力与新路径

自"一带一路"倡议提出以来，政策沟通范围不断拓展，设施联通水平日益提升，经贸与投资合作不断加大，资金融通能力持续增强，人文交流往来更加密切，为各国和世界经济增长开辟了更多空间，为加强国际合作打造了平台，为完善全球经济治理拓展了新实践，为增进各国民生福祉作出了新贡献。事实证明，共建"一带一路"不仅为世界各国发展提供了新机遇，也为中国城市发展开辟了新天地。与此同时，中国经济发展发生了划时代变化，由高速增长阶段转向高质量发展阶段，稳步迈入新时代。在"一带一路"倡议与新时代中国经济发展背景下，天津市如何把握新时代城市发展动力成为具有重大意义的命题。因此，本章在"一带一路"倡议提出背景下，探究"一带一路"倡议下新时代城市发展的动力因素，进而明晰新时代天津市城市发展新动力，最终寻找新时代天津市城市发展有效路径，为天津市城市高质量发展指明方向。

第一节 "一带一路"倡议激发城市发展新动力

"一带一路"倡议秉持"共商、共建、共享"发展理念，有利于中国积极融入全球经济和参与国际经济合作，将对沿线国家和地区产生重大影响。天津作为国际港口城市，历史上就与"一带一路"区域联系紧密，是其重要节点城市。在现阶段天津城市经济发展面临着提质增效、转型升级压力的背景下，借"一带一路"倡议的重大历史机遇，利用自身的区位优势，结合自贸试验区建设、京津冀协同发展等战略叠加的独特优势，探究天津市城市发展新方位和新动力，具有重要的现实意义。

一、新时代城市发展的动力因素探析

（一）新时代城市发展的逻辑转变

改革开放第一个四十年，中国创造了世界经济史上最大跨度、最大体量、最大影响的高速增长，不仅通过市场化改革提升了资源配置效率，还通过全球化融入了世界经济体系。在这个发展历程中，主要是依靠廉价劳动力形成的人口红利和城镇化进程中的土地红利等"要素驱动"以及宽松货币和财政政策所形成的"投资驱动"。在贸易部门的带动下将农村剩余劳动力转移到生产制造部门，完成了外向型工业经济体系的建立和原始积累，从而形成"五低四高"（低成本、低技术、低价格、低利润、低端市场；高能耗、高物耗、高污染、高排放）的传统工业模式。

可见，中国在短时间内发展成为世界第二大经济体的背后付出了巨大代价，不仅经济

发展大而不强、快而不优、核心技术受制于人，还存在部分大城市房价高企、土地资源严重浪费、农村空心化等问题。迫切要求经济发展从依赖廉价要素投入和货币财政刺激转向依赖创新和技术进步。这种发展模式的转换，是从以往的传统工业化的"五低四高"向"五低四高"（低成本、低物耗、低能耗、低污染、低排放；高端、高效、高附加值、高价值链环节）转变。从这个意义上来讲，"高质量发展"的核心，是从要素驱动、投资驱动意义上的外延增长、外生增长向创新驱动意义上的内生发展、内涵发展跃升。中国城市发展逻辑已经发生变化，从竞争力发展来看，改革开放以来，中国经济发展经历了生产要素驱动、规模报酬递增/投资驱动，党的十八大以来，正在加速向创新驱动转型。未来发展主线是从外向型工业经济发展模式向开放型创新经济发展体制方向转变（图9-1-1）。

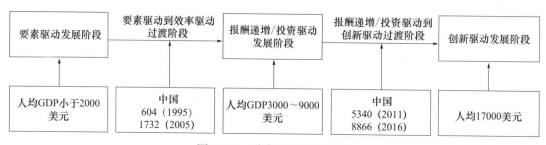

图 9-1-1　城市发展逻辑演变
资料来源：参考文献整理修改获得。

（二）新时代城市发展的根本动力

城市是各种资源要素的集中地，是人口和产业的集聚地，对社会、经济发展具有重要的带动和辐射效应。当前，我国经济已由高速增长阶段转向高质量发展阶段，正处在转型升级的关键时期。推动经济高质量发展，应牵住城市这个"牛鼻子"，着力推动城市发展方式转变、经济结构调整优化、增长动能转换。因此，增强城市经济创新力成了城市发展的源动力，需努力在城市品质、营商环境、科技创新、人才引进等方面取得新的突破。

1. 城市品质

在经济高速增长阶段，城市发展主要依赖于要素与投资驱动，个人作为工资的追逐者和接受者跟随资本流动。然而，随着社会步入知识经济时代，在信息化与互联互通的背景下，可贸易的产品和服务越来越容易获得，个人与企业的区位选择日益重要地取决于不可贸易品的品质。城市品质的影响因素主要包括各类不可移动的本地服务设施与环境条件，其中既包括教育、医疗、交通等基本公共服务设施，也包括各类商业服务与私人便利服务设施，以及绿化、空气、阳光等环境条件。对于企业来说，交通运输、邮电通信、能源等城市经济性基础设施类的公共物品，是企业生产所依赖的外部条件和物质技术保障，其供给水平和运营状况则直接关系到厂商的生产行为及生产率，教育、医疗、卫生系统等社会性基础设施决定并影响着参与生产的劳动力素质，进而间接地影响企业的生产效率。对于居民来说，教育、文化、公园等各种公共物品是居民消费组合中重要的组成部分，城市居民希望居住在城市基础设施和各种公共服务设施齐全良好的地区。因此，生活品质高的城市更容易吸引创新产业和专业人才的集聚从而推动经济发展。从我国城市发展实践来看，随着人们收入水平提高，经济结构的转型升级和人们环境意识的日益增强，城市品质在个人和企业的区位选择中所产生的影响将会越来越大，个人与企业对城市生活质量的支付意愿也会不断提高。新时代，"一带一路"倡议关注提高城市品质、体现以人为本的理念，是当前城市发展的重要动力。

2. 营商环境

进入新时代，"要素红利"逐渐让位于"创新红利"，"政策红利"逐渐让位于"制度红利"，营商环境的重要价值凸显。建设现代化经济体系、推动高质量发展，营造法治化、区域化、便利化的营商环境，成为深化进一步对外开放的重要举措，也是实现高质量发展、实现治理能力和治理体系现代化的内在要求。营商环境是影响区域市场参与者行为的一系列综合发展环境的总和，能够体现一个地区的竞争意识、开放水平和政府治理能力，涉及经济、政治、社会、改革等多方面，是推动经济发展的重要保障，城市中企业的壮大，创新创业的活跃，均离不开良好的营商环境。一个地区的营商环境直接影响着该地区招商引资和经济发展的状况，间接影响其社会发展及和谐稳定情况。良好的营商环境是企业成长发展的肥沃土壤，是吸引民营企业集聚的重要平台。优化营商环境，为民营企业排忧解难，让企业成长发展，不仅有利于解放区域的生产力，而且有利于增强地方的创新力和竞争力。在首届中国国际进口博览会开幕式上，习近平总书记指出，"中国将营造国际一流营商环境，营商环境只有更好，没有最好"。借助"一带一路"倡议，优化跨境贸易营商环境，对标国际经贸新规则，成为我国开放型经济新体制建设的重要抓手。

3. 科技创新

我国经济已由高速增长阶段转向高质量发展阶段，高质量发展的关键在于科技创新，科技创新将为高质量发展提供新的成长空间、关键的着力点和有力的支撑体系。科技创新为城市发展注入新动能，推动城市发展质量变革、效率变革和动力变革。科技创新有着很强的集聚特性，基于纯粹的市场经济条件，创新科技能够驱动区域经济发展。从科技创新驱动区域经济发展的理论角度进行分析，经济增长理论认为造成地区差距的原因中，除了物质资本和劳动力等因素外，还包括科学技术水平及其空间聚集特性。自19世纪中期第二次工业革命以来，科学、技术、经济日益一体化。技术的发展越来越多地需要从科学研究中获得支持，经济增长也愈来愈多地依赖于科学与技术，科学、技术、经济逐渐形成一种正相关的良性循环系统，科技创新成为城市发展的动力源泉。

"一带一路"相关国家的科技创新水平并不均衡，普遍都面临各种问题。在推动参与"一带一路"倡议的国家创新驱动发展的道路上，中国作出了许多努力。2017年5月14日国家主席习近平在北京出席"一带一路"国际合作高峰论坛时提出"一带一路"科技创新行动计划，指出开展科技人文交流、共建联合实验室、科技园区合作、技术转移4项行动，并计划在5年内安排青年科学家来华从事短期科研工作，培训科学技术和管理人员，投入运行联合实验室。"一带一路"倡议与科技创新紧密结合在一起，成为支撑"一带一路"高质量发展、持续发展的重要动力。

4. 人才引进

进入新时代，我国社会经济发展到了创新驱动发展阶段，创新驱动就是人才驱动，急需大量创新人才来支撑。特别是新一轮科技革命和产业变革正处于孕育之中，需要紧抓产业革命的机遇，以全球化的视野集聚人才。人才是科技创新系统中最为宝贵的资源，国与国之间的综合国力较量，似乎是两者之间的经济力量的较量，实质上是高科技人才之间的争夺与较量。人才已是国家资源的第一位资源，是表征国家综合实力的重要标志。一个国家如果能够采用合理适当高效的科技政策和人才引进政策吸引聚集更多人才，就能得到更多的资源与优势，国家就能够保持创新活力、长远发展且不断创新进步，城市发展也是如此。人才受多种复杂因素的影响，从各个不同的地方向某一地区流动而形成的人力资本集合，不同知识背景和层次的人才是知识创新和技术创新的基础，伴随着人才的集聚，地区各类生产要素也开始集聚与整合，从而有效促进区域经济发展。人力资本通过促进技术进步，直接促进经济增长，同时人力资本通过创新技术、加快技术的吸收与扩散等途径间接促进城市发展。

在引进海外人才方面，我国早已实施各种计划，人才引进成果丰硕。"一带一路"倡议的实施无疑加大了我国在人才引进方面的力度，为企业精准引入海外优秀技术人才和我国企业与产业的国际竞争力升级提供更便利的服务。

二、新时代天津城市发展新动力

随着经济全球化的不断发展和中国全面深化改革的进行，我国改革已进入一个新的历史阶段。"一带一路"倡议的提出既为实现沿线国家经济文化交流、产能调整和基础设施改善带来了新契机，也为中国城市深化对外开放合作、加快经济转型发展带来了新挑战。结合新时代城市发展逻辑转变，天津作为"一带一路"上重要的节点城市，同样面临新的发展机遇。

（一）立足区位优势，加强国际合作

在地理位置上，"一带一路"包括了亚欧大陆和太平洋、印度洋沿岸的 65 个国家和地区。在具体建设过程中，"一带一路"涉及贸易、金融、投资、能源、科技、交通和基础设施建设等 10 多个领域。因此，该倡议的实施能够推动沿途地区的国家资本、货物、人员、技术等资源相互开放，对于推进我国新一轮对外开放和沿线国家共同发展、稳定中国周边安全环境具有重要战略意义。天津位于中国 - 蒙古国 - 俄罗斯经济走廊的主要节点，海上交通和陆路交通的结合点，地处渤海湾的最内端，也是亚欧大陆桥的东部起点，主要是以制造业为基础，使得"一带一路"的运输半径通过天津港口实现低成本的服务。此外，天津自贸试验区的建立，将使天津更好地发挥桥头堡作用，服务"一带一路"建设。天津也将在"一带一路"倡议下，把握发展机遇，积极融入全球分工，充分利用自贸试验区平台，加强与沿线国家的经贸、物流、港口、产业、能源等领域合作，打造"津新欧""津蒙俄"等运输通道，建设综合交通枢纽。利用先行先试优势，探索新的投资与贸易规则，为企业走出去创造有利条件。与此同时，滨海新区作为国家的重大发展战略，是天津发展

战略的龙头和引擎，一方面是"一带一路"建设的受益者，另一方面也是"一带一路"建设的参与者，区位优势明显，发展潜力巨大，应充分发挥其带动作用，基于天津"一基地三区"的定位，打造更加全面高能的开发开放新平台，成为"一带一路"建设上的重要战略支点。

在"一带一路"倡议提出至今，作为"一带一路"沿线重要支点，天津着眼于对接外部创新要素和先进生产力，继续推进和提升向西开放。我国与蒙古国、中西亚、俄罗斯的开放和合作也进入了一个新阶段，面临许多新的机遇与挑战。天津首先要在这一大变局中搏击奋进，综合利用全市的产业、市场、文化和平台优势，有针对性地引进发达地区和发达国家的高端人才和创新人才，满足高质量发展的需要。其次要着眼于开拓新兴国际市场，布局并扩大向西开放，积极参与国际经济走廊建设，推动高层交往和地区性合作，加快自由贸易进程。最后天津应着眼于扩大产能合作和长期发展、资源安全，加强对各个经济走廊的研究和谋划，多渠道、多层次推进对接，尤其要改变跟进心态，争取前期介入，走在深度融入"一带一路"建设的前列。

（二）把握政策驱动，破解发展难题

建设"一带一路"是顺应全球范围内发展格局变化及形成新增长动力的重大举措。随着中国等新兴经济体的崛起及世界经济持续低迷、全球性产能过剩加剧，世界经济发展格局正在发生深刻变化，需要产生新的需求和新的增长动力。"一带一路"建设能够以开放促改革、加速经济结构调整、开辟新的市场。因此，"一带一路"建设既要确立国家总体目标，也要发挥地方积极性，制定合理政策，积极改革创新，破解发展难题。

2017年天津市出台了《天津市参与丝绸之路经济带和21世纪海上丝绸之路建设实施方案》，明确指出"一带一路"倡议是党中央、国务院根据全球形势深刻变化、统筹国内国际两个大局作出的重大决策，对于天津具有重要意义。要把以开放促改革作为全市"十三五"发展的重要用力方向，充分发挥"一带一路"交汇点、中蒙俄经济走廊东部起点、新亚欧大陆桥经济走廊重要节点优势。方案提出推进基础设施互联互通、打造经贸合作升级版、推动产业与技术合作、提升金融开放水平、推动海上全面合作、密切人文交流合作6个方面重点任务，加快建设与海陆空衔接的国际航运中心、产业与技术合作高地、经贸创新合作战略平台、跨境金融服务基地、对外开放门户枢纽。

因此，天津作为"一带一路"建设的重要战略支点，其规划和目标的制定要符合国家总体目标，服从大局和全局，把主要精力放在提高对外开放水平、增强参与国际竞争能力、倒逼经济发展方式转变和经济结构调整。同时要立足本地实际，找准位置，发挥优势，努力拓展改革发展新空间。一是出口市场拓展，要优化商品贸易结构，发展新兴市场，加大开拓力度，培育出口新优势。二是设计、装备输出，要依托天津国际技术研发中心，突出创新优势，带动技术、设备、品牌、管理输出。三是资源能源利用，要加强能源资源联合勘探开发，推进深加工项目合作，为天津加快发展提供有力支撑。四是现有产能转移，要充分利用开放口岸优势，加快国际经贸合作区扩展建设，组织国内企业产能输出。五是扩大货物流通，要加强港口国际合作，完善"走出去"企业一站式服务，促进贸

易便利化,提升集装箱吞吐量,优进优出,大吞大吐,打造北方国际航运核心区。六是金融创新突破,要充分利用租赁、保理、债券等金融工具,推动跨境人民币业务创新,积极争取国家投资基金项目,服务沿线国家和地区经贸往来。

(三)实施生态驱动,营造宜居城市

人因自然而生,人与自然是生命共同体,良好生态环境是人类生存与健康的基础,是展现我国良好形象的发力点,是"生产力"和"金山银山"。高质量的城市生态环境,是最公平的公共产品,是最普惠的民生福祉,不仅影响我们当代人的福利和健康,而且持续影响子孙后代。我国在"一带一路"建设中突出生态文明理念,推动绿色发展,加强生态环境保护,注重生态文明建设。"一带一路"倡议首次被提出时,环境保护问题就自然被纳入设计当中,此后,习近平总书记多次提出要共建绿色"一带一路"。2017年5月,在"一带一路"国际合作高峰论坛上,习近平总书记明确指出要践行绿色发展新理念,倡导绿色、低碳、循环、可持续的生产生活方式,加强生态环保合作,建设生态文明,共同实现2030年可持续发展目标(计划到2030年实现17个在经济、社会和资源环境三大领域的可持续发展目标)。将绿色发展理念融入"一带一路"建设,确保了"一带一路"项目在经济上和环境上都能带来可持续发展的效果,对实现可持续发展目标起到加速器作用,为落实2030年可持续发展目标,营造宜居环境提供了新的动力。

作为"一带一路"的节点城市,天津应加快推进生态宜居城市的建设。在城市生态环境保护方面,天津市应制定实施生态环境治理作战计划,深入落实湿地自然保护区规划,规划建设绿色生态屏障,改善生态环境;在城市开发建设方面,应注重城市建成区存量的改造提升和利用,面对存量,需要用绣花般的设计和营造,需要共谋共建共治,需要探索适应城市存量改造的方法;在城市公共空间营造方面,需要统筹、整体、系统地进行顶层设计。同时,天津市也应注重新技术给城市生活、运行、管理等方面带来的巨变,互联网、信息技术、大数据、智能化正对城市生活、运行和管理产生重大影响,要利用好新技术,探索更加绿色的方法和技术,提高城市品质。最后,应倡导市民参与"美好环境与幸福生活共同缔造"实践,不断提高群众的参与度与"绿色幸福感",从各方面营造宜居城市。

(四)注重创新驱动,助力城市转型

21世纪以来,全球科技创新进入空前活跃期,新一轮科技革命和产业变革正在重构全球创新版图、重塑全球经济结构。新时代中国经济呈现出速度变化、结构优化、动力转换三大特点,突出表现为技术进步和创新成为经济发展成败的决定性因素。天津同时面临着自由贸易试验区建设、滨海新区开发开放、国家自主创新示范区、京津冀协同发展、"一带一路"倡议五大战略机遇的叠加,为其自身创新驱动发展带来重大机遇。一方面天津国家自主创新示范区的建设,凸显了天津经济拉动以及服务辐射效应,为创新驱动发展带来政策扶持。另一方面,《天津市"一带一路"科技创新合作行动计划》的颁布,以及连续三届世界智能大会的成功举办,促进了中国与世界智能领域交流,为天津市提升区域国际科技合作能力、拓展创新合作空间、构建开放协同的国际创新生态体系提供了重要支撑。因此,要紧抓这一机遇促进城市转型。

创新转变意味着发展的动力源、依托的资源和要素条件、发展要素的结构和组合方式、创新发展的支撑体系都要发生变化。实施创新驱动发展战略，就必须遵循并切实践行新时代科技创新思想，找准我国科技创新面临的"瓶颈"问题，推动以科技创新为核心的全面创新，坚持需求导向和产业化方向，坚持企业在创新中的主体地位，消除阻碍科技创新健康运行的多重障碍，解决科技创新制度与体制以及科技与经济发展之间的内在矛盾，营造创新的良好科研氛围，发挥市场在资源配置中的决定性作用和社会主义制度优势，增强科技进步对经济增长的贡献度，形成新的增长动力源泉，推动经济持续健康发展，稳步实现科技强国梦。天津实施创新驱动战略除了要把握创新驱动的一般规律外，要紧密结合自身的基础和发展阶段，把握好、运用好创新驱动的动力源、依托要素和要素组合方式，妥善处理好科技创新战略与人才创业战略紧密结合、全方位创新与产业链关键环节创新的引领突破结合、培育创新主体与产学研协整结合、体制创新与技术创新并重，提升创新服务的等级和水平四个问题。

（五）推进人才驱动，夯实智力储备

人才是城市创新发展的源动力。现在经济环境变动迅速，资本、原料、一般劳动力等因素对经济发展的影响正慢慢减弱，相对地，高技术人才的重要地位越来越凸显。习近平总书记在2014年中央财经领导小组第七次会议上提出创新驱动实质上是人才驱动的科学论断。理查德·佛罗里达的创意资本理论，以及哈佛大学城市经济学家爱德华·格莱泽（Edward Glaeser）教授的消费城市理论，均提出创新决定于人才。城市群发展的实践同样证明，人才资源既是创新驱动战略的基本要素，也是城市间竞争力位次变化的主要支撑因素。因此，城市发展最终体现为人才的集聚与协同。

"一带一路"倡议对各个国家，各个城市的文化交流与创新发展，既是机遇，又是挑战。"一带一路"建设为沿线各个国家的经贸合作搭建了很好的平台，创造了较多的工作岗位，能够加强多元化文化的融合与发展，促进人们在行为规范、思维方式、价值观念等方面进行碰撞，使人的思想更加活跃，同时加大了各个国家"一带一路"国际化人才的需求。天津拥有众多优越条件参与"一带一路"倡议建设，以项目合作为重点，建立完善的人才双向交流机制，实现人才"引进来"和"走出去"的有机结合。一方面积极实施"走出去"战略，以团队为基础，带着技术、人才、资金，与沿线国家全体合作建工厂、拓市场、传技术和创品牌；另一方面，积极投身到经贸合作中，以互利共赢的项目为纽带，让合作国家的政府、企业对中国的投资环境、文化底蕴、产业结构有进一步了解，把合作国家的一流企业和最先进的科研机构引进国内，共同开创"一带一路"科技人才发展的新局面。

第二节 "共商、共建、共享"的城市发展新格局

随着国际力量对比消长变化和全球性挑战日益增多，加强全球治理、推动全球治理体系变革大势所趋。"一带一路"倡议展现了新时期中国处理外部关系、开展国际合作的新

理念新思想，这一倡议包含的"共商、共建、共享"理念，对于构建新型国际关系具有重要意义，必将在推动全球治理中发挥建设性引领作用。与此同时，党的十九大报告明确提出"中国特色社会主义进入了新时代"，确定了"在21世纪中叶建成富强、民主、文明、和谐、美丽的社会主义现代化强国"的总目标和总任务，从而开启了一个新的发展时代。因此，在当今协商治理主体多元并进，客体多样化存在的城市发展过程中，城市发展必须要突破"城市中心主义"的单一思维模式，站在更加具有系统性、全局性和前瞻性的角度来谋划城市发展的大方向。就当前而言，我国城市发展的首要任务就是要解决城市活力与社会秩序的张力问题，而要解决这一张力问题，就需要确立共建共治共享的城市发展理念，开创城市发展新时代。

一、宏观层面：秉持"三共"全球治理观，推动形成开放新格局

宏观层面，共商，就是要注重和他国发展战略的对接，考虑沿线国家利益关切，追求发展最大公约数；共建，就是要将沿线国家利益、命运和责任紧密相联，共同推进"一带一路"建设；共享，就是要追求互利共赢，造福沿线各国人民。"一带一路"从无到有、由点及面，在政策沟通、设施联通、贸易畅通、资金融通、民心相通等重点领域，务实合作不断推进，促进沿线各国繁荣发展。

政策沟通：中国与"一带一路"沿线国家共同打造了高层推动、战略对接、多边机制、"二轨"对话及交流合作等从官方到民间的多层次合作机制，为深化合作创造了良好条件。中国努力推动共建"一带一路"倡议与"一带一路"沿线国家的发展战略对接，寻求合作的最大公约数。

设施联通：从中老铁路、匈塞铁路、印尼雅万高铁、巴基斯坦白沙瓦至卡拉奇高速公路、比雷埃夫斯港、瓜达尔港等标志性项目，到中俄原油管道、中国-中亚天然气管道、中俄天然气管道东线等能源设施联通，从对接建设规划到衔接质量技术体系，从促进运输便利化到打造信息网络，跨国跨区域互联互通造福广大民众。

贸易畅通：扩大产能与投资合作，是共建"一带一路"的另一优先合作方向。截至2016年年底，中国企业在"一带一路"沿线20个国家正在建设的56个经贸合作区，累计投资超过185亿美元。2016年，中国对"一带一路"沿线国家投资145亿美元，占同期对外投资总额的8.5%，新签署对外承包工程合同额1260亿美元，增长36%。

资金融通：截至2016年年底，中国倡议的亚洲基础设施投资银行已为9个项目提供了17亿美元贷款；中国出资设立的丝路基金，已签约15个项目，承诺投资额累计约60亿美元。中国与"一带一路"沿线22个国家和地区签署了本币互换协议，总额达9822亿元人民币。

民心相通：教育、文化、科技、旅游、卫生、救灾援助和减贫等多层次、多领域人文交流合作不断推进，推动文明互学互鉴和文化融合创新。

（一）构建多元协商的合作体系

共建"一带一路"包含了多元国际行为体。"一带一路"沿线国家数量众多，发展水

平、经济规模、文化习俗等差别很大,具有丰富的多样性。更为重要的是,沿线国家多数是发展中国家,共建"一带一路"为发展中国家和新兴市场国家平等参与合作治理提供了平台。"一带一路"国际合作还引入了沿线各国企业、社会组织甚至个人,真正实现了多元主体的共同参与。在"一带一路"倡议下,中国企业参与沿线国家基础设施建设和产业投资,促进了企业参与国际合作。"一带一路"建设鼓励公共投资和私人投资,通过公私伙伴关系、混合融资等各种工具和机制进行融资,与"设施联通、贸易畅通、资金融通"相结合,形成了多元融资和公私合作模式,不仅为官方援助和发展合作提供了补充,而且实现了私营部门对全球治理的积极有效参与,形成了全球治理的公私合作伙伴关系。同时,"一带一路"鼓励和推动沿线国家的文化交流、学术交往和人员往来,各国政党议会、民间组织、大学科研机构、科技人员、留学生、游客等都参与到这一进程中,形成了方方面面的社会组织和个体积极参与建设、发展、合作的局面。

2017年天津市科委发布的《天津市"一带一路"科技创新合作行动计划》(津科规〔2017〕5号),重点围绕科技人文交流、共建联合实验室、科技园区合作、技术转移4项行动主动布局,从政策、渠道、经费等多维度为企业、科研机构、高校等开展国际科技合作提供保障,推动天津"一带一路"科技创新合作从愿景到现实。市科委不断扩大创新合作,推进其他国家机构联合成立"一带一路"科技创新合作联盟,与较多官方和民间机构构建科技创新合作渠道,建成天津科技成果转化交易市场,开通科技型企业走出去综合服务网上平台(科技外交官技术转移服务平台),培育并认定市级国际科技合作基地,国家级国际科技合作基地,为天津市提升区域国际科技合作能力、拓展创新合作空间、构建开放协同的国际创新生态体系提供重要支撑。

(二)共建创新包容的开放型世界经济

共建"一带一路"是构建包容、普惠和开放的区域和全球经济体系的过程,尤其重视发展中国家的发展利益,有利于纠正全球化过程中的发展失衡问题,解决全球治理的发展赤字。"一带一路"是一个包容的框架,没有限制性和约束性的制度规定和成员资格要求,也是非排他、非歧视的合作平台。同时,它也对世界所有国家和地区开放,基于但不限于古代丝绸之路的范围,各国和国际、地区组织均可参与,目的是"让共建成果惠及更广泛的区域"。因此,它既是区域合作,也是全球合作,具有公共产品属性,成果是普惠、非排他的。比如,"一带一路"的"道路联通"可以提升沿线国家的互联互通水平,加快沿线及其相关区域的经济整体发展和一体化进程,在客观上提供了共享的国际公共产品。"一带一路"的包容性还在于它既强调政府的作用,又积极调动企业和私营部门的积极性,通过公私伙伴关系解决公平发展、平衡发展和贫困问题。目前,在一些发展中国家开展的基础设施项目已成为包容性增长的案例。"一带一路"倡议尊重各国的发展多样性和文化多样性,主张各国自主选择适合国情的发展道路,不要求同一的发展模式,而是强调发展战略对接,寻找利益契合点和发展的最大公约数,在推动各方经济和社会文化发展方面遵循"和而不同"的理念,包容共生,合作共赢。

共建"一带一路"是开放的合作体系,包括成员开放、机制开放、过程开放和结果开放。倡议提出以来，加入的国家和国际与地区组织日益增多，已经超出了古代丝绸之路的范围。例如，非洲国家加入共建"一带一路"的过程就很好地体现了该体系的开放性。共建"一带一路"体系的开放性还体现在它对于各种合作机制的开放，以及合作目标和结果开放。比如，海上丝绸之路作为国际经济合作的平台涵盖了多个领域的众多机制，包括以自贸试验区为基础的合作机制、以互联互通为基础的合作机制、以产业园区为载体的合作机制、以海洋为基础的多重合作机制、区域金融合作机制、经济发展政策合作机制，此外还有社会与人文合作机制等。建设海上丝绸之路并不是要打造一个高标准的自贸试验区或者实现高水平的地区一体化，而是让处于不同发展水平的沿线国家根据自己的需求和能力，制定更现实的合作议程和开发项目，以更灵活的方式参与地区合作，实现互利共赢。因此，海上丝绸之路建设不仅过程是开放的，结果也是开放的，并没有预设统一的目标，但其发展进程和方向则会成为推动全球贸易投资自由化的新途径。

天津市在"一带一路"所倡导构建的包容、开放、普惠的世界经济体系中，应鼓励企业沿着"一带一路"积极作为，瞄准隐形冠军、世界创新高地，通过参股、并购、独资新建等多种形式设立海外研发中心，以全球视野寻找新动能、谋求新发展、实现新增长。海外研发机构建设，可以有效提高企业对国际创新资源的利用和配置能力，推进企业积极融入全球创新网络，增强天津城市发展的竞争力。

（三）构建以可持续发展为核心的人类命运共同体

共建"一带一路"的实践表明，参与方不局限于特定的经济发展水平、文化和意识形态、政治和社会制度，甚至也不局限于特定的地域，其凝聚世界各国的重要吸引力是可持续发展。共建"一带一路"有望推动形成新的全球治理模式，顺应各国发展需要，尊重各国发展道路选择，以互利共赢为目标，构建以可持续发展为核心的人类命运共同体。

命运共同体需要共同的认识基础，"一带一路"的可持续发展原则恰恰提供了这样一种基础。"一带一路"是经济合作发展倡议，但其背后有深刻的理念支撑，核心就是可持续发展，对这一人类发展根本价值的认同是"一带一路"共同体构建的理念基础。以1992年联合国环境与发展大会为标志，世界各国普遍接受了可持续发展的理念。可持续发展是"自然—社会—经济复杂系统中的行为矢量"，将导致发展这个复杂系统朝着更加合理、和谐的方向推进。可持续发展意味着要同时处理好"人与自然"的关系和"人与人"的关系。可持续发展强调地球系统观、生态文明思想和低碳经济概念，要求发展动力、发展质量和发展公平实现有机统一，要求创建和谐、稳定、安全的人文环境，实现经济、社会、环境诸要素的绿色运行。"一带一路"建设在理念和目标上与联合国2030可持续发展目标高度契合，是推动全球治理转型、实现可持续发展目标的重要途径。

命运共同体需要基本的安全保障，"一带一路"将发展作为这种安全的根本和基础。发展与安全是相互联系、相互促进的，没有可持续发展就不可能实现持久和平。在高度全球化的世界中，个体利益、国家利益与人类利益是紧密相关的，安全是相互联系的，没有共同发展就没有共同安全，没有可持续发展就没有可持续安全。中国提出的安全观特别强调了可持续安全理念，指出"要发展和安全并重以实现持久安全""发展是安全的基础，安全是发展的条件"。对于亚洲大多数国家来说，发展就是最大安全，也是解决地区安全问题的"总钥匙"。"一带一路"沿线国家多为发展中国家，面临着与中国相似的发展安全难题，因此，发展与安全并重，以发展促安全，以安全保发展的理念得到普遍认同。"一带一路"以共同发展理念和人类命运共同体思想来应对全球发展不平衡及其导致的诸多矛盾、问题和冲突，不仅有助于缩小地区经济发展差距，推动平衡、可持续增长，更有利于推动国家间甚至国家内部实现和平稳定。2019年1月天津召开"一带一路"倡议与构建人类命运共同体理论报告会，会议围绕"一带一路"倡议提出的时代背景、进展情况、面临的风险与挑战等，深入阐述了习近平总书记关于"一带一路"倡议和构建人类命运共同体重要论述的丰富内涵和重大意义。着眼于各国人民追求和平与发展的共同梦想，天津市充分发挥智力优势，通过各种方式，讲好"一带一路"故事，传播好"一带一路"声音，夯实"一带一路"建设的人文基础，促进民心相通，为"一带一路"营造良好环境，为世界提供充满东方智慧的共同繁荣发展的方案。

二、微观层面：打造"三共"治理新格局，谋划城市发展大方向

"共商、共建、共享"具体到一个城市的发展上，需从城市发展路径、城市建设以及分享城市发展成果三方面着眼。

（一）共商目标

"共商"就是共同探讨城市发展路径。城市发展从最初重视建设到注重管理，从单一强调城市管理再到现在更加突出城市治理，这一演变历程越来越突出了城市发展必须坚持共同参与的基本理念。城市治理既有居委会层面的居民自治，也有街道社区层面的共治。但无论是居民自治还是社区共治都与城市发展紧密联系在一起。城市居民自治的目的在于构建地理意义上的社区共同体，其根本在于社区公共空间的塑造，其基本形态体现于居民对城市基层公共事务的参与。而城市共治则是通过调动城市建设各个方面的行动主体来促进城市公共性发育的复杂过程，城市共治是走向社会"善治"的必由之路。当前，伴随着我国城市治理实践的不断创新，共治理念下的城市发展早已不再完全依附于政府了，其治理主体也已由单一向多元转变，城市治理过程也由行政管控转向了共商、共议、共决的民主协商方式，并在不断探寻公民权利与公共权力有机结合的新路径。

在天津的城市治理中，政府应对自身进行清晰的定位，发挥市场力量、扮演维持市场秩序、消除市场失灵、保证社会公平的角色，作为市场的补充手段形成与市场之间合理的分工合作关系，协调并促使非营利组织、市场营利组织和城市市民以合力促进天津的发展。同时，天津应理顺机构职责关系、优化组织结构，形成科学决策、迅速执行、协调适当、反馈及时、监督有效的政府纵向体系和运转协调、精干高效、相互配合的政府横向体系并帮扶非营利组织发展，顺应社会主义市场经济和城市长远发展的要求。

（二）共建认同

"共建"就是共同参与城市建设。城市发展要逐步从制度主义走向行动主义，而强化城市建设共同参与则是行动主义的具体体现。从社会学角度来看，城市建设不仅是指城市

各种建筑群、道路交通等基础设施、生态环境的建设，也是指城市政治、经济、文化生活条件、制度、社会心理等都变得越来越具有现代城市性特点的过程，更是指社会成员的思维方式、行为习惯、个体素质、价值观念等逐步转向现代市民的过程，城市发展离不开上述不同层面的共同参与和集体行动。一个完整的城市建设过程实际上应该同时包含物质与空间建设、精神文化与制度建设和城市居民自身建设等几个方面的内容，而且，物质与空间的建设主要表现为一种物质性的"数量"特征，其更多是体现"以城为本"的发展理念，而精神文化、制度建设和城市居民自身建设则主要表现为一种文化性的"质量"特征，是属于社会文化层面上的城市建设，其体现的是"以人为本"发展理念。这几个方面的城市建设内容都是伴随着城市化进程加快而得以扩散、强化和集中的，都与城市居民共同建设，共同成长密不可分。因此，"共建"不仅是城市发展的内在动力，实际上也是一种城市精神和集体行动的共同体现。

天津市在城市发展中，不仅需要重视城市物质空间建设，同时应注重天津市传统文化的传承，注重生态文明建设和绿色发展城市的建设，不断发扬光大传统文化，优化城市生活、生产、生态空间，提高城市宜居度，促进城市全面发展，吸引全球精英集聚。

（三）共享归属

"共享"就是共同享有城市发展成果。这也是"以人民为中心"发展理念在城市发展中的基本体现。在城市发展中，"人"始终是最为关键的要素。没有人口的集聚，就没有城市的构成，因为人不仅是城市的设计者和建设者，更是城市的参与者和享有者。城市居民不仅是推动城市社会历史发展的主体，也是社会经济发展的根本动力。所以，城市的一切发展成果必须为全体居民所共享，国家的政策制定和战略决策也应该体现这种"共享"的基本思想。从城市政府与人民的关系来看，政府作为现代政治的产物，其重要的使命就在于保障人民的生存与发展权利，倡导理性化的公共文化精神，培育具有主体性和进取精神的现代公民。人民不是单向被治理的人口对象，而是积极参与城市社会经济发展的现代公民。随着我国城市社会经济的快速发展，城市居民对美好生活的需求在日益增长，而要满足这种需求，至少面临着两个方面的挑战：一是需求差异化和多样化，不同的群体需求不一样，如何满足这种多样化的需求？二是需求高级化，人们对美好生活的需求随着社会经济的发展会越来越高，我们应该如何去满足？因此，要继续坚持以人民为中心的共享理念，不仅在城市发展政策制定和实施中，而且也要在具体的城市工作落实中，切实地把广大居民的利益和需求放在首位，才能真正体现以人民为中心，共享城市发展成果的思想。而且，城市发展的实践也表明，一个城市发展的共享性越多，城市的凝聚力就会越大，城市居民的归属感也就越强。

进入新时代，天津市要坚定不移以人民为中心坚持走高质量发展道路，既有"势"，又有"实"。势，即气场、磁场，是信心，也是发展环境，决定发展的格局。天津市要以更强的发展气场，吸引着人才、资金、技术聚集，实现人才、资源、技术的"从无到有""从有到优"，谋取更大的发展格局和发展空间。实，即是要真刀真枪地去干、去推动，"为政贵在行"，敢于担当作为。"津八条"、海河英才计划等"金钥匙"的运用，有利于营造良好的营商环境，使天津这座近代工业的摇篮成为新时代高质量发展的沃土。

第三节　产业、交通、生态、文化、人才协调的城市发展新路径

在城市发展中，生态是城市可持续发展的基本保障，产业发展为城市经济奠定基础，人才为城市发展带来动力，交通是城市生产生活重要的依赖条件，文化是城市可持续发展的核心要素，五方面相互协调，相互促进。进入高质量发展阶段，知识是企业的核心资源，是企业首要的投资方向和投资对象，而人才是知识的创造、传播和利用者，也是知识占有者，区域人才、技术、产业、繁荣内生于地方品质，地方品质驱动经济集聚与发展。良好的基础设施、生态环境以及文化氛围是提升地方品质的关键，是城市生活质量的重要增长点，城市生活质量的提高能够吸引人才流入，进而吸引产业集聚。同时，一方面，交通条件是城市产业区位选择和产业布局调整的重要影响因素，便利的交通能够加快沿线地区经济的对外联系，带动产业快速发展，推动沿线城市产业结构升级；另一方面，交通设施的完善能够降低人口在城市与城市之间，城市内部的流动成本，减小距离对人力资本的阻力，促进城市高效运行。现阶段，我国经济发展正在由生产要素驱动、投资驱动阶段，加速向创新驱动转型，更需要"产业-交通-生态-文化-人才"相互协调，形成城市发展的新路径，实现城市高质量发展。

一、培育城际战略产业链，搭建产业区域合作平台

（一）培育城际战略产业链，加快产业转型升级

天津应当在"一带一路"倡议下明晰城市产业结构现状，厘清产业结构优化升级的多种路径。一方面，应基于京津冀地区产业分工现状和产业集群基础，按照城际战略产业链的定义和特征，选择产业基础较好、发展前景较好、价值链较长、技术较先进、市场容量较大、可持续发展能力强的行业，将其作为城际战略产业链培育重点。另一方面，按照产业链分工体系，加强京津合作，充分发挥自身在科技研发、物流、先进制造业等方面的区域优势，占据城际战略产业链高附加值环节，加强对河北的辐射作用，进一步升级京津冀产业结构，促进区域协同发展。同时天津应加强自身产业发展，实现产业高端化、高质化、高新化。

（二）把握新一轮科技革命，实现产业创新发展

在"一带一路"倡议下，积极把握新一轮技术革命，实现天津产业的创新发展。一是聚焦新一代信息技术、人工智能、生物医药、节能环保、物联网等重点产业领域，打造科技创新网络公共服务平台，将创新理念融入产业和企业的发展战略之中。在加大研发投入和创新人才培养的同时树立国际化创新思维，改变过去以量取胜的发展战略，整体性地提高天津产业的自主创新水平，为产业内的企业升级持续输送动力。二是提高创新投入，尤其是提高科技创新投入，促进高新技术产业的集约发展。企业是"一带一路"建设的核心

主体与支撑力量,政府应加强政策引导,营造良好的国际创新环境。在国际通行规则和市场规律准允的前提下,充分发挥各类企业的市场主体作用和在资源配置中的决定性作用。三是将北京的科技创新资源和天津的制造业优势紧密结合起来,引导北京中关村的创新资源向天津辐射转移,使得更多的创新实体在天津落地生根、开花结果。同时,主动承接由北京疏解出来的高等教育产业、高科技产业,鼓励企业与研究机构、高等院校开展合作,加快科技成果转化。

(三)加强区域合作,扩大市场腹地与影响范围

借力"一带一路",天津应加强区域合作,扩大市场腹地和影响范围。一是把握新机遇,在"一带一路"倡议下,顺应国际化潮流,主动融入全球贸易自由化的浪潮,积极探寻沿线国家经济发展的战略诉求,并利用战略对接的方式将天津产业发展意愿与沿线国家的战略诉求充分结合,通过天津产业现有优势与沿线国家经济发展缺口的有效对接实现互利互惠。二是政府应进一步完善双边协定机制,在与沿线国家签订双边投资协定时充分考虑风险防控问题,并在国内辅以配套的政策扶持,充分降低天津企业"走出去"所面临的政治、宗教、环境及金融风险。三是当前天津建成了具有较大影响力的品牌产业园区,例如天津泰达产业园区与天津华苑产业园区,这些产业园区的建设都为天津的发展带来了持续的动力。应当充分发挥这些品牌产业园区的优势,提高这些品牌产业园区的带动效应,与河北及北京的产业园区建立"母区-子区"的战略合作关系。

二、建设国际交通枢纽,构建陆海空综合交通体系

(一)促进机场协作,共建国际航空枢纽

借助"一带一路"倡议以及北京大兴国际机场投入运营契机,天津应立足于与北京大兴国际机场地理临近的现实条件,明确自身定位,加强与北京大兴国际之间的分工协作,构建与沿线国家机场以及周边其他城市国际航空枢纽的协作关系。首先,为了实现天津与北京大兴国际机场的联合协调发展,天津滨海国际机场应当发挥自己的主动性,主动与北京大兴国际机场进行衔接,积极发挥自己的地理优势。尤其是在航空货运方面,充分发挥自身的能力,重点发展国内中转航线、周边国际旅游航线等特定航空市场,适度发展中远程国际航线,增强航空货运、物流中转的能力,争取把自身建设成为我国北方甚至是东北亚的航空货运枢纽。其次,天津应当加强地面交通与机场联系的建设,可以大力发挥京津城际运输的作用,通过京津城际轨道交通实现天津滨海国际机场与北京两大机场对接。最后,天津航空应加强与政府、机场和旅游企业合作,大力拓展国际市场,不断丰富和完善"一带一路"航线网络布局,助推"丝路新起点"建设,为区域经济发展贡献力量,为加大世界各地加强经贸往来、增进文化旅游交流提供便捷的空中通道。

(二)发展海铁联运,完善海陆交通网络

在"一带一路"倡议下,天津需重点发展海铁联运,逐步完善海陆交通网络。首先,需要沿着海上丝绸之路的走向,优化天津港至全球的航线网络布局,联通日韩、澳新、欧洲大陆,建设"一带一路"互联互通的海上通道。其次,推动内陆腹地"无水港""区域

经贸中心"铁路等交通基础建设，提高天津港铁路运输比重，优化天津港内陆腹地的铁路网络布局，加快货物流通，带动腹地经济发展。天津港可以通过招商引资，与铁路部门合作，建设海铁联运示范点，通过推进建设港口内外的铁路设施，提升内陆"无水港"功能，实现铁水联运无缝衔接，逐步完善港口到腹地的物流集疏运体系，加强海铁联运专线班列运输。最后，天津港应降低物流成本，完善配套设施和服务，增强海铁联运的市场竞争力和吸引力，全面推动集装箱海铁联运业务的发展升级。同时，要开辟能够通过天津港大陆桥中转的海上航线，改变中亚、欧洲与北美、日韩、东南亚等地区之间海运贸易的传统运输模式，利用铁路联运，探索建设通过亚欧大陆桥，把天津港作为中转港，接东北亚和中西亚的新型贸易通道，进一步扩大货源市场。

（三）整合港口资源，实现港口合作发展

为了避免天津港与周边港口陷入恶性竞争，防止过度开发浪费资源，天津需要借力"一带一路"，加快港口整合步伐，重视港口群内港口分工协作，明确港口定位，实现错位发展，弱化港口之间的同质性，根据各港口自身优势与相互间的差异化，以及经济腹地产生货源的不同，合理化分工，差异化发展，整合港口资源，优化产业结构，实现优势互补，加速港口转型和升级，提高港口群整体竞争力，发挥港口群对区域经济的带动作用。首先，天津被定位为国际航运中心建设的核心区，京津冀港口群的发展应以天津港为主导，将其他港口定位为辅助港，通过合理分配不同货物运输，实现港口群资源的共建、共享和共用，扩大京津冀港口群对"一带一路"沿线国家的吸引与辐射范围，增强港口群的产业集聚的能力。其次，在京津冀协同发展战略的指导下，将天津港与唐山港、黄骅港、曹妃甸港等河北省主要港口进行重点项目的对接，建设以天津港为核心、以河北港口为两翼，布局合理、分工明确、定位清晰、功能互补、协作有效、安全绿色、畅通高效的世界级港口群。通过统筹港口集疏运体系，内联外争，降低港口资源的浪费，提高整体竞争力和凝聚力。最后，天津港要协调发展港口与港口城市，做好港城规划，协调好港口与区域之间的关系。通过构建我国北方多式联运网络，充分发挥天津对"一带一路"沿线国家的开发带动作用。在现代物流体系下，依托北方国际航运核心区和天津自贸试验区建设，借助天津港面向东北亚的日韩等各大经济体的区位优势，聚集航运要素，建设国际航运服务平台和自由贸易开放平台，开展跨境电商、启运港退税、国际中转集拼业务等推进"津新欧"物流基地、东疆澳洲国际食品园等"一带一路"重点项目建设，打造"一带一路"沿线国家和地区产业合作的平台。

三、推进资源区域共享，探索城市绿色生态新模式

（一）以自然山水形态为基底，合力构筑区域生态体系

天津具有丰富多样的生态体系，有山地，如蓟县的山地；有湿地，如"七里海-大黄堡洼"湿地、"团泊洼水库-北大港水库"湿地。因此，为建设综合的生态保障体系，首先，应当以上述山地及湿地为重点，率先开展生态补偿点建设，进一步完善海河流域水质监控体系，对海河流域污染进行综合治理，在治理上发挥区域联动作用，实现跨区域综合

治理。其次，在渤海湾污染治理方面加强区域间协作，尤其是联合展开关于综合治理的相关研究，通过政策联动控制排污量，实现海岸生态环境的污染控制与保护。最后，应建立环保与公检法等部门的执法联动机制，制定实施环境违法行为有奖举报办法，开展联合监测、联合执法。同时实行科技精准治理，强化责任落实，明确领导责任、属地责任、监管责任和企业事业单位主体责任，建立日常监察和定期督察相结合的环保监察制度。

（二）借鉴试点城市建设经验，加快智慧生态城市建设

国内外生态智慧城市的建设对天津城市生态环境建设方面有着重要的启示。借鉴"一带一路"沿线国家建设智慧生态城市的成功经验，促进天津城市转型重塑。一是转变经济增长方式，通过产业结构调整提高能源利用效率，达到节能目的。二是根据不同区域所具有的独特之处，因地制宜地对能源进行有效利用，例如可以根据建筑特点对太阳能、燃气、电能等各个能源形势进行充分的合理安排利用。三是健全顶层设计，成立专门的机构针对城市长期的绿色发展制定相应的目标，避免重复性建设的问题。四是在借鉴国外生态城市建设经验基础上，积极探索生态宜居城市的建设模式，通过相关智慧宜居地区的建设，带动其他地区发展，构建循环经济产业链，打造循环经济示范基地，发挥生态示范作用。

（三）以生态优先为理念引领，打造绿色宜居城市环境

天津应在"一带一路"国际合作中倡导并践行绿色发展理念，建设绿色生态宜居城市。更好地满足人民对美好生活的追求和向往。建设生态宜居城市应发挥政府、市场与社会的共同作用。一是政府要进行政策引导，出台相关支持政策，引导城市规划建设向着生态宜居的方向发展。一方面，编制好城市总体规划，布局好生态宜居蓝图，发布相关法律法规，规范城市规划建设，使之更加符合生态宜居理念；另一方面，加强生态环境、城市基础设施、文化环境、城市公共空间等方面建设，更好地满足人民对美好生活的热切期望。二是积极发挥各类市场主体作用，完善共享机制、促进市场统一、推动要素资源流动，消除行政壁垒，促进企业主体在区域间的自我联合、自我协调和自我发展。三是构建以社区为平台、社会组织为载体、社会工作为支撑、志愿服务为补充的基层社区治理结构，培育和发展社会组织，探索社会治理体制创新、改进社会治理方式，最终形成多元主体治理格局。

四、加强文化传播交流，促进城市文化繁荣发展

（一）创新传承传统文化，努力开拓新兴市场

天津应借助"一带一路"倡议所给予的互联互通交流机会，结合时代特征，对传统文化进行创造性转化和创新性发展，同时加快文化创新升级与品牌文化打造，构建天津新兴文化市场。一是优化政策发展环境，解除文化创意发展思想禁锢，在"一带一路"倡议契机下广泛开展国际国内文化合作，挖掘传统文化新内涵。二是政府要从资金、人才和领导等方面加大对天津文化创意等新兴文化产业的支持力度，尤其要加大数字化基础建设及软件、动漫等高效益文创产业的支持力度；同时文化创意企业也要开拓创新思路，借助"一

带一路"平台向高端文创品牌企业学习,打造和提升天津文创品牌。三是推进文化产业与其他产业融合发展。促进优秀传统文化与旅游、科技、互联网、制造等产业融合发展,利用其他产业优势进一步拓展文化产业发展空间。例如将文化产业与科技融合,发挥现代科技对文化产业的引领作用,提高文化产品、文化服务的技术含量,促进文化产业的结构调整和技术升级。

(二)促进文化传播互通,增强文化理解互信

天津可以与"一带一路"沿线国家开展多种类型的文化交流活动,促进各方对彼此文化的理解和交流。一是适时推出一批有影响力的文化项目,包括举办文化年、文化周等,做好海外文化中心的建设,完善文化咨询服务等。二是通过官方交流和民间交流"双管齐下",促进文化交流,力促文化的相促相融,架起文化沟通的桥梁。三是加大媒体的国际宣传力度。开设专门面向"一带一路"国家的电台、电视台,通过主流媒体的宣传,使"一带一路"沿线国家更多地了解"一带一路"倡议的主旨和内涵,了解天津的文化精神,逐步消解"一带一路"沿线国家对于天津文化的误解和偏见。四是要重视互联网等现代信息技术对文化传播的重要作用,制作精良的文化视听产品,通过网络传播扩大海外影响,为更多海外人士了解天津的文化氛围。

(三)搭建政企服务平台,建立立体沟通网络

"一带一路"倡议的实施不仅给天津带来了与沿线国家和地区进行经贸合作的机会,也为天津构建了与沿线国家和地区进行文化交流与合作的平台。为促进天津与"一带一路"沿线国家和地区文化交流与合作,提升中国文化的国际影响力,政府与企业应加强互动。通过政府购买服务的方式,由企业搭建综合性服务平台,供给载体、咨询、资源和资本服务,开展市场化运作。平台具有中立属性,能有效联通政府与企业,充当翻译官的角色。政府可对平台给予一定授权,允许其代办企业注册等相关业务,将政府服务移植到平台,实现政策延伸。平台可提供办理工商注册、物业、展览、推广、客服等基础服务,还可提供金融服务。通过建立交叉立体的沟通网络,将政府、企业、培训、中介、金融等民间社会力量有机融合起来,实现精准服务,促进城市文化繁荣发展。

五、实施人才引进战略,加快创新驱动发展

创新需要适应创新需求的多层次人才,人才作为第一资源、第一资本,早已成为各大城市争相追逐的对象。各大城市相继出台人才引进政策,争抢各类人才资源。政策主要从推进人才落户、加强补贴、保障配套等维度出发,如"零门槛落户""给予合理的购房资格,购房补贴""发放生活补贴"等。尽管不同城市政策着力点各有侧重,但一定程度上均推动了人才的流入。为了加快创新驱动发展和抓住新一轮科技产业革命的机遇,天津市需要借力"一带一路"倡议,将引进高水平创新创业人才作为一项长期战略和系统工程。

(一)建立系统性人才引进制度,提高现代城市核心竞争力

在经济高质量发展阶段,创新驱动就是人才驱动,急需大量创新人才支撑。特别是新一轮科技革命和产业变革正处于孕育之中,要抢抓这轮产业革命以及"一带一路"互联互

通的机遇，以全球化视野集聚人才。一是建立系统性的人才引进制度，根据科技和产业革命需要引进高端和紧缺人才，使得人才源源不断涌入城市，促进城市经济社会的转型升级发展。二是借鉴国外经验，在法律规定基础上制定相关宏观调控、筛选评估、权益保障等政策体系。三是要整合现有的人才引进计划，给用人单位更多自主权，更多注重企业的用人需求，积极发挥市场选人、市场评价的作用，提高人才引进的效率和效益。人才引进的主体应该从政府逐渐向市场过渡。政府可以与企业和民间组织建立合作的引才渠道，政府在其中发挥指导和辅助作用。

（二）加大人力资源投资力度，提高人力资本存量与质量

天津应借助"一带一路"倡议的机遇，加大对流动人口人力资源社会投资力度，创新公共服务提供方式，向社区、第三部门购买高质量流动人口人力资源开发服务，提高流动人口人力资本存量与质量。一方面，天津可以在现有人才评价制度的基础上，将知识产权维度作为基础评价指标，建立知识产权大数据与人才的连接关系，形成一套客观、科学、完善的人才知识产权评估体系。在人才引进的过程中，加强对知识产权信息的分析，以自主知识产权为本，从人才拥有的知识产权现状来分析人才整体的科技创新水平，从而判断人才与需求之间的匹配度。加强对高端人才的知识产权服务、加大对高端人才知识产权的支持力度，并加强知识产权保护力度，为高端科技人才发挥自身优势，实现技术向市场的转换保驾护航。另一方面，针对不同类型的外来流动人口，与相关部门协作，开展针对性的创业培训并推介可靠的创业项目，鼓励并协助外来流动人口通过科技创业、回乡创业、自立创业、自强创业等多种形式在"一带一路"经济节点城市谋求共同发展的机会。

（三）推进基本公共服务均等化，营造良好生活工作环境

在"一带一路"倡议下，天津应加快宜居城市建设，营造良好的生活工作环境。一是推进基本公共服务均等化改革。推进基本生存服务均等化、基本发展服务均等化、基本公共安全服务均等化、基本环境服务均等化，展现城市开放包容新姿态，解决外来人口后顾之忧，为"海河英才"行动计划创造良好的外部环境，提升城市吸引力和竞争力。二是要不断完善人才生活工作环境建设。政府部门要通过制度设计，在工资待遇、职务晋升、职称评定、成长平台等方面向创新人才倾斜，同时在住房保障、医疗保健、子女入学等基础设施建设方面加大投入，积极改善工作环境，通过完善的环境吸引人才。三是完善人才发挥作用的载体平台建设。柔性引进人才和全职引进人才相结合，以重大项目、重点学科基地、战略性新兴产业等载体平台吸引高层次人才流动，为人才提供良好的发展环境。

主要参考文献

［1］Ginsburg, N. (1977). The City in Late. *Imperial China*.
［2］Hall and Peter. (1997). Cities of Tomorrow. *Blackwell Publishers*.
［3］Twenge, J. M., W. K. Campbell, and G. Brittany. (2012). Increases in Individualistic Words and Phrases in American Books (1960-2008). *PLoS ONE*, 7 (7), pp.26-44.
［4］Agarwal, S. (2002). Restructuring Seaside Tourism: The Resort Lifecycle. *Annals of Tourism Research*, 29 (1), pp.25-55.
［5］Maio, E. (2003). Management Brand in the New Stakeholder Environment. *Journal of Business Ethics*, 44 (3), pp.235-246.
［6］Xiao, Li. and J.J. Li. (2003). "One Belt and One Road" and the Reshaping of China's Geopolitical and Geoeconomic Strategy. *Journal of Business Ethics*, 44 (3), pp.235-246.
［7］Swaine, M. D. (2015). Chinese Views and Commentary on the "One Road" Initiative. *China Leadership Monitor*.
［8］Irshad, M. S. (2015). One Belt and One Road: Dose China-Pakistan Economic Corridor Benefit for Pakistan's Economy? *Social Science Electronic Publishing*.
［9］Han, B.Y. (2017). Preliminary Discussion on the Carpet Pattern in Modern Tianjin. *Packaging Engineering*.
［10］Meng, G., H. Wang and Y. Shuang. (2015). Study on Evolution and Dynamic Mechanism of Tianjin Pilot Free Trade Zone. *Acta Geographica Sinica*.
［11］Dirk, S., Vo. Stefan and S. Robert. (2004). Container Terminal Operation and Operations Research-a Classification and Literature review. *OR Spectrum*, (26), pp.3-49.
［12］Kim, K. H., K. C. Moon and Berth. (2003). Scheduling by Simulated Annealing. *Transportation Research Part B*, (37), pp.541-560.
［13］Park, Y. S. (1989). International Banking and Financial Centers. *Boston: Kluwer Academic Publishers*, pp.532-569.
［14］Levine, R. (2000). Financial Intermediation and Growth: Causality and Causes. *Journal of Monet Economies*, (46), pp.31-77.
［15］Orteous. D. J. (1995). The Geography of Finance: Spatial Dimensions of IntermediaryBehavior. *Avebury, England*.
［16］Agrawal, A. and R. Henderson. (2014). Putting Patents in Context Exploring Knowledge Transfer from MIT. *Management Science*, (3), pp.169-172.
［17］Hoffmann. (1991). Stage and Type of Industrialization. *Blackwell*, pp.38-42.
［18］Soete, L. (1991). From Industrial to Innovation Policy. *Journal of Industry*.
［19］John, A. (2014). When and How does Business Group Affiliation Promote Firm Innovation? A Tale of Two Emerging Economies. *Organization Science*, pp.72-83.
［20］Fransman, M. (1981). Technical Change in the Third World in the 1980's: An Interpretive Survey, *Journal of Development Studies*, 21 (4), pp.572-652.
［21］Radosevic, S. (2002). Regional Innovation Systems in Central and Eastern Europe: Determinants, Organizers and Alignments. *The Journal of Technology Transfer*, 01.
［22］Smith, A. (2003). The Wealth of Nations. *Bantam: bantam Classics*.

［23］Paul R., M. Endo. (1992). Genous Technological change. *Journal of Political Econometrical*, (60), pp.323-351.

［24］Turpin, T. (1996). The Comprehensive Guidebook for Business. *Coop Students*, (4), pp.37-41.

［25］Burrus, R., T. Graham and J. E. Jones. (2018). Regional Innovation and firm performance. *Journal of Business Research*.

［26］张可云．"一带一路"与中国发展战略［J］．开发研究，2018（04）：1-13.

［27］顾永．刍议"一带一路"与古代丝绸之路［J］．新西部，2017（10）：53＋42.

［28］金碚．关于"高质量发展"的经济学研究［J］．中国工业经济，2018（04）：5-18.

［29］任翀．丝路战略重塑沿海城市［J］．中国投资，2015（05）：100-101＋11.

［30］吴奇修，陈晓红．资源型城市竞争力的重塑与提升［J］．经济管理，2005（13）：40-42.

［31］姚士谋，张平宇，余成，李广宇，王成新．中国新型城镇化理论与实践问题［J］．地理科学，2014，34（06）：641-647.

［32］单卓然，黄亚平．"新型城镇化"概念内涵、目标内容、规划策略及认知误区解析［J］．城市规划学刊，2013（02）：16-22.

［33］韩兆柱，单婷婷．基于整体性治理的京津冀府际关系协调模式研究［J］．行政论坛，2014，21（04）：32-37.

［34］曹海军，刘少博．京津冀城市群治理中的协调机制与服务体系构建的关系研究［J］．中国行政管理，2015（09）：21-25.

［35］王宇光，王立，张长，安树伟．京津冀协同发展研究的回顾与前瞻［J］．城市，2015（08）：12-16.

［36］吕翔．区域冲突与合作及制度创新研究［D］．南开大学，2014.

［37］李佳芸．区域异质性、合作机制与跨省城市群环境府际协议网络［D］．电子科技大学，2017.

［38］房舟．区域治理视角下府际关系研究［D］．天津师范大学，2013.

［39］李明明．关于天津市城市化进程的研究［J］．中国商贸，2014，（4）：178-179.

［40］尹德挺，史毅．人口分布、增长极与世界级城市群孵化——基于美国东北部城市群和京津冀城市群的比较［J］．人口研究，2016，40（06）：87-98.

［41］顾一凡．试论京津冀协同发展的困境及其应对措施——基于社会系统研究方法的视角［J］．河北青年管理干部学院学报，2017，29（05）：38-42.

［42］寇大伟．我国区域协调机制的四种类型——基于府际关系视角的分析［J］．技术经济与管理研究，2015（04）：99-103.

［43］丛屹，王焱．协同发展、合作治理、困境摆脱与京津冀体制机制创新［J］．改革，2014（06）：75-81.

［44］曹海军．新区域主义视野下京津冀协同治理及其制度创新［J］．天津社会科学，2015（02）：68-74.

［45］李峰，赵怡虹．雄安新区与京津冀城市群发展［J］．当代经济管理，2018，40（05）：45-50.

［46］吴奇修．我国资源型城市竞争力的重塑与提升［D］．中南大学，2005.

［47］张秀芹，于伟．天津城市发展历程及城市规划的阶段划分［J］．天津城建大学学报，2014,20（04）：229-231＋246.

［48］吴岗．"一带一路"看天津［N］．中国国土资源报，2017-09-23（008）.

［49］李李．发挥天津"一带一路"重要节点城市作用的对策与建议［J］．环渤海经济瞭望，2017（08）：21-22.

［50］天津市科技思想库"一带一路"战略研究专家组，李文增，冯攀，李拉．关于天津参与国家"一带一路"战略并发挥重要作用的建议［J］．城市，2015（01）：11-13.

［51］齐岳，张颖．"一带一路"建设对天津市经济发展的影响［J］．经营与管理，2017（03）：83-86.

［52］姜坤，赵娜．抓住"一带一路"战略机遇加快推动天津发展的几点建议［J］．天津经济，2015（03）：5-8.

［53］赵丽清．"一带一路"背景下天津经济发展面临的挑战及策略［J］．环渤海经济瞭望，2018（05）：

81-82.

［54］孟宇宸．"一带一路"战略背景下天津港建设发展研究［D］．大连海事大学，2017．

［55］吴婷，张娟．天津融入"一带一路"建设研究［J］．产业创新研究，2018（05）：20-23．

［56］李勇．天津主动融入"一带一路"建设的实践与思考［J］．求知，2017（11）：38-40．

［57］赵丽清．"一带一路"背景下天津经济发展存在的问题及对策［J］．科学咨询（科技·管理），2018（03）：4-5．

［58］薄文广．发挥天津优势对接"一带一路"战略［N］．天津日报，2016-10-10（009）．

［59］倪东明，刘伦斌．天津在"一带一路"中的优劣势分析及对策建议［J］．天津职业技术师范大学学报，2017，27（01）：49-52．

［60］杨雷．关于"一带一路"战略背景下天津对外开放格局的思考［J］．东北亚学刊，2017（02）：60-64．

［61］雷盯函，刘丽莉．"一带一路"战略下天津先进制造业"走出去"的实现路径［J］．中国商论，2016（22）：134-135．

［62］黄瑛，刘永明．融入"一带一路"重大战略推动天津经济加快发展［J］．天津经济，2015（12）：5-9．

［63］阎金明．"一带一路"建设与天津新机遇［N］．天津日报，2016-01-04（009）．

［64］天津：打造"一带一路"新支点城市［J］．山东经济战略研究，2015（03）：4．

［65］于明言．天津积极打造"一带一路"桥头堡研究［J］．城市，2015（07）：3-6．

［66］京生．天津牵手"一带一路"战略走出去［J］．港口科技，2015（08）：26．

［67］潘宇瑶．自主创新对产业结构高级化的驱动作用研究［D］．吉林大学，2016．

［68］王丰阁．区域创新系统对产业结构演进的影响［D］．华中科技大学，2015．

［69］周忠民．湖南省科技创新对产业转型升级的影响［J］．经济地理，2016，36（05）：115-120．

［70］谢婷婷，郭艳芳．环境规制、技术创新与产业结构升级［J］．工业技术经济，2016，35（09）：135-145．

［71］时乐乐，赵军．环境规制、技术创新与产业结构升级［J］．科研管理，2018，39（01）：119-125．

［72］李翔，白洋，邓峰．基于两阶段的区域创新与产业结构优化研究［J］．科技管理研究，2018，38（01）：103-111．

［73］潘鹏．京津冀科技创新与产业结构升级的耦合机制研究［D］．首都经济贸易大学，2018．

［74］丁晖．区域产业创新与产业升级耦合机制研究［D］．江西财经大学，2013．

［75］季良玉．技术创新影响中国制造业转型升级的路径研究［D］．东南大学，2016．

［76］刘飞，王欣亮．创新要素、空间配置与产业结构升级——基于我国1998-2015年面板数据［J］．大连理工大学学报（社会科学版），2018，39（04）：7-14．

［77］吴爱东，刘东阁．创新驱动阶段金融发展与产业结构升级的互动与协调关系研究——以天津市为例［J］．华北金融，2017（06）：4-14．

［78］辜秋琴，董平．新常态下自主创新实现产业结构优化升级的机制［J］．科技管理研究，2016，36（17）：18-23．

［79］卓乘风，邓峰．创新要素区际流动与产业结构升级［J］．经济问题探索，2018（05）：70-79．

［80］胡冰．基于创新驱动的河南省产业结构优化升级对策研究［J］．当代经济，2018（12）：89-91．

［81］张伟佳．环境规制、技术创新与制造业产业升级［D］．安徽财经大学，2018．

［82］朱雪珍，茆晓颖．技术创新、产业结构升级与苏州经济增长关系研究［J］．山东经济，2011，27（05）：134-140．

［83］任志娟，余晓花，孟秀兰．技术创新、产业结构升级与经济增长——基于浙江省的实证研究［J］．浙江万里学院学报，2017，30（05）：12-18．

［84］王元地，朱兆珠，于晴．试论自主创新对产业结构升级的作用机理［J］．科技管理研究，2007（12）：13-15．

［85］韩晶，酒二科．以产业结构为中介的创新影响中国经济增长的机理［J］．经济理论与经济管理，2018（06）：51-63．

[86] 杨公齐. 金融支持、自主创新与产业结构升级 [J]. 学术论坛，2013，36（08）：113-118.
[87] 贵义和. 天津港史（现代部分）[M]. 北京：人民交通出版社，1992.
[88] 陆化普，杨鸣，张永波. 综合交通枢纽一体化发展评估与对策建议 [J]. 综合运输，2019，41（04）：25-30. 张利民. 解读天津六百年 [M]. 天津：天津社会科学出版社，2003.
[89] 张壮，崔扬，周欣荣. 天津市现状轨道交通问题分析及建议 [J]. 城市，2019（01）：55-62.
[90] 方天滨. 天津市域铁路发展模式研究 [J]. 铁道运输与经济，2018，40（11）：122-126.
[91] 孙久文，夏添. 新时代京津冀协同发展的重点任务初探 [J]. 北京行政学院学报，2018（05）：15-24.
[92] 韩敏. 对天津市加快建成公路、铁路交通枢纽的思考 [J]. 交通企业管理，2016，31（12）：8-10.
[93] 曹伯虎. 京津冀协同发展背景下天津区域交通发展对策研究 [A]. 中国城市规划学会、沈阳市人民政府. 规划60年：成就与挑战——2016中国城市规划年会论文集（05城市交通规划）[C]. 中国城市规划学会、沈阳市人民政府：中国城市规划学会，2016：9.
[94] 朱兆芳，刘锐晶，张欣红."十三五"中国天津城市道路交通 [J]. 城市道桥与防洪，2016（09）：4-10+260.
[95] 毕伟华. 天津航空货运发展现状及对策研究 [J]. 商，2016（22）：278.
[96] 闫威. 天津市城市公共交通体系一体化发展研究 [D]. 天津商业大学，2016.
[97] 翟婧彤，王振坡，朱丹. 天津城市交通与京津冀区域交通衔接匹配研究 [J]. 城市，2016（08）：3-8.
[98] 邹婵. 天津参与"一带一路"战略的优势、挑战与对策 [J]. 天津经济，2017（04）：19-23.
[99] 吕雪. 京津冀协同发展视角下城市体系空间结构研究 [J]. 商业经济研究，2016（12）：208-210.
[100] 王明浩，李小羽等. 城市科学与天津城市发展 [J]. 城市，2004（02）：39-42.
[101] 齐岳，张颖."一带一路"建设对天津市经济发展的影响 [J]. 经营与管理，2017（03）：83-86.
[102] 薄文广，鲍传龙. 天津有效对接"一带一路"战略的三"点"建议 [J]. 天津经济，2016（07）：4-8.
[103] 李文增. 更好地发挥天津在"一带一路"战略中重要作用的建议 [J]. 城市，2015（11）：16-19.
[104] 刘敬严，赵莉琴."一带一路"战略下天津港口物流发展分析 [J]. 物流技术，2015，34（13）：29-31.
[105] 孟宇宸."一带一路"战略背景下天津港建设发展研究 [D]. 大连海事大学，2017.
[106] 张晓春. 广东省经济空间结构演化及影响因素研究 [D]. 暨南大学，2018.
[107] 迟磊."反规划"理论在城市景观规划中的应用 [J]. 江西科学，2018，36（03）：480-483.
[108] 李妍，朱建民. 生态城市规划下绿色发展竞争力评价指标体系构建与实证研究 [J]. 中央财经大学学报，2017（12）：130-138.
[109] 王辉龙，洪银兴. 创新发展与绿色发展的融合：内在逻辑及动力机制 [J]. 江苏行政学院学报，2017（06）：34-40.
[110] 郭兆晖，马玉琪，范超."一带一路"沿线区域绿色发展水平评价 [J]. 福建论坛（人文社会科学版），2017（09）：25-31.
[111] 张知遥."一带一路"背景下西安市节能减排与绿色发展路径探析 [J]. 湖南税务高等专科学校学报，2017，30（02）：39-41+60.
[112] 庞海坡. 绿色发展融入"一带一路"战略的现实需求与制度保障 [J]. 人民论坛，2017（04）：76-77.
[113] 郑又贤. 关于绿色发展的内在逻辑透视 [J]. 东南学术，2016（04）：7-13+246.
[114] 屠凤娜. 天津市生态基础设施建设面临的挑战及发展路径 [J]. 未来与发展，2014，38（10）：73-75+72.
[115] 胡鞍钢，周绍杰. 绿色发展：功能界定、机制分析与发展战略 [J]. 中国人口·资源与环境，2014，24（01）：14-20.
[116] 牛桂敏. 天津市绿色循环低碳发展的分析与思考 [J]. 城市环境与城市生态，2013，26（03）：30-33+37.
[117] 杨佩瑾. 天津生态城市建设中生态基础设施建设的分析 [A]. 京津冀区域协调发展学术研讨会论

文集［C］. 2009：5.

［118］冯海波，王伟，万宝春，赵娜，付素静，马幼松. 京津冀协同发展背景下河北省主要生态环境问题及对策［J］. 经济与管理，2015，29（05）：19-24.

［119］朱文一. 空间·符号·城市（第二版）［M］. 北京：中国建筑工业出版社，2010：80-81.

［120］张鸿雁. 城市形象与城市文化资本论——中外城市形象比较的社会学研究［M］. 南京：东南大学出版社，2002.

［121］刘溢海. 论城市符号［J］. 城市发展研究，2008（1）：112-116.

［122］陈云松. 大数据中的百年社会学——基于百万书籍的文化影响力研究［J］. 社会学研究，2015，30（1）：23-48.

［123］陈云松，吴青熹，张翼. 近三百年中国城市的国际知名度——基于大数据的描述与回归［J］. 社会，2015，35（05）：60-77.

［124］刘嘉毅. 城市文化旅游品牌演化：规律、动力与机制研究［J］. 商业经济与管理，2014（08）：73-80＋88.

［125］张鸿雁. 城市空间的社会与"城市文化资本"论——城市公共空间市民属性研究［J］. 城市问题，2005（5）：2-8.

［126］张鸿雁. 新型城镇化进程中的"城市文化自觉"与创新——以苏南现代化示范区为例［J］. 南京社会科学，2013（11）：58-65.

［127］祁述裕. 建设文化场景培育城市发展内生动力——以生活文化设施为视角［J］. 东岳论丛，2017，38（01）：25-34.

［128］李振福，王卓. 建筑的城市文化可读性功能［J］. 安徽商贸职业技术学院学报（社会科学版），2006（03）：73-76.

［129］任世忠. 城市文化符号体系建设研究［J］. 东岳论丛，2015，36（11）：173-178.

［130］张鸿雁，柳建坤. 中国城市国内知名度的历史变迁和变动机制的大数据分析——以江苏苏南城市为例［J］. 新疆师范大学学报（哲学社会科学版），2017，38（01）：38-47＋2.

［131］柳建坤，张鸿雁. 论苏州特色文化城市建构的"城市文化自觉"［J］. 中国名城，2016（05）：28-36.

［132］陈然，张鸿雁. 特色文化视角下的城市软实力建构——以沪宁杭为例［J］. 城市问题，2014（12）：17-24.

［133］柳建坤，吴愈晓，刘伟峰. 中国城市国内知名度的变迁和机制——基于海量书籍和互联网搜索引擎的大数据分析［J］. 学术论坛，2016，39（06）：113-121.

［134］刘丹，李杰. 文化符号与空间价值：互联网思维下的城市形象传播与塑造［J］. 西南民族大学学报（人文社科版），2016，37（06）：154-158.

［135］刘新鑫. 城市形象塑造中文化符号的运用［J］. 当代传播，2011（03）：130-131.

［136］王一川. 北京文化符号与世界城市软实力建设［J］. 北京社会科学，2011（02）：4-9.

［137］姚静. 城市符号传播中的文化增殖——以河南登封"少林寺"为例［J］. 知识经济，2011（01）：143.

［138］孙湘明，成宝平. 城市符号的视觉语义探析［J］. 中南大学学报（社会科学版），2009，15（06）：795-800.

［139］段进. 城市空间特色的符号构成与认知——以南京市市民调查为实证［J］. 规划师，2002（01）：73-75.

［140］罗章. 论城市的符号学特征［J］. 重庆建筑大学学报（社科版），2001（02）：68-71.

［141］吴军. 场景理论：利用文化因素推动城市发展研究的新视角［J］. 湖南社会科学，2017（02）：175-182.

［142］刘亚秋. 从传播学角度解析城市品牌的传播路径［D］. 山东大学，2016.

［143］聂艳梅. 中国城市形象影响力评估指标体系及其提升策略研究［D］. 上海师范大学，2015.

［144］韩阳. 新丝绸之路城市符号传播研究［D］. 西北大学，2014.

［145］罗洋．基于城市意象的赣州城市符号研究［D］．江西理工大学，2014．
［146］杨开忠．京津冀协同发展的新逻辑：地方品质驱动型发展［J］．经济与管理，2019，33（01）：1-3．
［147］靳涛，林海燕．文化资本与经济增长：中国经验［J］．经济学动态，2018（01）：69-85．
［148］凯文·林奇．城市意向［M］．北京：华夏出版社，2013．
［149］德波拉·史蒂文森．城市与城市文化［M］．北京：北京大学出版社，2006．
［150］刘观伟．以文化人 以人化城：城市文化建设研究［M］．北京：中国社会科学出版社，2017．
［151］刘溢海．论城市符号［J］．城市发展研究，2008（01）：112-116．
［152］张鸿雁．城市形象与"城市文化资本"论——从经营城市、行销城市到"城市文化资本"运作［J］．南京社会科学，2002（12）：24-31．
［153］王晓丹．符号化的城市印象——探究"视觉符号"与城市品牌形象的关系［J］．艺术与设计（理论），2012，2（10）：39-41．
［154］张蔷．中国城市文化创意产业现状、布局及发展对策［J］．地理科学进展，2013，32（08）：1227-1236．
［155］罗小龙，许璐．城市品质：城市规划的新焦点与新探索［J］．规划师，2017，33（11）：5-9．
［156］孙湘明，成宝平．城市符号的视觉语义探析［J］．中南大学学报（社会科学版），2009，15（06）：795-800．
［157］倪军．城市文化视角下的城市设计探析［J］．地域研究与开发，2010，29（03）：58-62．
［158］顾乃华，夏杰长．我国主要城市文化产业竞争力比较研究［J］．商业经济与管理，2007（12）：52-57＋68．
［159］任致远．关于城市文化发展的思考［J］．城市发展研究，2012，19（05）：50-54．
［160］苏萱．城市文化品牌理论研究进展述评［J］．城市问题，2009（12）：27-32．
［161］武珺．河南自贸建设与郑州大都市区发展研究［J］．当代经济，2018（23）：62-63．
［162］张灿．海关对促进贸易便利化的措施探讨——以重庆自贸区为例［J］．对外经贸实务，2018（12）：41-44．
［163］张国庆，杨驰．"一带一路"及自由贸易区协调发展研究——基于主题基金的视角［J］．企业经济，2018，37（09）：35-41．
［164］郑鲁英．新时代中国自贸区知识产权战略：内涵、发展思路及应对［J］．企业经济，2018，37（07）：129-136．
［165］张韬．基于全国视角的自贸试验区产业比较优势调查与评估［J］．商业经济研究，2018（13）：169-171．
［166］董志勇，杨丽花．推动"一带一路"沿线自贸区建设的策略与路径［J］．中国特色社会主义研究，2017（06）：42-47．
［167］张琳．上海自贸区对接"一带一路"的路径选择［J］．国际经济合作，2017（09）：43-47．
［168］伍锐．"一带一路"战略背景下中国自贸区建设研究［J］．价格月刊，2017（08）：64-66．
［169］王震宇．中国自贸区战略与亚太自贸区建设［J］．国际经济合作，2017（07）：20-27．
［170］方爱华．"一带一路"战略与自贸区战略的互动研究［J］．改革与战略，2017，33（08）：67-70．
［171］习近平谈治国理政．第2卷［M］．北京：外文出版社，2017．
［172］张可云等．生态文明的区域经济协调发展战略研究［M］．北京：北京大学出版社，2014．
［173］张可云，蔡之兵．全球化4.0、区域协调发展4.0与工业4.0——"一带一路"战略的背景、内在本质与关键动力［J］．郑州大学学报（哲学社会科学版），2015，48（03）：87-92．
［174］安树伟．"一带一路"对我国区域经济发展的影响及格局重塑［J］．经济问题，2015（04）：1-4．
［175］李景治．秉持共商共建共享的全球治理观［J］．思想理论教育导刊，2018（08）：66-70．
［176］秦亚青，魏玲．新型全球治理观与"一带一路"合作实践［J］．外交评论（外交学院学报），2018，35（02）：1-14．

［177］耿佳，赵民．论特大城市突破路径依赖、实现转型和创新发展之路——对深圳、广州及天津的比较研究［J］．城市规划，2018，42（03）：9-16．

［178］覃成林，刘丽玲．"一带一路"建设与香港经济发展新动力［J］．亚太经济，2017（05）：160-165．

［179］李伟．坚定信心、主动作为，在深化合作中不断创造"一带一路"发展新机遇［J］．管理世界，2017（01）：2-4．

［180］赵天睿，孙成伍，张富国．"一带一路"战略背景下的区域经济发展机遇与挑战［J］．经济问题，2015（12）：19-23．

［181］孟广文，王洪玲，杨爽．天津自由贸易试验区发展演化动力机制［J］．地理学报，2015，70（10）：1552-1565．

［182］李娜，张仲伍．"丝绸之路经济带"中国段城市经济发展水平与居民生活质量的协调发展研究［J］．山西师范大学学报（自然科学版），2018，32（01）：76-83．

［183］鲁达非，江曼琦．城市"三生空间"特征、逻辑关系与优化策略［J］．河北学刊，2019，39（02）：149-159．

［184］徐滢，赵滨元，刘天慧．对标先进省市提升天津营商环境的对策建议［J］．天津经济，2019（03）：12-16．

［185］蒋宏钰．关于天津自贸区建设的几点思考［J］．北方经济，2015（06）：50-52．

［186］许爱萍．国内先进地区营商环境建设经验及天津的行动路径［J］．理论与现代化，2019（02）：113-121．

［187］汪煜丽．进一步提高城市发展质量满足人民对美好生活的向往［J］．决策探索（下），2018（10）：10-11．

［188］杨开忠．京津冀协同发展的新逻辑：地方品质驱动型发展［J］．经济与管理，2019，33（01）：1-3．

［189］徐彬，吴茜．人才集聚、创新驱动与经济增长［J］．软科学，2019，33（01）：19-23．

［190］陆军，刘海文．生活质量研究回顾与展望——基于城市经济学的视角［J］．江苏社会科学，2018（02）：89-95．

［191］李善锋．生态宜居城市建设研究［J］．南方农机，2019，50（03）：21．

［192］潘教峰，刘益东，陈光华，张秋菊．世界科技中心转移的钻石模型——基于经济繁荣、思想解放、教育兴盛、政府支持、科技革命的历史分析与前瞻［J］．中国科学院院刊，2019，34（01）：10-21．

［193］刘乐彤．天津智慧城市建设与制造业转型战略研究［J］．时代金融，2018（33）：51+56．

［194］农积坚，陈发桂．新时代崇左市优化营商环境的初步探索［J］．广西师范学院学报（哲学社会科学版），2018，39（06）：130-136．

［195］戴建军．营造有利于创新型人才引进的体制机制［N］．中国经济时报，2019-04-01（005）．

［196］华坚，胡金昕．中国区域科技创新与经济高质量发展耦合关系评价［J］．科技进步与对策，2019，36（08）：19-27．

后 记

本书是"一带一路"倡议下中国城市重塑研究系列丛书之天津篇,全书成果形成来之不易,在此谨向课题组成员以及陪伴和关心我们的同事、朋友和亲人们表示由衷的感谢。

感谢中国城市经济学会大城市委员会、中国城市科学研究会提供的资助;感谢天津城建大学科研处、天津城建大学经济与管理学院的推动;感谢天津城建大学经济与管理学院诸位同事的帮助。在与各位同仁交流探讨的过程中,不断丰富研究内容,优化研究方法,使得研究成果更加饱满。

感谢天津城建大学经济与管理学院的员彦文、张馨芳、郗曼、苗婧弘、张安琪、季奕、康海霞、薛颖、韩祁祺、毛志仪、王欣雅、王晨骅、刘璐、李超凡、段思洁、俞洋、王晋梅、顾小林等硕士研究生为我们在书稿完成之后的校对工作所付出的辛勤劳动,也感谢默默奉献支持我们的家人,家庭的稳定和谐是对我们能够全身心投入到写作中的最大支持。

本书在撰写中参考并引用了大量相关领域专家、学者的研究成果与有关资料,对此我们除了在文中标明了引文出处和文末注明参考文献外,特向引文、参考文献的作者表示最诚挚的谢意。若引文有遗漏之处,敬请有关作者指出。

2020 年 4 月